本书得到福州大学社会科学研究管理处出版经费资助

福州大学群学论丛

丛书主编 甘满堂 吴兴南

区域经济发展
的创新路径

——对福建省发展的路径探讨

The Innovation Approach of
Regional Economy:
A Discuss on Fujian Province's
Path of Development

吴乔一康 吴兴南 著

社会科学文献出版社
SOCIAL SCIENCES ACADEMIC PRESS (CHINA)

目　录

前　言

发展是人类社会的永恒主题。

社会的进步、社会物质财富的增长、人民生活水平的提高，基础在于发展。在全面建成小康社会的前进道路上，面对人民日益增长的美好生活需要和不平衡、不充分的发展之间的矛盾，国家确立了"乡村振兴战略"、"区域协调发展战略"，把工作的着力点放在社会关切、群众关心的民生问题上，放在解决区域经济发展不平衡问题上，向着实现更高质量、更有效率、更加公平、更可持续的发展方向努力，我国区域经济发展迈入协调发展的新阶段。

区域经济发展不平衡是一个世界性难题。我国是一个发展中大国，土地辽阔，人口众多，自然地理环境复杂多样，各地区的经济发展基础、生产要素资源组合、社会文化传统、民族人口构成等方面，都存在巨大的差异。我国经济社会发展不平衡特征明显，解决区域经济发展不平衡问题、加速欠发达地区经济社会发展，已经成为区域经济发展研究的重要课题和国家区域发展政策的战略选择。

长期以来，我国经济发展表现出明显的带状分布特征，东、中、西三大地带的划分，既是自然地理区位上的称谓，也与现行行政区域的划分密切相关，它充分体现了国家经济建设过程中宏观区域经济发展战略的积极意义。东部地区，尤其是东部沿海地区经济基础条件优异，科技实力雄厚，城市密集，经济发达，地区生产总值在全国平均水平以上；中部地区，经济发展水平较弱，经济基础条件及设施条件略显不足，但是，其资源条件、现代工业基础较好，农业发达，是我国沿海经济向内陆经济过渡的阶梯，具有承上启下的区位优势，地区生产总值处于全国平均水平；西部地区，土地辽阔，自然资源丰富，是我国经济发展的战略纵深，也是国家未来经济发展的战略重点，经济发展潜力巨大。

细究经济区域，实质上它是具有某些共同特征的地球表面的某一部分。现实中，经济区域的划分，是通过国家经济区划实现的，在很大程度上又是基于管理的需要和经济发展的内在要求进行的。因此，对于我国来说，经济区域最普遍的存在形式就是一级行政区——省、自治区、直辖市，这种行政区与经济区合一的形式。伴随经济形势的发展变化，各地区经济发展关联度的提升，尤其是面临各种复杂的现实经济社会问题，必须在更广阔的地域空间范围内寻求合作的路径。为有利于生产资源要素跨行政区管辖范围的合理流动及有效配置，更多地考虑影响区域经济发展的客观因素，跨行政区的区域划分应运而生。国家"七五"计划根据全国各地区经济发展水平，将全国划分为东、中、西三大区域经济带。在此基础上，国家有针对性地开展了三大地带的经济建设并取得了可喜的成就，在这一过程中，总结摸索了极有价值的区域布局发展的经验。但是，三大地带的区域划分，对于我国这样一个地域辽阔、地区差异明显、经济发展水平多样化的国家来说，显然过于简单。因此，国家在"九五"计划和2010年远景目标纲要中，提出在全国组建七大经济区域。目前，关于全国经济区域的划分虽然仍有多种不同的观点，但较为一致的便是"九五"计划和2010年远景目标纲要中将全国划分为七个跨省份的经济区域主张。① 在这七个跨省（自治区、直辖市）的一级经济区域中，在实际建设上又划分了若干个二级经济区和为数更多的三级经济区、专门经济区、专业协作区等，实行多元化建设与管理。2008 年 6 月，国务院发展研究中心发布《地区协调发展的战略和政策》报告，提出了新的综合经济区域划分设想，把内地划分为八大综合经济区域：①黄河中游综合经济区（陕西、山西、河南、内蒙古），是最大的煤炭开采和煤炭深加工基地、天然气和水能开发基地、钢铁工业基地、有色金属工业基地、奶业基地；②长江中游综合经济区（湖北、湖南、江西、安徽），是以水稻和棉花种植为主的农业地区、专业化生产基地及相关深加工工业，以钢铁和有色冶金为主的原材料基地，有武汉"光谷"和汽车生产基地；③东北综合经济区（辽宁、吉林、黑龙江）；④北部沿海综合经济区（北京、天津、河北、山东）；⑤东部沿海综合经济区（上海、江苏、浙江）；⑥南部沿海经济区（福建、广东、海南）；⑦大西南综合经济区（云南、贵州、四川、重庆、广西）；⑧大西北综合经济区（甘肃、青海、宁夏、西藏、新疆）。显然，这种划分更多地考虑了影响区域经济发展的各种生产要素资源的合理组合，是对国家"九五"计划和 2010 年远景目标纲要中七大经济区划的有益补充。

2009 年以后，我国加快了区域发展规划的步伐。2009 年 1 月 8 日，国家发展改革委发布《珠江三角洲地区改革发展规划纲要》。随后，国务院先后批复了《广西北部湾经济区发展规划》《关于支持福建省加快建设海峡西岸经济区的若干意见》《关中 - 天水经济区发展规划》《江苏沿海地区发展规划》《横琴总体发展规划》《辽宁沿海经济带发展规划》《促进中部地区崛起规划》《中国图们江区域合

① 《关于国民经济和社会发展"九五"计划和 2010 年远景目标纲要的报告》（1996 年 3 月 5 日），《全国人民代表大会常务委员会公报》1996 年第 2 期，第 10～31 页；李振泉、杨万钟、陆心贤：《中国经济地理》，华东师范大学出版社，1999，第 208 页。

作开发规划纲要》《长江三角洲地区区域规划》《成渝经济区区域规划》《山东半岛蓝色经济区发展规划》等十几个国家级区域开发规划。此外，我国还开展与邻国的跨国区域经济合作，如"中巴经济走廊建设""澜沧江－湄公河合作""中吉两国毗邻区合作""中蒙俄经济走廊规划"。自此，我国步入区域合作发展的新阶段。

在区域经济发展过程中，正确认识和处理地区发展不平衡问题，是邓小平发展理论的一个重要观点。他很早就提出，鼓励有条件的地区和一部分人先富起来，然后先富帮后富，达到共同富裕的目标。他说："像中国这样的大国，也要考虑到国内各个不同地区的特点才行。"① 我国地域辽阔，各地区条件差异很大，东部沿海地区经济基础较好，自然地理环境也比较好，中西部地区基础较薄弱，经济发展水平较低。对此，邓小平强调沿海地区要率先发展起来："比如广东，要上几个台阶，力争用二十年的时间赶上亚洲'四小龙'。比如江苏等发展比较好的地区，就应该比全国平均速度快。又比如上海，目前完全有条件搞得更快一点。上海在人才、技术和管理方面都有明显的优势，辐射面宽。"② 党的十五大报告提出："促进地区经济合理布局和协调发展。东部地区要充分利用有利条件，在推进改革开放中实现更高水平的发展，有条件的地方要率先基本实现现代化。中西部地区要加快改革开放和开发，发挥资源优势，发展优势产业。"③ 党的十七大报告指出："推动区域协调发展，优化国土开发格局。缩小区域发展差距，必须注重实现基本公共服务均等化，引导生产要素跨区域合理流动。要继续实施区域发展总体战略，深入推进西部大开发，全面振兴东北地区等老工业基地，大力促进中部地区崛起，积极支持东部地区率先发展。加强国土规划，按照形成

---

① 《改革开放三十年重要文献选编》（上），人民出版社，2008，第138页。
② 《改革开放三十年重要文献选编》（上），人民出版社，2008，第636～637页。
③ 《江泽民文选》第2卷，人民出版社，2006，第25页。

主体功能区的要求，完善区域政策，调整经济布局。遵循市场经济规律，突破行政区划界限，形成若干带动力强、联系紧密的经济圈和经济带。"① 党的十九大报告提出，在"实施区域协调发展战略"基础上，"支持资源型地区经济转型发展"、"坚持陆海统筹，加快建设海洋强国"的方针。并指出，从现在到 2020 年，是全面建成小康社会决胜期。统筹推进"五大建设"任务，实施"六大战略"，突出抓重点、补短板、强弱项，坚持农业农村优先发展，建立健全城乡融合发展体制机制和政策体系，加快推进农业农村现代化，形成以城市群为主体构建大中小城市和小城镇协调发展的城镇格局，推动京津冀协同发展，高标准建设雄安新区，推动长江经济带发展。② 至此，从国家层面，在战略高度对我国区域发展做出了战略性安排。

合理布局，促进区域经济协调发展作为国家的一项长期的战略方针，它的实施与实现，对于整个国家宏观经济发展战略的实施与实现具有重要意义。这是因为，第一，社会主义现代化发展战略目标是通过各地区共同发展来实现的，促进各地区经济社会的协调发展，尤其是东西部地区的协调发展，对于实现整个国民经济和社会发展战略目标，乃至整个国家的现代化进程具有重要的影响。第二，社会主义的根本目的是消灭贫穷、消除两极分化、实现共同富裕。我国脱贫致富的任务主要落在老少边贫地区以及一些山区、农村地区。推进地区经济社会协调发展，缩小东西部差距，提高中西部地区经济发展水平，是社会主义的本质要求，对于维护民族团结、确保社会主义制度的巩固、维护国家的长治久安，意义重大。第三，

---

① 《胡锦涛在中国共产党第十七次全国代表大会上的报告》（2007 年 10 月 15 日），《人民日报》2007 年 10 月 25 日，第 1 ~ 5 版。
② 《习近平在中国共产党第十九次全国代表大会上的报告》（2017 年 10 月 18 日），《人民日报》2017 年 10 月 28 日，第 1 ~ 5 版。

实现区域经济协调发展是增强综合国力的需要。目前，我国的综合国力还不够强，在很大程度上与广大的中西部地区经济发展水平不高有很大关系，中西部地区丰富的资源优势未能形成有效的生产力优势，相反地仍有许多地方守着"金山"没饭吃，每年需要国家投入大量的财政资金用于扶贫帮困。这一状况，不仅使地方经济的发展难有作为，而且对于国家总体发展也是一种拖累，在有些地区还需要花大力气解决吃饭问题的情况下，国家就很难有富余的财力进行重大经济项目的建设，没有全国人民的小康，也就不会有国家的繁荣富强。2016 年 7 月 1 日，习近平在庆祝中国共产党成立 95 周年大会上的讲话指出，全面建成小康社会，是我们党向人民、向历史做出的庄严承诺，是 13 亿多中国人民的共同期盼。[1]

解决地区经济发展不平衡问题，实现不同地区经济的快速增长，必须在国家总体发展战略的指导下，制定符合国家发展战略的产业政策和投资政策，因地制宜，因时制宜，扬长避短，借助产业调整和升级战略，实现资源的转化利用及经济效益化；秉持"创新、协调、绿色、开放、共享"发展理念，在合理开发利用资源的同时，注意资源的永续利用；在发展经济的同时，做好生态环境的保护，实现经济、社会、环境、资源的全面可持续发展。

---

[1] 《习近平在庆祝中国共产党成立 95 周年大会上的讲话》（2016 年 7 月 1 日），《人民日报》2016 年 7 月 2 日，第 2 版。

第一章　区域经济发展的演替及其历史轨迹

人类区域开发的历史源远流长，人口、资源、环境因素与区域开发密切相关。马克思曾经指出："各种经济时代的区别，不在于生产什么，而在于怎样生产，用什么劳动资料生产。劳动资料不仅是人类劳动力发展的测量器，而且是劳动借以进行的社会关系的指示器。"[①] 人类历史的变迁，区域开发的推进，实际就是政府治理能力、人口增殖、人口流动、土地垦殖变化、科技水平、生产手段、劳动生产力水平等因素综合影响的结果。纵观历史时期区域经济的演变发展过程，人类的经济活动大致经历了采集农业阶段、种植农业阶段、农业工商业并立发展阶段、近现代产业发展阶段，以及国际关联一体化发展阶段。

一　各历史时期人类经济活动的地理分区

在原始社会，人类的生产力水平极其低下，石器和棍棒代表了当时的生产力水平，石器棍棒既是当时主要的生产工具也是不可缺少的防卫武器。那时，经济活动是分散的，人们认识和支配自然的能力极其有限，几乎完全依靠自然条件，如温暖的气候带、肥沃的

---

① 《马克思恩格斯选集》第 2 卷，人民出版社，2012，第 172 页。

平原土地、原始森林以及河流湖泊等。因此，温暖的气候、肥沃的土地、原始森林以及河流湖泊等自然因素成为划分经济活动区域的界线。那时，人类主要分布在旧大陆，大体上分布在今天的亚洲、欧洲和非洲的暖热地带，从事着集体的采集和渔猎活动，这些活动后来逐步发展成为原始畜牧业和原始农业，并经历了畜牧业和手工业从农业中分离的社会分工。正如"在亚洲，他们发现了可以驯服并且在驯服后可以繁殖的动物"，"游牧部落从其余的野蛮人群中分离出来——这是第一次社会大分工"[①]，"织布业、金属加工业以及其他一切彼此日益分离的手工业，显示出生产的日益多样化和生产技术的日益改进；农业现在除了提供谷物、豆科植物和水果以外，也提供植物油和葡萄酒，这些东西人们已经学会了制造。如此多样的活动，已经不能由同一个人来进行了；于是发生了第二次大分工：手工业和农业分离了"。[②]

科学考察证明，最早的人类是"直立猿人"，它的出现与地理分布的扩大紧密联系。在欧洲，大约公元前3000年，人类已完成了对南欧和西欧的垦殖，欧洲大陆的人口达到200多万人，欧洲地中海沿岸国家构成了最主要的经济区域。在非洲，撒哈拉沙漠以南，按部族群落划分成四个极不相同的区域，即西部的灌木和森林地带、撒哈拉沙漠以南丛林地带、刚果河流域的热带雨林地带、东非和南非地区这四个区域。再加上北非地中海沿岸地区，古代非洲的人口分布和经济区域大体上由这样五大区域所构成。在亚洲，直至公元前400年，人口还主要分布在中国、印度、中东三大区域，这里成为亚洲经济文化发展的中心区域。[③]

---

① 《马克思恩格斯选集》第4卷，人民出版社，2012，第176页。
② 《马克思恩格斯选集》第4卷，人民出版社，2012，第179~180页。
③ 〔英〕科林·麦克伊韦迪、理查德·琼斯：《世界人口历史图集》，东方出版社，1992，第1、7、10、137、243页。

人类进入第一个有阶级社会——奴隶社会，它是伴随着金属工具——青铜器和铁器的应用，在生产力水平相对提高的条件下出现的。那时，人类对自然条件的依赖仍然很大；尤其是农业的发展，对于便于灌溉和航行的河流的依赖性特别大。因此，温暖的大河流域成为人类的发祥地。两河流域的古巴比伦、欧洲的爱琴海沿岸地区、尼罗河流域的古埃及、印度河流域、中国的黄河中下游地区，这些区域成为最早建立奴隶制国家的区域，也是当时最主要的生产力布局区。灌溉农业、手工业，尤其是纺织业、金属冶炼业、制陶业得到较大发展。对外经济联系也有了一定的发展。这一时期经济区域有了更明确的界限。

公元前 5 世纪的亚洲和公元 5 世纪的欧洲分别进入了封建社会。在封建社会里，冶金业有了进一步发展，人们普遍使用了铁制农具和畜力，耕作技术得到提高。由于航海技术的发展，人们对河流、湖泊、海洋的利用程度同样得到了提高。在陆地上建立了亚欧大陆之间的"丝绸之路"，经由海上开辟了"香料之路"、"海上丝绸之路"，沟通了欧亚非大陆间的贸易，世界上出现了一大批著名的海滨商业城市，如意大利的威尼斯、米兰、佛罗伦萨，法国的马塞，英国的伦敦，中国的广州、泉州等。西安是当时世界最大的都城，全盛时期都市人口高达百万人以上。因此，在区域经济的发展上，开始依托某些中心城市——交通要冲、滨海商业市镇、政治文化中心，或者是围绕某种优势资源及优势产业，形成若干经济区域。尤其是在资本主义生产方式萌芽以后，在商业贸易的推动下形成了众多商业性的经济区域。比如，14～15 世纪，在南欧一些国家，手工业和商业贸易有了相当程度的发展，地中海沿岸一些城市已依稀出现了资本主义生产方式的最初萌芽，中国长江下游地区的平原河网地带也出现了资本主义生产方式的萌芽，正是在这些地区形成了有别于其他区域的经济发展类型。

随着资本主义生产方式的萌芽，扩大商业贸易活动范围被提上日程，境外市场开始拓展。从 15 世纪下半叶，横渡大洋的探险航行全面展开。1487～1488 年，葡萄牙人到达了南非好望角。1497 年 7 月，葡萄牙人达伽马等人从里斯本出发，绕过好望角横渡印度洋；1498 年 5 月，到达印度西海岸，次年满载东方香料、丝绸、宝石等商品返回葡萄牙港口里斯本。1492 年 8 月，意大利人哥伦布成功横渡大西洋。1519 年 9 月，葡萄牙人麦哲伦率船队做环球航行，先西行横渡大西洋，到达中美洲，再南行绕过南美洲进入太平洋；1521 年 3 月，抵达菲律宾群岛，麦哲伦在该群岛被土著杀死；其他成员于 1522 年 9 月返回西班牙，完成了人类首次环球航行。这一系列远洋航行的成功，推动了东西方贸易的开展，一定程度上促进了生产力水平的提高。此后近百年间，世界酝酿着一场新的变革。1640 年 11 月，英国发生资产阶级革命，世界历史开启了近代历程。伴随新的世界历史时期的到来，不论是区域经济的发展还是生产要素的空间流动，正迎接新的历史大棋局。

我国地域辽阔，在漫长的文明进程中，人类的经济活动同样经历了区域空间结构大调整、经济中心大转移的变化过程。地区之间自然资源条件各异：中原地区，自然条件优越，人口密集，经济发展水平较高；边远地区，多高山荒漠，气候干燥少雨，人口稀少，经济发展水平低下。早期文明主要集中在黄河流域，这里成为重要的经济区域。比如，奴隶制时期的井田制，后世学者分析认为，主要就分布在中原地区土地广阔、灌溉便利的黄河流域。人类在这里繁衍生息，他们认识自然、开发利用自然，创造了灿烂的文化。西晋以降，经济重心逐渐东移，经济发展的中心区域开始由黄河流域向东偏移。盛唐之后的经济重心已经转移到了东南地区。此后，江南地区一直是我国最主要的经济中心区域。

我国最早的地理书籍《尚书·禹贡》，记载了我国古代王权统治所及：天下共分九州——冀、兖、青、徐、扬、荆、豫、雍、梁，其地理区位相当于黄河流域和长江中下游地区，说明这些地区较早纳入王朝管辖范围，开发也早。这可以看作最早的经济区划格局。战国时期，形成的韩、赵、魏、齐、楚、燕、秦，史称战国"七雄"，这"七雄"之地，实际上可以看作七大经济政治板块。至于边远地区，尤其是边疆地区的开发，长期以来一直是伴随着中央王朝的政治影响力以及多民族融合的程度、边疆地区治理的稳固程度逐步推进的，它与中央王朝政权的稳固、政区设置、政府政策法令的实施有着密切的关系。汉代开始的边镇屯田，与巩固边防有关，此后这种屯垦方式历代不衰，反映出边疆政治统治和经济开发的深入。在很长的时间里，边疆地区遵循着自身的发展轨迹不断向前推进，形成了各自的发展特点。随着国家的统一日久，边疆日益巩固，边疆与内地的差别也逐步缩小。其中，起关键作用的是政府对边疆地区的治理、人口迁移、经济文化交流的密切、土地资源的开发，生产力水平的逐步提高。

随着中央王朝行政管辖范围的扩大，区域内各种自然条件、地理环境构成因素更为复杂多样，各地区人口分布、农耕条件、经济活动差异也更加突出，经济活动的区域性特征也更为明显。司马迁《史记·货殖列传》依据秦汉时期我国的自然及人文状况，将全国划分为四大经济区域，这被后世公认为我国最早完全意义上的经济区划。当时，司马迁所划定的四大经济区域包括：太行山以西的三秦地区、太行山以东的黄淮平原地区、长城内外的北方地区，以及长江流域以南的广大江南地区。即所谓山东、山西传统农业地区；开发起步相对晚的江南地区和龙门碣石以北传统畜牧业或半农半牧区。书中写道："夫山西饶材、竹、榖、纑、旄、玉石；山东多鱼、盐、漆、丝、声色；江南出楠、梓、姜、桂、金、锡、连（铅）、丹砂、犀、玳瑁、珠玑、齿革；龙门、碣石北多马、牛、羊、旃裘、筋角；

铜、铁则千里往往山出棊置（亦作棋置）。此其大较也。"① 在四大区域范围内，又划分为若干次级经济区以及若干经济都会。韦苇在《司马迁经济思想研究》中认为，《史记》划分的二级经济区有 13 个，即西部区（按即"山西"）的关中、巴蜀、陇西 3 个经济小区；东部区（按即"山东"）的三河、中山、赵燕、齐鲁、梁宋以及颍南 6 个经济小区；江南区的东楚、西楚、南楚、岭南 4 个经济小区。② 吴宏岐在《说〈史记·货殖列传〉中经济小区的数目》文中，根据《史记·货殖列传》4 个一级经济区划的归属关系，认为当时的二级经济区有 18 个，其中山西经济区，可分出关中（中心区）、巴蜀、关中外围 3 个次级经济区；山东经济区可分出河南、河东、河内、赵 - 中山、齐、邹 - 鲁、梁 - 宋、郑 - 卫、颍川 - 南阳 9 个次级经济区；江南经济区可分出西楚、东楚、南楚、岭南 4 个次级经济区；龙门碣石之北的经济区可分出种 - 代、燕 - 涿 2 个次级经济区。③ 蓝勇认为，从秦汉开始，中国已有较为明显的经济区域了。根据《史记·货殖列传》的记载，当时，在全国 4 个一级经济区基础上，划分为 18 个二级经济区，其中，山西地区有关中、巴蜀、关中外围 3 个二级经济区；山东地区有河南、河东、河内、种 - 代、赵 - 中山、郑 - 卫、燕 - 涿、齐、邹 - 鲁、梁 - 宋、南阳 - 颍川 11 个二级经济区；江南地区有西楚、东楚、南楚、岭南 4 个二级经济区。④

在各个经济区域内又形成了若干有代表性的经济中心区，即经济都会。蓝勇《中国历史地理学》第十章描述过这方面的情况：

---

① （西汉）司马迁：《史记》卷一百二十九《货殖列传》第六十九。
② 韦苇：《司马迁经济思想研究》，陕西人民教育出版社，1995，第 22 页。
③ 吴宏岐：《说〈史记·货殖列传〉中经济小区的数目》，《中国历史地理论丛》1998 年第 4 期，第 90、96 页。
④ 蓝勇：《中国历史地理学》，高等教育出版社，2002，第 212～213 页。

"《史记·货殖列传》记载了27处经济都会，其中山西7处，山东15处，江南5处。他们是山西的雍（凤翔县）、栎阳（临潼北）、咸阳（咸阳市东）、扬（洪洞县）、平阳、巴（重庆）、蜀（成都），山东的蓟（北京）、温（温县）、轵（济源市东南）、荥阳（荥阳东北）、濮阳（濮阳县南）、睢阳（商丘市南）、阳翟（禹县）、陈（淮阳县）、宛（南阳市）、雒阳（洛阳）、涿（涿州市）、邯郸（邯郸市）、临淄（临淄）、陶（定陶县）、彭城，江南的寿百（寿县）、合肥（合肥市）、吴（苏州）、郢（江陵县）、番禺（广州市）。"① 著名历史地理学家史念海在《河山集》第9集中，将《史记·货殖列传》经济都会划分为两个等级：第一等级是文中明确提到的9处经济都会，即邯郸、燕、临淄、陶（今山东定陶县西北）、睢阳（今河南商丘市南）、吴、寿春（今安徽寿县）、番禺和宛（今河南南阳市）；第二等级是文中描述的12处地位稍次的经济都会，即雍、栎阳（今陕西西安市临潼区渭水之北）、咸阳（今陕西咸阳市东）、长安（今陕西西安市西北）、杨（今山西洪洞县东南）、平阳（今山西临汾市西南汾水之西）、温（今河南温县西）、轵（今河南济源市南）、洛阳（今河南洛阳市东）、江陵、陈、合肥（今安徽合肥市）。合计共有21个都会。② 当时全国各区域面积、户数、人口规模情况，孙达人在其《中国农民变迁论》中进行了详细的统计推算，详见表1-1。

太行山以西和秦岭以北的"山西"地区，包括关中平原和晋西南丘陵以及秦岭山地，相当于黄河中游一带。该地区面积、人口数量居中，秦汉时期为我国经济、政治、文化活动的中心区域，是中华文明的发祥中心，其政治、经济、文化的重要性和影响力位居各区之首，在漫长的历史进程中，作为中央王朝的政治统治中心而存

---

① 蓝勇：《中国历史地理学》，高等教育出版社，2002，第214页。
② 史念海：《河山集》（第9集），陕西师范大学出版社，2006，第586～591页。

表 1-1　秦汉时期全国四大区域面积、人口分区统计

区域	面积		户数		人口	
	面积（平方公里）	占比（%）	户数（户）	占比（%）	人口（人）	占比（%）
全国	4443319	100	12356461	100	57671399	100
山西	1201853	27.0	2269978	18.4	9677694	16.8
山东	501313	11.3	7554423	61.1	35799075	62.1
北方	1304644	29.4	1259707	10.2	5820200	10.1
南方	1435509	32.3	1272323	10.3	6374430	11.0
全国耕地面积（亩）	耕地/全国土地面积之比（%）			户均拥有耕地数（亩）		
827053600	12.41			66.9		

资料来源：孙达人《中国农民变迁论》，中央编译出版社，1996，第 112～114 页。

在。直到汉代以后，其优势的经济地位才逐渐为"山东"区域所取代。

地处黄淮大平原的"山东"地区，早在战国时代就已经开始了一定规模的开发。《汉书·沟洫志》记载："堤防之作，近起战国，雍防百川，各以自利。齐与赵、魏，以河为竟。赵、魏濒山，齐地卑下，作堤去河 25 里。河水东抵齐堤，则西泛赵、魏，赵、魏亦为堤去河 25 里。虽非其正，水尚有所游荡。时至而去，则填淤肥美，民耕田之。"① 秦统一之后，因耕作制度的改进和农耕技术的改良，农民利用自然的能力有所增强，黄淮大平原的开发渐次进入高潮。据说，当时农民不仅临时对离河 25 里开外的河滩地"民耕田之"，而且"或久无害，稍筑室宅，遂成聚落"；不仅一道道更起堤防，以至于"今堤防狭者去水数百步，远者数里"，而且排干湖泽，辟为农田。所谓"又内黄界中有泽，方数十里，环之有堤，往十余岁太守以赋民，民今起庐舍其中"；"东郡白马故大堤亦复数重，民皆居其

---

① （东汉）班固：《汉书》卷二十九《沟洫志》第九。

间。从黎阳北尽魏界，故大堤去河远者数十里，内亦数重，此皆前世所排也"。[①] 这样一来，黄淮平原地区得到大规模开发，人口也因此急剧增加，呈现地狭人稠局面，户数和人口均占全国一半以上，表明该区域是当时全国农耕经济的重心所在，春秋战国时期诸侯争霸亦多发生于此。

长城沿线一带的高原、山地、草原地区被称为"北方"区，它西起甘肃临洮东到辽东，是一个适宜畜牧业的区域。据说，西周春秋时期气候曾发生干凉转变，这一高原地区不断向中原内地输送人口，因此留在当地的人口不多。秦汉以后，耕作制度变化和生产工具进步，特别是灌溉技术的发展，使得干凉的北方通过改善灌溉条件，实现农牧业经营。时人记述：在朔方、西河、河西、酒泉皆引河及川谷以灌田，其中朔方郡的灌溉工程曾动用数万民工费时二三年方成。该区域先秦时期地广人稀，秦以后情况发生较大变化，秦汉王朝推行"实边"政策，移民屯垦，经济有所发展，政区设置也不断强化。秦代已设置了陇西、北地、上、九原、云中、雁门、代、上谷、渔阳、右北平、辽东、辽西 12 郡，汉代增设金城、安定、武威、张掖、酒泉、敦煌、朔方、西河、五原、定襄、玄菟、乐浪 12 郡，总计 24 郡，这一政区设置的变化，从某种程度上说明，该区域不论是政治地位还是经济发展出现了新的局面，其重要性也进一步增强。总体而言，该区域面积仅次于"南方"，而户数、人口最少，属于游牧半游牧经济区，因受自然环境及生存条件的限制，经济发展水平远不及其他几个区域。[②]

从区域划分来看，江淮以南的广大"南方"区，是当时面积最为广阔的区域，而户数、人口相对较少。这说明，秦汉时期，江南

---

① （东汉）班固：《汉书》卷二十九《沟洫志》第九。

② 孙达人：《中国农民变迁论》，中央编译出版社，1996，第 114 ~ 115 页。

一带开发程度较低，明显表现为地广人稀。按司马迁的说法："楚越之地，地广人稀，饭稻羹鱼，或火耕水耨，果隋蠃蛤，不待贾而足，地势饶食，无饥馑之患，以故呰窳偷生，无积聚而多贫。是故江、淮以南，无冻饿之人，亦无千金之家。"①

在"南方"区域中，东南地区作为一个相对独特的地理单元，可以被看作一片特殊的区域。这一区域，主要是在各民族群众由渔猎到定居生活，进而走向农牧化过程中发展起来的，也是经年累月中原移民迁入，融入当地百姓，共同推动了当地的开发。从考古发掘情况来看，先秦时期已经开始出现农事活动，土地资源的开发利用也由此展开。河谷低地，平原坝区无疑是最先开发的区域。这种开发活动始终与人口的增长及迁徙紧密联系在一起。汉、唐、明、清是该地区土地开发利用的几个兴盛阶段，尤其是唐代以后，随着生齿日繁，内地民人大量涌入，引发了新一轮的土地垦殖热潮。土地垦殖，一方面是农民为生计自发地开垦荒地，另一方面是政府有组织地进行垦殖。

沿海地区以福建为例，作为东南沿海一个重要区域单元，其开发历史十分久远。这方面的情况可以从文献记载和考古发掘中得到证明。20世纪60年代前，经文物考查，福建区域发现古文化遗存1100多处。依据这些遗址，新石器时代福建先民主要生活在闽江下游和闽南一带，该地区得到最早开发。到了青铜时代，福建先民的足迹遍及全省各地，青铜遗址大都集中在沿江、沿河两岸谷地及沿海附近地区小丘之上，大致可以分为六大区域：闽江下游地区、闽江上游地区、汀江流域、晋江及木兰溪流域的闽中地区、九龙江流域的闽南地区、滨海流域的闽东地区。② 早期南方各省份的开发也大

---

① （西汉）司马迁：《史记》卷一百二十九《货殖列传》第六十九。
② 唐文基：《福建古代经济史》，福建教育出版社，1995，第29~30页。

抵遵循这样一条发展路径。

二　经济发展过程中的人地关系

在人类生存发展进程中，最早利用的是动植物资源，随着生产生活经验的积累，人类进而逐渐学会了开发利用矿产资源。

（一）资源开发的历史演进

自古以来，人类的发展史便是一部认识自然、开发利用自然的历史。早期人类的渔猎活动，以及后来有目的的种养业的兴起，都与自然资源的开发利用紧密联系在一起。实际上，人类的生产活动也主要是从对动植物资源的利用开始的。在这过程中，地理气候条件对动植物生长状况和早期人类的食物来源影响巨大，早期人类的足迹分布与此有着密切关系。

从世界历史发展的轨迹来看，在新石器时期之前，人类经历了采集植物、追逐动物足迹、奔波于植物果实分布区的发展历程。但是，随着人口分布和气候因素的变化，单纯采集食物的生活方式难以完全满足生活的需要，这一需要的实现被认为是从人类种植作物开始的，这一因素的出现被称作"新石器革命"，或称为"农业革命"，即通过自身的生产来保证全年的食物来源。这种变化还被认为是由多中心同时进行的，这也许反映出当时全球地理气候条件完全提供了可以不加干预就能够进行植物生产的条件，人类从不同的地域角度共同向前发展，地球在不同的区域得到开发。①

根据考古发现和历史文献的记载，在距今 5000 年前，我国北方

---

① 〔英〕科林·麦克伊韦迪、理查德·琼斯：《世界人口历史图集》，东方出版社，1992，第 2～3 页。

地区的气候显然要比现在同纬度区域温暖湿润得多。当时，包括黑龙江等在内的北方地区广泛分布着南方地区常见的阔叶林，从河南仰韶文化遗址中发掘出许多喜温动物的遗骸，比如孔雀、猕猴、大熊猫、苏门犀、亚洲象、水鹿、轴鹿等。① 由于历史上北方气候比现在温暖，动植物资源丰富的黄河流域便成为中华民族的发祥地，这里成为开发最早、开发最充分、经济活动最密集的区域。

早在先秦时期，我国先民就已经学会了种植稻、麦等作物，各地考古发掘中发现，稻穗、麦穗、稗穗等作物的种植历史很早就已经开始了。家禽家畜的养殖也早已开始，畜养的动物有：牛、马、羊、猪等。总体上，东南沿海地区是我国气候条件最为优越的区域，无论是自然生长的生物资源还是人工驯养的家禽家畜以及种植的各类作物，种类都十分丰富。长期以来，种植养殖成为当地经济活动的主要内容。有关生物资源开发利用的情况，历代地方志书都有详细的篇目进行介绍，为我们认识古代人类开发利用自然资源留下了十分珍贵的历史资料。

近代，随着对外贸易的发展，生物资源的开发步伐加快，药材资源、动物资源被大量开发，从各地海关统计的出口商品名录中可以看出，开发出口的生物资源包括：野生药材资源，如茯苓、五倍子、大黄、人参、麝香、神香、樟脑、红花、紫草、西藏鹿茸、贝母、知了、虫草、橄榄等。我国野生动植物资源最为丰富的是四川，仅此一省就有60个县市开发出口药材资源，开发的野生动物资源有貂皮、水獭皮毛、狐狸皮等。此外，木材、毛竹、藤条、生漆、靛青、香菌、桐油等资源也被大量开发利用，并被当作出口贸易的重要商品物资。②

---

① 李绍连：《试从淅川下王岗文化遗存考察文明起源的历史过程》，《中原文物》1995 年第 2 期，第 21～26 页。

② 吴兴南、张仲华、孙月红：《近代西南对外贸易》，云南民族出版社，1998，第 88～89 页。

随着各类动植物资源的采集利用领域的扩大，许多深山密箐得到开发，与此同时，伴随伐木采掘、深山密箐的开发又进一步推动了人们生产活动地域范围的扩大。

（二）农业生产经营方式的变化

我国农业发展的历史悠久，历朝历代高度重视农业生产的发展。我国种养业的历史十分悠久，无论是从考古发现还是从历史文献记载的内容来看，人类的生产活动都是与种养业的进步紧密联系在一起的。卜辞中出现的谷物名称包括禾、麦、秬（稻）等。黍、稷适宜在黄河流域生长，是被广泛种植的作物，而牛、马、猪、羊、鸡、犬等是大量被养殖的家畜家禽。《史记》对这方面的情况有着具体的描述，《史记·货殖列传》载："故曰陆地牧马二百蹄，牛蹄角千，千足羊，泽中千足彘，水居千石鱼陂，山居千章之材。安邑千树枣；燕、秦千树栗；汉、江陵千树橘；淮北、常山已（以）南，河济之间千树萩；陈、夏千亩漆；齐、鲁千亩桑麻；渭、川千亩竹。"这反映出当时全国以经济作物种植为特征的区域性生产经营形态已经形成。另据《四民月令》记载，在东汉时期的田庄里，不仅种植小麦、大麦等粮食作物，而且大量种植瓜果菜蔬、药材、林木等经济作物，如葵花籽、胡麻、牡麻、兰、瓜、葱、韭、蒜、姜、松、柏、榆、柳、竹、杏、桃、枣、术、艾、附子等，还养有马、牛、猪、羊等家畜，以及养鱼、发展蚕桑等。此后，在漫长的岁月中，农业种养业不断发展，成为推动封建经济向前发展的基本经济因素。我国东南地区，自然地理环境独特，气候类型复杂多样，适合不同种类农作物的生长发育和家禽家畜的养殖，随着唐代中国经济重心南移，江南地区农业种植业迅速发展起来，形成政治北方、经济南方的新的基本区域格局。

关中地区是最早开发的地区之一，据考古资料证明，属仰韶文化的半坡遗址出土农具 700 多件，还有粟米和菜籽的遗存，其先民过着定居生活，社会经济以农业为主，同时也饲养家禽，兼营渔猎等。周代这里已经较普遍地种植粟、黍、稷、麦、豆以及水稻。汉代关中水利设施发达，为大片农田提供了良好的灌溉，为农业生产提供了重要条件。由秦汉至隋唐，关中都是全国的政治中心，这也得益于关中具有发展经济的条件和雄厚的物质基础。

华北平原地区，当时包括河北、豫北、鲁西地区，被《史记·货殖列传》称为"天下之中"。殷墟出土的甲骨文中已有黍、禾、麦等农作物。东汉王充《论衡》卷二《率性》第八描述战国时代，魏国引漳河灌溉，使河北临漳县西南邺城附近土地，"成为膏腴，则亩收一钟"。西汉时，魏郡是人口最密集的数郡之一。东汉末曹操定都于邺，这里继续保持着农业的繁荣。晋代左思《魏都赋》描述当时邺都附近地区的农业"水澍粳稻，陆莳稷黍，黝黝桑柘，油油麻纻。均田划畴，藩庐错列"。《齐民要术》反映北魏时期河北平原种植的作物达 20 多种。此后，在很长的历史时期，这里仍然是最重要的农业经济区之一。①

西南地区，四川开发最早，经济发展水平远高于西南其他地区。《华阳国志·巴蜀志》载：土植五谷，牲具六畜，桑、蚕、麻、苎；其山林泽鱼，园囿瓜果，一派繁荣景象，故有天府之国之称。唐宋时期，四川农村种养业发展繁荣程度更甚，成为商品经济最发达的区域之一。除粮食生产外，经济作物获得较大发展，大面积种植茶、果、桑、麻。宋代四川茶叶产区分布在 25 个州路，其中，成都府路 11 个，利州路 4 个，梓州路和夔州路各 5 个。随着茶叶种植区域的扩大，茶叶产量也有较大增长。北宋元丰七年（1084），茶叶总产量

---

① 邹逸麟：《中国历史地理概述》，福建人民出版社，1993，第 171～177 页。

达 2914.7 万斤；元丰八年（1085），复增至 2954.8 斤。① 另外，四川的桑、麻、药材生产在经济生活中也占有十分重要的地位。

西南地区的云南，早在秦汉时期，在一些平原坝区也已开始了牛耕技术，进行水稻种植。后经历代发展，到唐代农业生产发生了更大变化，唐梁建芳《西洱河风土记》就说："其西洱河从巂州西千五百里，其地有数十百部落，……其土有稻、麦、粟、豆，种获亦与中夏同，而以十二月为岁首。菜则葱、菲、蒜、菁，果则桃、梅、李、奈。有丝麻蚕织之事，出施绢、丝、布、麻，幅广七寸以下，染色有绯皂；早蚕以正月生，二月熟。畜则有牛、马、猪、羊、鸡、犬。"唐人樊绰对当时的情况有过这样的记述："从曲靖州以南，滇池以西，土俗惟业水田，种麻、豆、黍、稷，不过町疃。水田每年一熟，从八月获稻，至十一月十二月之交，便于稻田种大麦，三四月即熟。收大麦后，还种粳稻。小麦即于冈陵种之，十二月下旬已抽节如三月，小麦与大麦同时收割。"② 这些都说明，古代西南地区农业种养业的发展已有相当的规模程度。除粮食作物外，经济作物的种植相当普遍。所谓银生城界诸山出茶，蒙舍蛮以椒姜桂和烹而饮之；永昌、丽水、长傍、金山出产荔枝、槟榔、河黎勒、核桃；大厘城出产柑橘；丽水城、永昌还出产波罗蜜果，大者如甜瓜，小者如橙柚，所反映的就是这样一种情形。畜牧业在经济生活中所占的地位十分重要。除了大量养殖猪、羊、猫、犬、兔、鹅、鸭等畜禽外，也有许多家庭饲养役用的马、牛、驴、骡、象等大家畜。《蛮书》载："马出越赕川东面一带，……有泉地美草，宜马。……藤充及申赕亦出马，次赕、滇池尤佳。东乌蛮中亦有马，比于越赕皆少。一切野放，不置槽枥。唯阳苴咩及大厘、澄川各有槽枥、喂马数百匹。"又说："云南及

---

① （宋）吕陶：《净德集》卷三《奏乞罢权名山等三处茶以广德泽亦不阙备边之费状》，引自林文勋《宋代四川商品经济史研究》，云南大学出版社，1994，第 22 页。

② （唐）樊绰：《蛮书》卷七《云南管内物产》，中华书局，1962，第 171～204 页。

西爨故地并生沙牛，俱缘地多瘴，草深肥，牛更蕃生犊子。天宝中，一家便有数十头。通海以南多野水牛，或一千二千为群，弥诺江以西出牦牛，开南以南养象，大于水牛。一家数头养之，代牛耕也。"①

东南地区，开发较晚，汉初以前，大部分地区还是地广人稀，饭稻羹鱼，火耕水耨。三国以后北来人口渐增，耕地垦殖，农业开始发展起来。隋唐以后，江南地区发展加速，到两宋时，苏、常、湖、秀（嘉县）四州成为全国的粮仓。此后，东南地区一直是我国经济的中心，成为政府物资供应、财税来源的主要区域。②

近代，各地区粮食作物种类更多，除了水稻、玉米、大麦、小麦、燕麦等主粮之外，尚有豆类、薯类等杂粮；经济作物种类也有明显增加，仅提供出口的经济作物就有棉花、花生、烟叶、花卉、油菜籽、各种豆类、茶叶、红黄麻、桐油、蚕丝，以及桃、李、梨、柑橘、核桃等果物蔬菜等数十种。养殖业有较大发展，牛、马、山羊、绵羊、猪、驴、骡以及其他家畜成为农业生产的重要组成部分。

（三）矿产资源的开发与利用

我国矿产资源种类丰富，门类齐全，尤其是有色金属储量丰富，开采历史久远。考古发掘中发现，人们很早就已经使用打制的犁、锄等农具进行生产劳动。春秋、战国时期，青铜器已经出现，金属工具也在生产中使用。从各地区对先秦墓葬发掘情况来看，发现大量的青铜用具，其中包括铜锄、铜斧、铜凿以及其他兵器，说明铜矿产品资源的利用时间很早。从文献记载及考古发掘材料来看，锡、锑、钨、铜、锌、铅、煤、金、瓷土、矿盐等矿产得到较早开采。尤其是云南的锡、铜矿，四川自贡盐矿，贵州的铁、锑矿，广西的

---

① （唐）樊绰：《蛮书》卷七《云南管内物产》，中华书局，1962，第171~204页。
② 邹逸麟：《中国历史地理概述》，福建人民出版社，1993，第183~184页。

锡、铝矿，江西铜矿等，生产规模大，产量高，开发利用早。到了近代，我国工业发展中，采矿业是最早采用机械生产的部门之一。随着各种矿产资源的大量开采，冶炼工业迅速发展起来，形成了一批工矿经济区，这对当地经济发展产生了重大影响。

我国最早开采的金属矿产是铜矿。《左传·宣公三年》说："夏之方有德也，远方图物，贡金九牧，铸鼎象物，百物而为之备。"《墨子》上也说："夏后开使蜚廉采金于山川，而陶铸于昆吾。"我国铜矿资源主要分布在江西及西南地区一带，据史料记载，汉晋时期，巴蜀、南中各地均已开始了冶炼生产。从江川李家山、晋宁石寨山、楚雄万家坝、祥云大波那等处古墓发掘的大量青铜可知，云南早在春秋时期已有了青铜业，西汉时期青铜制造业已经是盛况空前。东汉时期云南青铜制造业以朱提堂琅及其附近最为发达。堂琅即现今滇东北的东川、会泽一带。从这一地区出土的朱提堂琅洗来看，铜器不唯贵族所专有，已然作为一种商品，按一定的规格为市场成批生产。这本身就说明，东汉云南青铜业进入了大发展时期。更重要的是，东汉以后还出现了白铜。《华阳国志·南中志》就讲到堂琅县"出银、铅、白铜、铜"。这一合金，国外直到1751年才由瑞典人康郎士达（A. F. Cronstedt，1722－1756）提炼成功。17～18世纪欧洲人记载中国白铜的书中时常提到中国白铜系云南所产，经广州出口的，他们有时径称之为"云南白铜"。[①]

随着青铜制造业的发展，青铜制品源源不断流向市场，除在当地销售之外，亦有大量青铜制品销往外地。在贵州平坝金银乡出土东汉铜洗、四川宜宾南广乡发现东汉建初四年（79）朱提造铜洗和延平元年（106）堂琅造铜洗，四川彭山县发现铜锭一块，据考证亦为朱提堂狼造，甚至在陕西勉县红庙也发现汉晋堂狼铜洗。

①　云南省历史研究所：《云南矿冶史论文集》，云南省历史研究所印制，1965，第13～14页。

云南青铜制造技术对越南的影响也很大，青铜制品甚至在战国时期就已经输入越南。《越南历史》一书写道："晋宁（云南）文化的影响南下到了越南的西北地区。战国时期的一些铜器（剑、戈、丈量器等）进入了欧雒国。"云南铜矿业的发展，直到明清时期生产规模都还很大。据记载，康熙四十五年（1706），全省各种矿税总收入合银 81428 两，比康熙二十四年（1685）增加 20 倍。这期间经常开采的矿场也有 18 个。康熙四十四年（1705）以后曾一度推行"放本收铜"政策，矿户所受剥削日重，矿冶业陷于衰落。雍正即位后，对矿冶政策做了逐步调整，适当考虑了矿户的利益，矿户生产积极性有了提高。以铜为例，政策调整后的第二年，全省产铜 100 多万斤，第四年 215 万斤，第五年上升到 300 多万斤。此后，矿政不断调整，生产也不断发展。经常开采的矿场，雍正二年（1724）到乾隆八年（1743）有 20 余个，乾隆九年（1744）以后有 30 多个，乾隆三十七年（1772）多达 46 个。产量也相当可观，乾隆八至二十七年（1743~1762），全省平均年产铜材 1088667 斤；乾隆二十八至四十七年（1763~1782），年均产铜 12572148 斤；乾隆四十八年至嘉庆七年（1783~1802），产量略有下降，但年产仍在一千万斤以上，平均为 10935284 斤。这些铜材，有的运往京城，有的供外省采买，一部分留本省铸钱。滇铜京运自雍正五年（1727）开始，起初每年京运二三百万斤，乾隆四年（1739）起，每年京运 6331440 斤，并成定制。外省采买滇铜数量也很大，从乾隆五年到嘉庆十六年（1740~1811），合计采买滇铜 92172838 斤，采办次数达 274 次。本省铸钱耗铜，从雍正元年到嘉庆七年（1723~1802）的 79 年间合计 1366 余万斤。由此可见，云南铜矿业产量之巨，影响之大，都是前所未有的。银、锡、铅、锌及其他矿产开采也有所发展。以银为例，康熙四十六年（1707），仅个旧银厂课税额就达 36613 两。乾隆七年（1742），鲁甸乐马厂课税额更高，达 42531 两。至于吴尚贤开办的茂隆银厂规模更大。故檀萃《滇海虞衡志》说："中国银币，尽出于滇，……昔滇银盛时，内则昭通之乐马，外则永昌之茂隆，岁出银不赀，故南中富足，且利及天下。"① 值得一提的是，铜矿产品用量最大的是作为铸钱原料，尤其是清代，全国各铸造所需铜料均取自云南，辗转运输，行程数千公里。

有关我国矿产资源开采的详情，司马迁《史记·货殖列传》有大量记载：巴蜀沃野，"地饶卮、姜、丹砂、石、铜、铁、竹、木之器"。一些有头脑的商人因冶铁鼓铸，一举成为富裕之户，最典型的要算蜀卓氏在临邛"即铁山鼓铸，运筹策，倾滇、蜀之民，富至僮千人"；临邛的程郑"亦冶铸，贾椎髻之民，富埒卓氏，俱居临邛"；"宛孔氏之先，梁人也，用铁冶为业。……家致富数千金，故南阳行贾尽法孔氏之雍容"；"鲁人俗俭啬，而曹邴氏尤甚，以铁冶起，富至巨万"。② 这样的例子很多，其生产的铁器远销岭南各地。蜀地西南边区产铁最丰，因此，西汉在临邛、南安、武阳等地设置铁官，与民分利。东汉时，云南的冶铁业也有了较快发展。《汉书·地理志》说："滇池出铁"，"不韦出铁"。汉晋时期，冶铁业在巴蜀、南中的定作、台登、卑水、南安、临邛、会无、宕渠、广都、武阳、不韦、滇池等广大地区均有分布，其生产量很大。随着冶铁业的发展，铁制品贸易也随之兴盛起来，据考古发掘的情况报告，我国铁器不唯在境内及岭南广大地区销售，还运销印度及中亚等国家和地区。③

历史上，铁制农具是最重要的生产工具，犁、锄、镰刀、铁耙、刀、叉是最主要的用具。全国各农业生产区域，生产过程都离不开铁制农具。同样，生活当中也离不开铁制器具。制造铁制生产生活

---

① （清）倪蜕辑，李埏校注：《滇云历年传》，第51～52、64、56～58、67页。
② （西汉）司马迁：《史记·货殖列传》第一百二十九卷。
③ 戴裔煊：《中国铁器和冶金技术的西传》，《中山大学学报》1979年第3期，第44～50页。

用具需要大量生铁，冶铁业便兴旺起来。据史料记载，明清时期，福建七府所属闽清、安溪、诏安、永安、崇安、上杭、霞浦等 28 县及龙岩直隶州等都产铁货。康熙《永定县志·土产志》载，当地制造铁锅及锄头出售。长汀也产铁锅器具，江西商人多来贩卖。广东则冶铁和铁器制造都很发达，有成千上万的农民到炉场做工。[①]

近代以来，随着生产技术的发展进步，矿产资源开采的种类，生产的规模化及其利用水平也逐步提高。由于相继引进近代采掘加工机械，生产工具变革，给生产带来革命性变化，生产规模效益明显提高，矿产资源的开发生产对地区经济发展的影响力也进一步增强。通过开发利用矿产资源，广大山区发展成为重要的经济区域，在地区经济发展格局中成为重要的一环。不仅矿区经济得到发展，也使偏僻的山村成为著名的矿业城市，而且还极大地带动了周边区域的发展。矿产资源开发利用范围的扩大，对区域发展起着连带效应，一些深山密箐的开发因此得以展开。

（四）商品经济的发展及影响

在历史进程中，农业生产的发展以及农村中广泛开展的多种经营活动，成为孕育商品经济不可缺少的条件。列宁曾指出："社会分工是商品经济的基础。加工工业与采掘工业分离开来，它们各自再分为一些小的和更小的部门，这些部门以商品形式生产专门的产品，并用以同其他一切生产部门进行交换。这样，商品经济的发展使单独的和独立的生产部门的数量增加。"[②] 我国很早就出现了社会分工，出现铜铁制造、纺纱织布、采矿、制陶、榨油、酿酒、印刷、制糖、造船、农具制造、其他日用品制造等分工。不过，由于古代生产力

---

① 郑昌淦：《明清农村商品经济》，人民大学出版社，1989，第 26 页。
② 《列宁选集》第 1 卷，人民出版社，2012，第 164 页。

水平低下，剩余产品较少，农产品商品化率的总体水平较低。近代以来，随着生产力水平的提高，农村市场化程度发展加快，城镇规模逐步扩大，商品流通获得发展。伴随着市场体系的逐步建立，市场交易的商品也日渐增加，主要有农副产品、手工业品，在水陆交通发达的地区同时也有大量的进口商品，所有这些都与农业生产商品化的提高有着直接或者是间接的关系。

在商品化发展过程中，由于各地区经济发展水平的差异，商品化率不同。关中地区、成都平原，唐宋以后的太湖流域等地区商品化发展水平最高。进入封建社会末期，大约在明朝中叶以后，资本主义开始在中国萌芽，农业手工业有较大发展，一些地区出现生产的专业化、出现专业性区域，如江南的茶叶专业区、棉花专业区、蔗糖专业区、蚕桑专业区，还有一些专门生产手工业产品的城市中心，如景德镇瓷都，广州、泉州、温州等海港城市，同时也有一批古老的政治经济中心城市如西安、成都、南京、杭州等。这些都表明，商品经济的发展带来了一系列新的区域性生产变革。近代以来，则长江三角洲、珠江三角洲、四川平原、东南沿海地区等，商品生产水平都得到了较大的发展。四川、广东、江浙等地的生丝、茶叶、蔗糖、药材等农产品生产量巨大，商品化水平很高，近代出口商品中的生丝及其丝织品所占比重较大，也都与这些地区蚕桑业的发展密切相关。当时，在江浙、广东、四川等地都设有蚕丝加工厂，进行出口商品加工制造，其原料就来自四川、广东、浙江、江苏、山东、两湖、江西等地。从近代西南地区出口商品统计情况看，在五大类出口商品中，四类与农业生产有关。即未加工农林产品类，如粮食、豆类、油料作物籽实、瓜果菜蔬、苎麻、烟草及姜蒜等调料品；初加工农林副产品类，如植物油、干咸菜、生丝、木竹器具、土纸、土杂、干果等；畜禽及副产品类，如牛、马、猪、仔猪、羊、猪鬃、猪牛羊皮、动物骨、鸡鸭毛等；特种山货土产，如各类药材等。就连偏僻的西南地区西藏、云南，其商品化水平也有较大提高。据有关资料反映，西藏以绵羊、毛牛皮、羊皮、羊毛及麝香等农副产品产量最大，商品化率最高，也成为最主要的出口商品。云南农产品生产中以生丝、皮革、茶叶、猪鬃、药材、植物染料等为大宗，最高年份合计出口占出口总额的20%以上。20世纪二三十年代，广西大宗出口商品中就包括香菌、木耳、植物油、瓜子、烟草、药材、牲畜、米、纸张、皮货、木料、柴炭等，其中植物油比重最大，曾占出口总量的第一位，牲畜及其产品次之、柴炭又次之，三项合计占出口总量的60%以上。贵州出口贸易中也以农副产品为大宗，仅桐油出口就高达数百万斤，此外还有茶油、牛皮、药材、木材等的出口，其中，仅黔南地区的榕江县年产桐油500万斤、五倍子5万余斤、木材10万余方。黎平水口年产茶叶数十万斤，榕江县森林局年出口木材60万~70万元。四川方面，农副产品中的山货、药材、桐油、赤枯糖、干菜、猪肠、棕类、黄白丝等成为大宗商品。仅1933~1936年，山货出口就达189796万元国币，占同期出口总额的30%；药材出口166427万元国币，占同期出口总额的26%；桐油出口62435万元国币，占同期出口总额的10%；干菜、猪肠的出口也在亿元以上。至于东南地区，其商品生产水平远远高于这些地区。[1]

随着农业商品化水平的提高，农村产业结构发生重大变化，形成了新的产业格局，区域经济发展出现新情况。近代工业、交通运输业、农业商品化生产区，都集中在东部沿海一带；内陆仅在铁路延伸区域以及有大型水运干线的地方出现了一些矿区和工业部门。东北的沈阳、鞍山、大连、本溪、抚顺等城市及其周边地区；华北以北京、天津为中心的地带；华东以上海为中心，包括无锡、镇江、

---

[1] 吴兴南、张仲华、孙月红：《近代西南对外贸易》，云南民族出版社，1998，第88~96页。

南京、南通、杭州；华南的广州及其周边地区；内陆的武汉、重庆、西安、昆明等；山西、湖南、江西、黑龙江等的一些采掘工矿场地带，商品经济都比较发达。农业方面，东南部地区以种植业为主，西部以畜牧业为主；经济作物主要集中在长江三角洲、珠江三角洲地区；茶叶主要分布在江南、四川等省山区。这种地域分布本身也为商品经济的发展创造了条件。

三　地区开发与对外区际联系的建立

（一）陆地为主的开发进展

秦灭六国，建立了多民族、大一统、中央集权的封建制国家。此后，建立大一统国家成为历代统治者所共同追求的目标，也是百姓的愿望，这样不仅能够避免战火蹂躏，实现国家的安定，促进各地区经济开发，利于百姓生产劳动、安居生活，更有利于地区之间的经济联系，商品流通，促进中外经贸联系及文化交流。

秦统一后，实行郡县制，兴交通，建驿道，对地方实行较为有效的治理，各地区的开发得到强力推进。中原地区在稳步发展的基础上，加强了与南方各地区的联系。秦汉时期，通过开疆拓土，在边疆地区设置郡县，巩固了国家的大一统，加强了中原地区与边疆地区之间的政治、经济联系和文化交流。秦汉大力移民实边，一定程度上改变了西部特别是西北地区人烟稀少的状况，有利于边疆的保卫和西部地区的开发。边疆开发，沟通了中外交通，促进了中外交流，开拓了闻名古今的丝绸之路。汉武帝时，张骞两通西域，使西汉王朝认识了当时的西方世界。古代丝绸之路的开通及日趋繁荣，与中央对边疆地方尤其是对西北地区的开发有着密切关系，通过丝绸之路，发展了中外经济、文化交流，促进了中华文化的共同提高和发展。① 与此同时，西南地区在中央王朝边疆治理过程中，通过生产技术的引入，人力物力的投入，加快了该地区的经济发展步伐。至西汉中、晚期，巴蜀地区成为全国十大经济区之一，成都则发展成为当时全国六大都市之一，临邛、广汉则成为全国著名的工业城市。巴蜀跃居为全国先进的经济区。②

秦汉魏晋南北朝时期，南方地区随着人口迁移、水利设施的建设和农业生产技术的推广传播，也在一定程度上推动了农产生产的发展。根据《汉书·地理志》西汉平帝元始二年（2）户数、人口以及《后汉书·郡国志》东汉顺帝永和五年（140）户数、人口统计，西汉全国总户数1223.3612万户、总人口5767.14万人；东汉全国总户数1305.6625万户，总人口4789.24万人。③ 详见表1-2。

表1-2　汉代南方户数、人口增长态势

州名	郡名	户数（万户）		人口数（万人）		各州户数合计（万户，%）		各州人口数合计（万人，%）	
		西汉	东汉	西汉	东汉	西汉	东汉	西汉	东汉
荆州	南阳	30.9316	52.8551	194.2510	243.9618	61.8597	139.9394	359.7717	631.5401
	南郡	12.5579	16.2570	71.8540	74.7604	(13.0506)	(10.7179)	(6.0369)	
	江夏	5.6844	5.8434	21.9218	26.5464				(13.1866)
	零陵	2.1092	21.2284	13.9378	100.1000				
	桂阳	2.8119	13.5029	15.6488	55.1430				
	武陵	3.4177	4.6672	18.5758	25.0913				
	长沙	4.3470	25.5854	23.582	105.9372				

---

① 王劲、段金生：《秦汉开发西部的政策及其得失》，《南京农业大学学报》（社会科学版）2005年第2期，第71~76页。

② 姚乐野：《汉唐间巴蜀地区开发研究》，四川大学2005年博士学位论文，第1~2页。

③ 根据《汉书·地理志》西汉平帝元始二年（2）户数、人口数，《后汉书·郡国志》东汉顺帝永和五年（140）户数、人口资料统计整理。

续表

州名	郡名	户数（万户）		人口数（万人）		各州户数合计（万户，%）		各州人口数合计（万人，%）	
		西汉	东汉	西汉	东汉	西汉	东汉	西汉	东汉
扬州	九江	15.0052	8.9436	78.0525	43.2426	71.0821	102.1096	320.6249	433.8592
	丹阳	10.7541	13.6518	40.5170	63.0545	(14.9962)	(7.8205)	(5.3801)	(9.059)
	庐江	12.4383	10.1392	45.7333	42.4683				
	会稽	22.3038	12.3090	103.2640	48.1196				
	吴郡		16.4164		70.0782				
	豫章	6.7462	40.6496	35.1965	166.8960				
	六安	3.8345		17.8616					
益州	汉中	10.1570	5.7344	30.0614	26.7402	97.2588	152.5257	454.8699	724.2028
	巴陵	15.8643	31.0691	70.8148	108.6049	(20.5187)	(11.6819)	(7.6327)	(15.1214)
	广汉	16.7499	13.9865	66.2249	50.9438				
	蜀郡	26.8279	30.0452	124.5929	135.0476				
	犍为	10.9419	13.7713	48.9486	41.1378				
	牂柯	2.4219	3.1523	15.3360	26.7253				
	越嶲	6.1280	13.0120	40.8450	62.3418				
	益州	8.1946	2.9036	58.0463	11.0802				
	永昌		23.1897		189.7344				
	广汉		3.7110		20.5652				
	蜀郡		11.1568		47.5629				
	犍为		0.7938		3.7187				
交州	南海	1.9613	7.1477	9.4253	25.0282	21.5448	27.0769	127.2290	111.4444
	苍梧	2.4379	11.1395	4.6160	46.6975	(4.5453)	(2.1268)	(2.1349)	(2.327)
	合浦	1.5398	2.3121	7.8980	8.6617				
	九真	3.5743	4.6513	16.6013	20.9894				
	日南	1.5460	1.8263	6.9485	10.0676				
	郁林	1.2415	/	7.1162	/				
	交趾	9.2440	/	74.6237	/				

注：表括号内数值为占全国的百分比。

魏晋南北朝时期，北方战乱不断，南方相对安宁，大量人口南迁，带来了劳动力和生产技术，南方经济得到较快发展，这一时期，全国经济的发展，从当时各地区农作物生产种植情况可见一斑。详见表1-3。这一变化，为隋唐以后南方地区经济的大规模开发和发展、中国经济重心向南方转移奠定了基础。

唐以前，我国的经济中心在黄河流域的北方，直至唐初，生产发展的重心仍然在北方。安史之乱后，以太湖流域为中心的江南地区生产力逐步超越北方，经济中心也从此南移。随着北方流民大量南下，南方人口与北方人口的比例发生了显著变化。西汉元始二年（2），北方人口数为4471.1426万人，南方人口数为1295.9975万人，南方人口数占全国22.47%；东汉永和五年（140），北方人口数为2893.1451万人，南方人口数为1896.0962万人，南方人口数占全国39.59%；西晋太康初年（280），北方户数为149.3737万户，南方户数为100.8388万户，南方户数占全国户数的40.11%；唐朝贞观十三年（639），北方人口数为586.3370万人，南方人口数为648.8311万人，南方人口数占全国人口数的52.53%，已经超过了北方。[①]

（二）从陆地向海洋的推进

宋元明清四朝，南方地区无论人口规模、经济影响力、对外开放程度，都远远超过北方地区，如果说唐以前中国经济的对外联系还主要是陆地对陆地，即主要由北方地区通过"陆上丝绸之路"实现的，那么，宋以后各代，我国对外经贸联系更多的是通过海洋进行的，也就是通过今天重放异彩的"海上丝绸之路"这一路径实现

---

① 梁方仲：《中国历代户口、田地、田赋统计》，上海人民出版社，1980，第22~33、44~46、78~85页。

表 1－3　秦汉魏晋南北朝时期农作物种植的区域分布

区域	经济作物	资料出处
新疆吐鲁番	棉、麻、葡萄、甜瓜、核桃、枣、梨、桃、酸梅、杏	王炳华：《新疆农业考古概述》，《农业考古》1983 年第 1 期，第 102～117 页。
辽河流域	谷子、梁、麦、大豆、粟、稷、稻、麻、葵花子、瓜果、蔬菜	杨富：《魏晋南北朝时期辽河流域农业发展水平初探》，《农业考古》2009 年第 4 期，第 49～51 页。
西域	麦、穈、粟、菽、青稞、高粱、麻、稻、棉花、石榴	陈跃：《魏晋南北朝西域农业的新发展》，《中国经济史研究》2012 年第 3 期，第 137～145 页。
山东泗水流域	粟、桃、梅、杏、酸麦、李、葡萄、栗子、芹菜、葫芦、桑麻	刘秋晨：《从考古资料看汉代泗水流域的农业》，《江苏师范大学学报》2013 年，第 27～28 页。
湖北	水稻、粟、麦、豆、麻、芥菜、小茴香、枣、桃、李子柰、甜瓜子、枇杷、芥菜	晏昌贵：《秦汉时期的湖北农业》，《湖北大学学报》（哲学社会科学版）1993 年第 1 期，第 65～70 页。
江苏地区	稻、粟、甘薯、苎麻、桑豆、桑麻、果蔬	马湘泳：《江苏农业生产布局溯源》，《中国农史》1991 年第 1 期，第 5～9 页。
四川盆地	大麻、苎麻、棉花	郭声波：《四川历史农业地理》，四川人民出版社，1993。
福建	桑、麻、木棉、葛、苎、蕉、蓝、甘蔗、茶、烟草	林蔚文：《福建古代农业经济作物》，《农业考古》1990 年第 1 期，第 148～152 页。
岭南	果类作物和经济作物，粮食作物与经济作物并举	冼剑民：《秦汉时期的岭南农业》，《中国农史》1983 年第 3 期，第 10～20 页。
交州	水稻、甘薯、甘蔗、橘、蚕桑、椰子、槟榔、芭蕉等，并出产著名的"交趾葛"	游明谦、孙建党：《东汉魏晋南北朝时期的农业》，《许昌师专学报》2001 年第 1 期，第 88～90 页。
黄淮平原区	麦、稻、粟、菽、桑、麻、梨、漆、豆、蔬菜、果木	林忠辉、莫国兴：《历史时期黄淮海平原农作制度变迁与农业生产环境演变》，《中国生态农业学报》2011 年第 5 期，第 1071～1078 页。

的。南方地区经济的繁荣，除了得益于北方人口大量南迁推动了农业发展外，更重要的是南方经济的多样化发展，多种经营活动的开展，对外经贸联系的日益频繁，创造了更多的社会财富，除农业之

外，包括手工业、商业、对外贸易、城市的发展等，都使得经济繁荣有了保障。

近代以来，南方地区经济远胜北方的总体格局得到强化，沿海、沿江、沿边地区对外经贸联系更加紧密，这一方面是商品经济发展使然，另一方面也是受外部力量推动的结果。鸦片战争之后，基于《南京条约》规定的开港通商、划定租界，首批开放的有广州、厦门、福州、宁波和上海，即所谓的五口通商。第二次鸦片战争以后，华北及长江沿岸的主要港口均宣告对外开放。中法战争前后，根据与英法两国所订立的条约，除了在华南、华北与长江沿岸开辟了十余处新的通商口岸，西南地区也有 6 个内陆城市被辟为商埠，使西南内陆地区也同外国资本主义世界发生了直接的商业联系。到 20 世纪初，东北又开辟了 9 个通商口岸。这样近代中国先后有 48 个沿海、沿江及内陆城市因不平等条约规定被辟为通商口岸。其中，华东和华南海口有 16 个，上海、广州、汕头、琼州、杭州、九龙、江门、厦门、福州、拱北、三都澳、宁波、北海、温州、梧州、三水；华北海口有 4 个，天津、芝罘、胶州、秦皇岛；长江有 11 个，汉口、南京、镇江、重庆、沙市、苏州、岳州、长沙、宜昌、九江、芜湖；西南内陆有 6 个，龙州、南宁、蒙自、思茅、腾越、亚东；东北有 11 个，牛庄、绥芬河、大连、安东（丹东）、哈尔滨、珲珲、珲春、龙井村、满洲里、三姓（依兰）、大东沟。在 48 个口岸中，1942 年开辟 5 个，1858～1880 年开辟 14 个，1891～1900 年开辟 18 个，1901～1913 年开辟 11 个，梧州、三水属华南内河港，亚东于 1912 年关闭。随着这些通商口岸的开辟，也形成了一系列与之相联系的工商业城镇，成为通商口岸与广大内地城乡联系的桥梁。近代对外贸易，主要就是经过这些通商口岸以及其他城市网络，把海外市场与内地市场紧密联系起来的。

中国在整个近代贸易过程中，大量出口农副产品、矿产原料，大量输入机器制造的生产生活用品。各地海关出口贸易的不完全统计货物，大体可以划分为 4 大类数百个品种，具体如下。

未加工农林产品类：大麦、小麦、燕麦、青豆、绿豆、黄豆、白豆、豆饼、花生、棉花、山薯、红茶、绿茶、各类种子仁、野蚕丝、烟叶、烟梗、核桃、核桃仁、水靛、栗子、大麻、各类杂粮、未列名干果蜜饯、未列名鲜果、木耳、蒜、蜂蜜、香菌、各种植物油、梨、橘子、花卉小树、瓜子、红枣、黑枣、棕麻。

初加工农林产品类：豆饼、花生油、香料油、烟丝、雪茄烟、大头菜、萝卜干、未列名鲜干卤菜、粉丝、通心粉、他种植物油、柿饼、染料、茶末、干鱼、咸鱼、桐油、竹木器、家具类、酒类、成衣鞋帽、地毯、纸伞、布匹、土布、各种袋包、书籍、黄丝、丝绣货、绸缎、酱油、石料、赤糖、白糖、冰糖、漆、白蜡、黄蜡、杂货、各种绳索、染料、上等纸、次等纸、锡箔、各种丝类、杂货、玻璃器皿、乳腐、地毯。

畜禽产品类：牛、马、山羊、绵羊、他种动物、猪鬃、鲜咸等蛋、鸡鸭等毛、他类兽毛、头发、火腿、牛角、猪油、牛油、牛皮胶、熟皮、熟皮器、干肉、咸肉、生牛皮、未硝山羊皮、已硝山羊皮、狐狸皮、生马驴骡皮、生绵羊皮、动物骨。

药材资源类：土药、茯苓、药材、五倍子、大黄、人参、麝香、神香、樟脑、黑白香、肉桂、紫草、细辛、知母、贝母、虫草、红花。[①]

进口贸易中，随着先进生产技术、设备的进口和大量机器制品的输入，各省相继建立起一批近代工矿企业，而传统手工业的生存发展面临严峻考验，引发重大变革。经过运用先进生产技术，在一定程度上推动了工业的发展，成为促进地区经济社会发展的重要力

---

① 吴兴南、张仲华、孙月红：《近代西南对外贸易》，云南民族出版社，1998，第 88～89 页。

量。传统手工业，在国外机器工业的竞争压力下，出现改造、更新与衰落的变化，为了生存必须更密切地与城乡市场相联系，更贴近农村消费群体。对于众多的手工业生产，按其生产的用途划分，可分为生产生产资料的手工业部门和生产生活资料的手工业部门；按地域划分，有城市手工业和农村家庭手工业等不同类型。生产生产资料的手工业，其生产制造品包括农业生产所需的各种用具、城乡手工业生产本身所需要的各类工具以及城市居民生活用具等。比如，农业生产上所需要的铁制农具——犁、锄、镰刀、耙、砍刀、马掌、铁链及镐头等，非铁制农具——土箕、筛、箩筐、其他竹木器具等。城乡手工业生产所需的工具，如加工金属制品所需的刀、凿、钻、刨、车及破碎等工具，榨糖、制茶、磨坊所需用具、皮革加工、烟丝制作所需生产工具以及纺纱、织布、珠宝玉石加工等所需用具。而所有这些都非各自所能完全制造的，无不依赖专业生产部门进行加工生产。生产生活资料的手工业门类更多，这是由人民日常生活需求的多样性所决定的。大凡人们的衣、食、住、行、生、老、病、死所需要的物品，除了农产品外，其余都由手工业进行加工制造。不言而喻，哪怕是加工制造一件最简陋的器物也需要有某种生产工具，而生产生产资料的手工业部门就是提供这一生产母机的要素部门。城市手工业门类一般比较齐全，除了生产人民日常生活所必需的日用消费品外，也承担生产工具的制造任务，而且是这方面的主要生产者。城市手工业主要集中在中心城市及交通枢纽，各地的中心城市是手工业最集中的地区。据时人调查，城市手工业包括金箔业、皮革业、黄烟业、棉絮业、铅铁业、打铁业、丝织业、梳篦业、刺绣业、爆竹业、榨油业、铜器业、棉织业、棉线业、绸布业、针织业、毡业、裱画业、皮鞍业、斗笠业、染纸业、牙雕业、帽业、鞋业、肥皂业、糕饼业、印染业、首饰加工业、铁钉业、木器业、刊刻业、金业、竹器业、饴糖业、木箱业、打锡业、玉石业、造像业、玻璃业等50多种行业，一些交通枢纽、沿江沿海地区的发展也比较快。不过，就总体水平而言，手工业生产的规模都比较小，一般都在10人以内，10人以上的极少，资本数从数十、数百元不等，千元以上者不多，超过万元者更少。至于农村手工业，主要还停留在家庭手工业生产阶段，规模甚小。其所操持者大凡有木匠、石匠、泥瓦匠、竹篾匠、家庭纺织、衣物鞋帽、编织、烧炭、制烟、爆竹、造纸、酿酒、弹棉花等行业。与此相适应，农村集市交易的商品，除了农产品及洋货之外，大体也就是这些家庭手工业制品。①

与此形成鲜明对照的是，近代工矿业诞生和发展起来。从19世纪60年代开始，逐渐在通都大邑诞生了一批近代工业。机器缫丝、棉纺织业、食品、面粉加工、冶金、火柴、造纸、轻工、煤炭、化工、机械、电力等部门先后采用了近代先进生产技术，成为较早进行近代化生产的部门。近代工业分为官办和民办，至甲午战争爆发时，政府控制的军工企业有19家，民用工业有27家。1895～1920年，民族工业增长23倍，官僚资本企业增长2.7倍。此后，外国资本企业、官僚资本企业以较快速度发展起来。就连边远的西南地区各省也建立起了一批近代工业。据有关资料记载，云南在20世纪最初的10年间，建立了20余家近代工业企业，生产部门包括采矿、玻璃、制茶、制革、鞋帽、机具、公用事业等，到30年代，近代工业增加了一倍，扩展到电力、化工、机械、水泥、钢铁等部门。四川，从19世纪七八十年代开始发展近代工业，到20世纪30年代进入大发展时期。尤其是抗战爆发后，随着东部工业的西迁转移，四川成为我国工业最集中的地区之一，产业涉及水电能源类、冶炼、金属加工制造、机器设备制造、电器制造、木材加工、化学、食品、纺织、服装等行业。这些近代工业的发展，不仅对当时地方经济发

---

① 吴兴南、张仲华、孙月红：《近代西南对外贸易》，云南民族出版社，1998，第55～57页。

展产生重大影响，而且对中华人民共和国成立后西南地区工业企业的布局发展也产生影响。广西，最早出现的近代工业是造船、航运、印刷及采矿业，自19世纪末到20世纪30年代，全省建立各类民营近代工业有77家。30年代和40年代初，西南地区工业经济的发展步伐加快。一方面，当地地方政府加大了对工业的投资，比如，在广西，南宁机械厂、南宁染织厂、广西陶瓷厂、广西糖业指导所和糖厂、广西制革厂、广西印刷厂、广西火柴厂、广西制药厂及自来水厂相继建立或恢复生产；在云南，云南五金器具制造厂，电器制铜厂，昆明火电厂，个旧、蒙自、河口、昭通等火电厂，个旧锡钨矿、可保村、小龙潭煤矿，以及纺织、制革、火柴、玻璃等工厂相继建成投产；重庆电灯公司、自来水公司、重庆钢铁厂、綦阳铁厂等也建成投产。另一方面，国民政府针对抗战时期的特殊形势，从政治、军事、经济、国防安全的需要出发，加大了在西部地区的工业建设步伐，筹划开发西部事宜。根据中国第二历史档案馆公布的抗战期间国民政府有关西南、西北以及江南三区轻工业开发计划的有关史料，其项目包括轻纺、农副产品加工、食品生产等建设内容。

客观评价我国区域经济格局的演化。在漫长的岁月中，经济重心的转移，受到多种因素的影响制约，政治中心的变迁、交通运输条件的改善、农牧耕作制度的发展、生产工具的改良、自然气候条件的变化以及国际局势的变化等，都产生过深远影响。特别是近代科学技术的出现，使区域资源开发、区域经济发展演变提高到了一个新的水平。近代以来，交通运输条件的改善、先进生产技术的运用、对外贸易的不断发展，加速了区域资源的大规模开发。随着土地资源大规模开垦，农业种植业迅速发展起来，农产品商品化水平也有明显提高。以山货土产为主的生物资源，在出口贸易的带动下得以大范围地采集利用，发挥了应有的经济价值。矿产资源作为重要的出口产品，官方、民间资本相继投入生产，贵州煤炭、冶铁、锑、铅锌、锰矿，云南锡、煤、铜、钨矿，四川的金、煤、铜、铁、铅矿，江西铜、煤矿等，经政府及民间资本投资而被大量开采出来，成为重要的出口商品，借此换取外汇或进口必要的商品。近代工业主要包括制造业、采矿业和农副产品加工业，这些行业大都以资源的采掘加工为基础，因此，近代工业的发展是与资源的开发利用紧密联系在一起的，资源开发在区域发展中的地位和作用也早已凸显出来。值得一提的是，随着对外贸易的发展，经济活动空间不断拓展。

案例研究　福建早期海上交通的开辟与海洋文明的滥觞[①]

　　福建是个海洋大省，海洋对于福建文明进程的影响至深且巨。在这片濒海的陆地上，从考古发掘中可以了解到，距今约一万年前已经有人类活动的足迹，按化石发掘的处所，他们分别被称为"东山人"和"清流人"，稍后则有所谓"贝丘"居民和"山坡"居民的出现。贝丘先民的出现，初步奠定了福建经济生活的海洋特质，浅海滩涂成为贝丘先民的渔猎场所。沿海居民在渔猎过程中，很早就开始了有目的的"海耕"，进而涉足远海。从近代以来闽粤沿海和台湾地区发掘的文化遗迹来看，远在新石器时代，大陆沿海居民便已跨海到达今日的台湾并留下了明显的活动痕迹，晚近则远及东南亚各地。[②] 自古以来，福建文明的演进正是在认识海洋、利用海洋、开辟海上交通、发展海洋农耕的过程中得到提升的。

---

① 吴兴南：《福建早期海上交通的开辟与海洋文明的滥觞》，载《李埏教授九十华诞纪念文集》，云南大学出版社，2003。

② 刘益昌：《史前时代台湾与华南关系初探》，载《中国海洋发展史论文集》（第3辑），（台湾）中研院中山人文社会科学研究所，1988，第22页；林惠祥：《台湾石器时代遗物的研究》，《厦门大学学报》1955年第4期，第135~155页。

一

古代福建设置，大体沿水路交通便利的河谷低地展开。这与福建陆路交通不便有着密切关系。《山海经》载，"瓯居海中，闽在海中"，唯其如此，决定了福建先民对外交流交往离不开水路。实际上，早在西周及春秋战国时期的载籍中就有吴越人善制舟及海上航行的记载。《艺文类聚》卷七十一引《周书》曰："周成王时，于越献舟。"①《淮南子》记载："白公问于孔子曰：'人可以微言？'孔子不应。白公曰：'若以石投水中何如？'曰：'吴越之善没者能取之矣。'"②同书《主术训》亦云："汤武，圣王也，而不能与越人乘干舟而浮于江湖。"③《齐俗训》又云："胡人便于马，越人便于舟。"《越绝书》载：越人"水行而山处，以舟为车，以楫为马，往若飘风，去则难从"。《吕氏春秋》载："适越者坐而至，有舟也。"《汉书·严助传》云：越人"习于水斗，便于用舟"。由此可见，越人操舟如同北人骑马，各显娴熟之能。这当然不是一朝一夕所能练就的本领，而是传统习惯所成，是谋生之道，是特殊地理环境影响使然。

史载，秦统一天下，曾于始皇二十五年（222，又云二十六年）置闽中郡。在此之前，福建已然开通了与中原内地的交通联系。当时，闽人同外界的交往主要依靠两条路径：一路经由闽江北上翻越武夷山进入赣东北各水道通向内地，另一路沿海

---

① （唐）欧阳询：《艺文类聚》卷七十一《舟车部·舟车》，上海古籍出版社，1965，第1229～1239页。
② （西汉）刘安：《淮南子》卷十二《道应训》，第1页。
③ （西汉）刘安：《淮南子》卷九《主术训》，第5页。

岸浮船与江浙等处相联系。①

　　汉末三国时期，士民大量南迁，福建开发进入了新的阶段。东吴于永安三年（260）设置建安郡，统领建安、吴兴、东平、建阳、将乐、邵武、延平等七县，其境址均在闽江上中游一带，闽江下游置建安典船校尉。②晋灭东吴之后，于太康三年（282）分建安郡立晋安郡，领原丰、新罗、宛平、同安、侯官、罗江、晋安、温麻八县。③原丰、侯官在今福州市境，新罗在今长汀县境西南，罗江在闽江下游旧闽海道境，晋安在今南安县境，温麻在闽东北沿海霞浦一带，除了新罗属闽西内陆地区，其余设置均在沿海地带。④这一政区设置的变化表明，福建开发重心已经逐渐从闽江上中游的山地丘陵区域向下游及沿海平原低地区域过渡，开发重心的这一转移，反映出海耕文明对福建经济社会的影响日深。

　　汉晋以降，福建海上交通日趋发达。这既是政治统治的需要，也是经济发展的必然，反映出闽人对海洋认识的提高。《史记·东越列传》载："建元三年（前138），闽越（今福建境）发兵围东瓯（今浙江东南沿海一带），东瓯食尽，困，且降，乃使人告急于天子。……（天子）乃遣庄助以节，发兵会稽……浮海救东瓯，未至，闽越引兵而去。"该史籍记载起码说明了这样一个事实：会稽闽越之间早已开通了海路交通。该传又云："元鼎六年（前111）秋，天子遣横海将军韩说出句章（会稽县），浮海从东方往；楼船将军杨仆出武林，中尉王温舒出横

---

①　（西汉）司马迁：《史记》卷五十四《东越列传》。
②　（唐）房玄龄：《晋书》卷十五《地理志》下，扬州条。
③　（唐）房玄龄：《晋书》卷十五《地理志》下，扬州条。
④　李东华：《海上交通与古代福建地区的开发》，载《中国海洋发展史论文集》（第2辑），（台湾）中研院中山人文社会科学研究所，1986，第61～62页。

岭，越侯为戈船下濑将军，出若邪、白沙。元封元年（前110）冬，咸入东越。……及横海将军先至。"

武帝四路大军进讨闽越，东路楼船将军先至。可见，当时内地联结闽越的海上交通远比翻越崇山峻岭的陆路交通或是内河航道来得便捷。

不唯如此，福建至广东的海上交通亦已开启。《史记·东越列传》云："至元鼎五年（前112），南越反，东越王余善上书，请以卒八千人从楼船将军击吕嘉等。兵至揭阳，以海风波为解，不行，持两端，阴使南越。"东越为今福建，南越为今两广，"以卒八千人从楼船将军击吕嘉"，表明大军走海路前往，说明福建与两广海上交通的开辟。

福建地处会稽与交趾海上交通枢纽之地，由于福建与会稽、与广东海上交通的开辟，会稽通交趾的海上交通很自然地联系在一起。《后汉书》卷三十七《桓晔传》载："初平中（190～193），天下大乱。（桓晔）避地会稽，遂泛海客交趾。越人化其节，至同里不争讼。"同书卷四十五《袁安传》又云："及天下大乱，（袁）忠弃官客会稽上虞（余姚）。……后孙策破会稽，忠等浮海南投交趾。"而会稽与交趾海上交通的开启，一方面加快了福建海上交通的进程，促进了福建与外界的联系；另一方面福建海上交通的发展又为吴越与交趾海上交通的联系创造了更好的条件。左思《吴都赋》云："弘舸连舳，巨舰接舻……篙工楫师，选自闽禺，习御长风，狎玩灵胥。责千里于寸阴，聊先期而须臾。"《广东新语·操舟》也载："左思云，篙工楫师，选自闽禺。"闽禺即为福建广东两地，这里已然出现专事操舟航海的篙工楫师，可见其生活对海洋的依赖程度。史称，自西汉武帝平定闽广到东汉章帝元和元年郑弘开通五岭峤道为止，交趾一带的贡品曾一度由海路经福建东冶转运。这方面的情况，

《后汉书》卷三十三《郑弘传》也曾有明确记载。

三国孙吴政权的建立，推动了东南地区的开发，商业交通有较快的发展，往来于内河、海上的船只很多，当时建造的楼船长可达二十余丈，高出水平面可达二三丈，载人达六七百人，载货万余斛。据说，当时远航大秦的巨型船舶需用七张帆，大秦的使者或商人也常来吴国。东吴黄龙二年（230），孙权遣卫温和朱葛直率甲兵十万，浮海求夷州（台湾），赤乌十年（247），又遣聂友等率士卒三万余人到朱涯（今广州徐闻）、儋耳（今海南儋州市）。孙权之兄孙策发兵攻会稽，会稽太守王朗失败，由海路逃往侯官，孙策追兵跟踪而至并占侯官，双方行动都十分迅速，表明会稽与侯官之间的水路交通已然频繁。建衡元年（269），孙皓遣两路大军，南攻交趾，陆路遣监军虞氾、威南将军薛羽、苍梧太守陶璜由荆州南下，海路则由"监军李勖、督军徐存从建安海道"，"皆就合浦击交趾"。[①] 这些大规模的海上航行，对于处在东吴南下要冲地带的福建来说，必然带来海上交通的更快速发展。

福建海上交通的开辟，得益于海上交通工具的进步。当时，福建造船业较为发达，政府在福建沿海设置造船所，著名的造船中心有建安、原丰和温麻。建安在今建瓯市，为闽北重要交通重镇，建安以上之闽江上游支流有松溪、南浦溪、崇阳溪，均可通航，南下顺闽江水道可直达闽江口通往大海。闽北造船有武夷山白岩洞穴留存的船棺为证。原丰为现今福州市，其周边区域，地势平坦，濒临大海，为闽江入海口，福州连江独木舟的发掘，说明在战国末至汉初，这里就已经出现了造船业。《越绝书·吴内传》也有关于独木舟的记载："方舟航买仪尘者，越人往如江也。

---

① （西晋）陈寿：《三国志》卷四十八《三嗣主传》。

治须虑者，越人谓船为'须虑'。"孙吴时期，在侯官（今福州辖区闽侯县境）设典船校尉，负责督造船只。温麻位闽东北沿海的霞浦县西，濒临海洋，有便利的海上交通条件，孙吴时期，设温麻船屯于此，为大型造船工场所在。隋统一后，为了强化统治，以防民变，曾下诏取缔吴越人私自建造大船的行为，有所谓"吴越之人，往承弊俗，所在之处，私造大船，因相聚结，致有侵害。其江南诸州，人间有船三丈以上，悉括入官"。[①] 这从另一个侧面反映出当时闽越地区造船活动的普遍程度及其水平。

早期海上交通的开辟，对于商业贸易的发展和民间人员往来起着重要的推动作用。事实上，正是商业贸易的利润驱使以及对经济利益的不懈追求，成为开辟海上交通的不竭源泉。台湾著名学者李东华先生在论及福建海上交通以及古代福建地区的开发问题时说：在福建开发过程中，海上交通占有举足轻重的地位；从地理形势来说，浙闽丘陵位居东南沿海，背山面海，陆上交通闭塞，海上反而成为较易之出路，而闽人自古即以善于操舟航海著称，因此自汉以降，闽地对外交通以海路为主。[②] 这一分析判断是十分正确的。唯其如此，养成了闽人"闯海"的顽强性格。冲出大山的环抱，跨越苍茫的大海抵达理想的彼岸，一直是闽人的梦想，而正是造船业的发展和航海经验的积累为这一理想插上了翅膀。

二

隋唐以降，随着国家结束分裂局面，福建开发又进入了一

---

① （唐）魏征：《隋书》卷二《高祖记》（下）。
② 李东华：《海上交通与古代福建地区的开发》，载《中国海洋发展史论文集》（第2辑），（台湾）中研院中山人文社会科学研究所，1986，第61~62页。

个新的阶段。由于人口的大量增殖，沿海地狭人稠的矛盾日益明显，需要开辟新的生存空间，解决这一矛盾的出路不外乎两条：一是开发山区，开辟梯田；二是向海上拓殖，包括围海造地，填海造田，发展对外商业贸易。当时，为生计计，闽人通过海洋开展了一系列商业贸易活动，其中，既包括同国内其他沿海地区的贸易往来，也包括越洋跨海贸易。这方面的情况，隋唐以后的史籍多有记载。唐初泉州已有阿拉伯商人来此经商，有穆斯林在此传教。9世纪中叶，泉州成为与河内、广州、扬州齐名的贸易港，当时阿拉伯地理学家伊本柯达贝所著《道程及郡国志》一书有明确记载。除了泉州之外，福州也已成为福建重要的贸易商港。在海外贸易中，大量珍宝输入福建，成为闽商输往内地的重要商品。对此，《杭州罗城记》有载："东眄巨浸，凑闽粤之舟橹；北倚郭邑，通商旅之宝货。"[1] 杭州为五代吴越都城，福建时为王审知之地方割据（897～946年），两地商旅往来，交易宝物——大量来自南海贸易所得的象牙、犀角、珠宝、玉石、香药等珍物，闽王的贡物也都始终以象牙、犀角、珍珠为主，贡献中朝，维持偏安。[2]

宋元之世，福建海上交通日盛，外贸商人风波万里往来于海内外贩卖各地物产，出现空前繁盛的景象。宋人蔡襄《荔枝谱》第二云：荔枝"福州种植最多，……一家有之，至于万株。……初著花时，商人计林断之后，以立券。若后丰寡，商人知之，不计美恶悉为红盐者，水浮陆转，以入京师，外至北戎西夏，其东南舟行新罗、日本、流求（琉球）、大食之属，莫不爱好，重

---

① （唐）罗隐：《罗隐集》，中华书局，1983，第307、309页。
② 李东华：《五代吴越的对外关系》，载《中国海洋发展史论文集》（第5辑），（台湾）中研院中山人文社会科学研究所，1993，第52页。

利以酬之"。[①] 一些富商巨贾专营海外贸易。《夷坚志》载："泉州人王元懋，少时祗役僧寺，其师教以南番诸国师，尽能晓习。偿随海舶诣占城，国王嘉其兼通番汉书，延为馆客，仍嫁以女，留十年而归。所蓄奁具百万缗，而贪利之心愈炽。遂主舶船贸易，其富不赀。……淳熙六年（1179），使行钱吴大作纲首，凡火长之属，图帐者三十八人，同舟泛洋，一去十载，以十五年七月（1188）还，次惠州罗浮山南，获息数十倍。"[②] 至于那些本小力单之人，则或合伙或搭船往外洋贸易，借此实现发家致富的目的。如《夷坚志》记载："泉州商客七人：曰陈、曰流、曰吴、曰张、曰李、曰余、曰蔡，绍熙元年（1190）六月，同乘一舟泛海。"[③] 更有搭钱捎带货物借以获利之人，"以钱附搭其船，转相结托，以买番货而归，少或十贯，多或百贯，常获数倍之货"。[④] 是时，福建与海外贸易的国家和地区以及贸易商品的种类也有较大变化。史料记载，当时福建市舶司常到诸国船舶有三十一国，即大食、嘉令、麻辣、新条、甘杫、三佛齐、真腊、三泊、绿洋、登流眉、西棚、罗斛、蒲甘、渤泥、阇婆、占城、目丽、木力干、胡麻巴洞、宾达浓、新洲、佛罗安、朋丰、达逻啼、达摩、波斯兰、麻逸、三屿、蒲哩噜、白蒲迩、高丽。[⑤] 南宋市舶提举赵汝适《诸番志》记载，当时来闽贸易国别地区更多达五十八个。元代则由南宋的五十多个国家地区增加至百余国。汪大渊《岛夷志略》所记述国家地区除了与《诸番志》相同的五十八个外，还增加了中南半岛、南亚、西亚

---

① 《笔记小说大观》（9 篇），台北：新兴书局影印本，1975，第 3700～3701 页。

② （南宋）洪迈：《夷坚三志己》卷六《王元懋巨恶》。

③ （南宋）洪迈：《夷坚三志己》卷三《余观音》。

④ （南宋）包恢：《敝帚稿略》卷一《禁铜钱申省状》。

⑤ （南宋）赵彦卫：《云麓漫梦》卷五《福建市舶司常到诸国船舶》。

等三十多个国家或地区。宋元时期贸易商品的种类繁多，出口主要包括陶瓷器、纺织品、金属及制品、农副产品、生活用具及其他物品；进口商品主要有香料、药物、珍宝、纺织品、食品果物。[①]

在福建海外贸易的发展过程中，泉州曾一度成为最重要的商港。早在唐代末年，随着阿拉伯商人东来和唐帝国商人于西太平洋与印度洋间频繁交易，泉州作为南中国贸易港其重要地位就逐渐凸显；再加上唐宋以后中国经济重心向东南偏移，福建进入大规模开发阶段，人口大量增殖，并处于饱和状态，这在客观上促使沿海居民向海外拓殖。北宋泉州惠安人谢履《泉南歌》云："泉州人稠山谷瘠，虽欲就耕无地辟。州南有海浩无穷，每岁造舟通异域。"诗中明白地道出了泉州人为谋求生计向海外发展的事实。与此同时，外国商人也渡海来到泉州。《诸番志》云："有番商曰施那帏，大食人也。侨寓泉南，轻财好施，有西土气习，作丛冢于城外之东南隅，以掩胡贾之遗骸。"这方面的情况，其他文献也多有记载。《舆地记胜》称泉州："驿连海外诸国三十有六。"《岛夷志略》记载与泉州有贸易关系的海外国家和地区共九十七个（不含台、澎），输出商品繁多，有各色布类、帛类、陶瓷类、金属器、食品及生活用品，输入各种香料药物、外国布帛及土特产品，足见泉州海外贸易之盛。

随着海外贸易的发展，沿海居民开始移居海外。其中，移居东南亚地区的闽人主要是来自福州以南沿海地区的居民，移居台湾的闽人主要是来自沿海的泉州、厦门、漳州以及闽粤交界的客家山民。福建人移居海外，为台湾、东南亚等地区的开发建设做出了重要的贡献。

[①] 唐文基：《福建经济史》，福建教育出版社，1995，第372～379页。

明代以后，政府对海外交通贸易联系采取抑制政策。但在福建，民生仰赖海外贸易由来已久，政府的任何限制性措施都无法阻止为生计开展的海外经济活动，甚至一些闽籍官员也深感闭关政策对闽人生计的影响而力主开海。随着对外经贸活动的继续发展，已经出现了一些新的特点：民间弃儒经商、弃农经商、海盗商人、官商阶层以及向海外移民等的涌现，使参与海外贸易的阶层更加广泛，对经济生活及社会影响也更加深刻。明中叶，朝廷开放福建漳州海澄为全国唯一通商贸易港，这除了地利因素之外，与闽人强烈的开海要求不无关联。清代在台湾回归后，开放广州、厦门，尔后又开放云台山等港口，也与沿海人民仰赖海洋的客观现实有着密切关系。可以毫不夸张地说，明清时期福建商人几乎控制了海外贸易和航海业，并由此获得了巨额财富。仅 18 世纪 30 年代，从厦门出海贸易的福建商船不过 30 艘，而每年带回的银圆则在二三百万两。[1]

福建还有一支庞大的常年驻外贸易商队，控制着海外贸易。据有关资料，大陆与台湾两岸的贸易几乎完全掌控在福建漳（州）泉（州）商人手中，18 世纪初，福建商人控制了宁波的水上运输；18 世纪 20 年代，福建常驻苏州商人逾万，占当地客商人的半数；18 世纪 30 年代，漳泉商人常驻广州人数保持在千人以上。航行于台湾海峡、南太平洋和中国沿海的船上的闽南水手超过 10 万人。[2]

三

考察福建文明发祥史，昙石山文化是最为光辉的一页。其

---

① 《宫中档雍正朝奏折》第二十三辑，第 353～354 页。
② 唐文基：《福建经济史》，福建教育出版社，1995，第 534～535 页。

遗址位于闽江下游冲积区一个规模不大也不高的小山岗上，几乎是由当时人们吃剩的贝壳堆积而成、厚达 2 米左右的小丘，故称"贝丘"遗址。自 1954～1974 年先后 7 次发掘，总面积 900 余平方米，其下层年代距今约 4000～5500 年，上层不晚于公元前 2000 年，即相当于夏代初期。在福建已发掘的新石器时代遗址中，绝大多数为"贝丘"遗址类型，统属于"昙石山文化"系统，即以昙石山遗址的下、中文化层为代表的这类新石器时代晚期的文化遗存。依据当时的自然地理环境，"贝丘"遗址依山伴溪，山上有茂密丛林，溪流大海又临近居址，给贝丘居民提供了良好的渔猎条件。当时人们主要采集贝类和海生软体动物作为食物来源，而把吃剩下的齐足类或腹甲类等海生动物的甲壳丢弃在居所的附近，经年累月，形成小丘。这些被当地先民食弃的蛤蜊、牡蛎、蚬、蚶等的贝壳，有的竟厚达 3 米多，说明贝丘居民是以贝类为主要食物来源的。在这些遗迹中也发现某些兽类遗骨，但最多的仍然是贝类，反映出渔猎活动在经济生活中的重要地位。[①]

　　在福建海洋文明的演进中，造船业的出现有如撬动文明进程的杠杆。福建造船历史悠久，连江发掘的独木舟，距今约为 2200 年，相当于战国末至汉武帝时期。由于造船业的出现，人们凭船远渡、涉水捕鱼，提高了渔猎能力，并使"海耕"成为可能。特别是到了宋元时期，福建造船业取得长足发展，达到相当高超的水准，为开发利用海洋、发展海洋经济创造了前所未有的条件。

　　福建处于东南沿海丘陵地带，背山面海，几个面积狭小的平原集中分布在沿海一线。自古以来，福建先民为了生存，在

---

① 唐文基：《福建经济史》，福建教育出版社，1995，第 534～535 页。

山多地少的自然环境条件下开山垒石营造梯田。但山地的开发毕竟有限，为较大规模地扩大耕地面积以解决人口增长所带来的食粮问题，沿海人民便选择了向江海要地的围垦活动，在"海耕"的道路上迈出了决定性的一步。

福建江河水大流急，每年都有大量泥沙被冲向下游海口，在潮水的顶托作用下，在闽江、木兰溪、晋江、九龙江、龙溪等河口地带形成了大片的滩涂和洼地。这些土地由于受海潮影响尽成咸卤之地，难以耕稼。当地人民便开展筑堤障潮、筑堤泻卤、开沟养淡，进行围海造田，变卤洼之地为可耕之田，开始了"海耕"的艰难历程。到唐代，福建已出现了大规模的围垦造田活动。唐建中年间（780~783），莆田人吴兴始塍海为田，筑长堤于渡塘（一作杜塘），又筑延寿陂，溉田400余顷，吴兴成了莆田北洋平原的开拓者。唐元和年间（806~820），福建观察使裴次元筑海堤，围田332顷，岁收谷数万斛，这成为莆田南洋平原的垦殖开始。唐太和三年（829），闽县令李茸在县东五里筑海堤，堤成后堵溪水，其地皆成良田；太和七年（833），长乐县令李茸在县东10里筑海堤，并立斗门10座以防御海潮，旱则潴水，雨则泄水，其旁皆成田。①

宋元时期，福建海耕有了新的发展，其表现之一就是制盐业的进步。当时，福建海盐产地，由唐代侯官、长乐、连江、长溪、晋江、南安6县，到宋元时增加到10县。②唐、五代时期福建制盐沿用传统煮制办法，到宋代时已开始采用刮土淋卤制盐技术和先进的验卤技术，由直接用海水煮盐改为用浓缩的卤水煮盐。而制盐技术的革命性变化是大面积晒盐技术的应

---

① 唐文基：《福建经济史》，福建教育出版社，1995，第126、128页。
② （北宋）宋祁等：《新唐书》卷五十四《食货志》；（北宋）王存等：《元丰九域志》卷九。

用。明人何乔远《闽书》指出："盐有煎法，有晒法，宋元以前，二法兼用，今则纯用晒法。"晒盐之法的采用，预示着制盐业新时代的开始，盐产量大大增加，成本降低。明人追述说："晒卤之盘，石砌，极坚密，为风约水，故广狭无过数尺。一夫之力，一日亦可得二百斤。"① 北宋初福州六县年产盐501.5万斤，北宋中期仅上下四州年产盐就达764万斤，北宋末南宋初上下八州年产1100万斤，高宗绍兴二十三年至二十六年（1153～1156）上下八州产量已达3000万斤。②

到了明代，据《明会典》记载：洪武年间福建官办盐引10.4万引，万历年间岁办大引20.4万引，约合8174万斤。清道光年间官方统计福建年产盐16669万斤（含台湾五场年产量1480万斤）。③

海产养殖业的发展，是福建海洋农耕化的关键，更是福建海洋文明发展的最重要物质条件。福建很早就有"海为田园，渔为衣食"的记载，海洋农耕历史悠久。《闽中海错疏》、《海错百一录》、《闽产录异》以及众多地方史志等文献对福建海产养殖业有明确记载。明郑洪图《蛎蜅考》有闽东福宁沿海插竹养蛎的记载，《霞浦县志》也记载了涵江、沙江、竹屿、武岐等地自明成化年间开始养殖海蛎的情形。④ 明代福建沿海各州县养殖蛎、蛤、蛏等十分盛行，政府为此设立黄册开征课税，这方面的情况，《惠安县志》、《云霄厅志》、《漳州县志》也都有明确记载。《闽中海错疏》还记载福建闽东一带百姓到温州购买蚶苗进行播种养殖的情况。而闽南云霄蚶苗远销广东潮州一带。

① （北宋）宋祁等：《新唐书》卷五十四《食货志》；（北宋）王存等：《元丰九域志》卷九。
② 唐文基：《福建经济史》，福建教育出版社，1995，第283～284页。
③ 唐文基：《福建经济史》，福建教育出版社，1995，第283～284页。
④ 民国《霞浦县志》卷十八《实业考》。

明代福建沿海百姓还学会了池养鲻鱼以及种植紫菜等生产等活动。

四

唯物主义认为，存在决定意识，认识来源于实践。闽人对海洋的认识正是来自长期搏击风浪的海耕实践。海洋不仅为沿海人民提供了食物来源，也为他们提供了无限的遐想空间。海耕实践、越洋航行的成功，都向人们昭示：海洋是可亲可敬的，跨越苍茫的大海可以获得无限的宝藏。这对于沿海地区因生计日繁而生活困顿的人们来说，是解决问题的最好途径。只是囿于技术条件的限制，在很长的历史时期，海洋对于大多数人来说仍然是死亡之谷，桀骜不驯的大海，既是生计的福泽，又是罹难的渊薮，只有祈求神灵保护才能免除灾难。盛传于福建沿海、台湾地区的妈祖崇拜以及海外华人社区的各种神庙，都是人们在大自然面前意识到自己是那样的渺小，把希望寄托于超自然神力加以保护的心理折射。不过，在当时条件下，闽人对海洋的亲近与无畏，并试图认识海洋、利用海洋的努力是难能可贵的。马克思指出："不同的共同体在各自的自然环境中，找到不同的生产资料和不同的生活资料。因此，它们的生产方式、生活方式和产品。"① 正是滨海的自然环境条件，决定了闽人尤其是沿海闽人很早就以大海为其经济活动的大舞台。海外贸易的开展，海耕活动的兴起，社会的进步和经济生活水平的提高，无不烙上大海的深深印痕。黑格尔曾经说过：平凡的土地和平原河流，可以把人类束缚在一片广袤的土地上，使人们对土地

---

① 《马克思恩格斯文集》第 5 卷，人民出版社，2009，第 407 页。

产生无限的依恋性，而大海，则可以呼唤人们超越土地的限制，使人们不会只想到依赖土地而生存。

闽人冲破传统自然经济的樊篱，积极探索未知的、充满挑战和有风险的世界，随着海上交通的开辟，积极发展商业贸易，正是大海无穷力量的呼唤使然。千百年来，闽人足迹遍布全球，勇于探索、不畏艰险、敢为人先，成为闽人鲜明的海洋性格；他们在对外交流交往中，不仅创造财富，而且也播撒着文明，在人类文明史上留下了光辉的足迹。

自古以来，由于地域之间巨大的差异，我国沿海与内陆的经济沿着不同的路径发展。远在秦汉，在北方、西北，开辟了"陆上丝绸之路"，从长安经甘肃、新疆，到中亚、西亚，并联结地中海建立了联结各国的陆上通道。西南地区，开辟了"南方陆上丝绸之路"，经由中南半岛，进入南亚，进而远达中亚乃至欧洲、北非。东部沿海开辟了"海上丝绸之路"，东向到达日本、朝鲜，南向远达东南亚、南亚和印度洋沿岸国家。商业活动所及播撒了文明，扩大了影响，也拓展了经济联系的空间。

第二章 区域经济发展空间结构及要素组合

　　人类的经济活动总是在一定的空间中进行的，总是与自然的、社会的因素紧密地联系在一起。区域经济，是建立在地域分工及协作基础上的一种经济行为。不同区域具有不同的地域空间条件，采取何种地域空间的管理结构模式以及职能划分，不仅对人口分布状况、产业布局、生产力发展水平产生影响，而且对区域发展的长远目标产生制约。长期以来，我国经济发展表现出明显的带状分布和区域化特征——东中西三大地带、老少边山区以及老工业区，这种区域经济发展格局，既是自然地理区位的差异使然，也与现行区域政策和行政区划有关，它充分反映了国家宏观区域经济发展的基本态势。国家政策制定总是努力朝着实现区域协调发展的方向努力。

一　人类经济活动的地域空间演替

　　长期以来，经济区域的演化，总是与自然地理条件、生产力发展水平、人口规模及其迁移、经济发展的市场化程度等直接或间接的经济社会因素紧密地联系在一起。追述人类的发展史，原始人类社会，生产力水平极其低下，石器和棍棒代表了当时的生产力水平，石器棍棒既是当时主要的生产工具也是不可缺少的防卫武器。那时，人类活动表现为分散流动的生存活动，很难进行区域的划分。但是，当时人类认识和支配自然的能力极其有限，几乎完全依靠自然条件，如温暖的气候、肥沃的土地、原始森林以及河流、湖泊等，因此，温暖的气候、肥沃的土地、原始森林以及河流、湖泊等便于获取食物的自然环境地域条件，成为人类选择生存活动空间的决定因素。那时，人类主要分布在旧大陆，大体上包括了今天的亚洲、欧洲和非洲的暖热地带，从事着集体的采集和渔猎活动，后来逐步发展了原始畜牧业和原始农业，经历了畜牧业和手工业从农业中分离的两次大的社会分工。[①]

人类进入奴隶制社会，伴随着金属工具——青铜器和铁器的应用、生产力水平相应提高，剩余财产开始出现。那时，人类对自然环境条件的依赖仍然很大，尤其是农业的发展，离不开河流灌溉与航行，因此，温暖的大河流域成为人类的发祥地。两河流域的古巴比伦、欧洲的爱琴海沿岸地区、尼罗河流域的古埃及、印度河流域、中国的黄河中下游地区，这些区域成为最早建立奴隶制国家的区域，也是当时最主要的生产力布局区。灌溉农业、手工业，尤其是纺织业、金属冶炼业、制陶业等得到较大发展。对外经济联系也有了一定的发展。从经济区域来看，这一时期有了更明确的地域界限。

公元前5世纪和公元5世纪，亚洲和欧洲分别进入封建制社会。在封建社会里，冶金业有了进一步发展，普遍使用了铁制农具和畜力，耕作技术得到提高。由于航海技术的发展，人们对河流、湖泊、海洋的利用程度同样得到了提高。在陆地上建立了亚欧大陆之间的"丝绸之路"，经海路开辟了"香料之路"、"海上丝绸之路"，沟通了欧亚非大陆间的贸易。世界上涌现了一大批著名的海滨商业城市，如意大利的威尼斯、米兰、佛罗伦萨，法国的马塞，英国的伦敦，

---

① 〔英〕科林·麦克伊韦迪、理查德·琼斯：《世界人口历史图集》，东方出版社，1992，第7、135~146、243~256页。

中国的广州、泉州等。西安是当时世界最大的都城，全盛时期都城人口高达百万之众。这样，在区域经济的发展上开始出现某些依托中心城市——交通要冲、滨海商业市镇、政治文化中心，或者是围绕某种优势资源及优势产业，形成若干经济区域。尤其是在资本主义生产关系萌芽之后，在商业贸易的推动下形成了众多商业性的经济区域。比如，14～15世纪，在南欧一些国家，手工业和商业贸易有了相当程度的发展；地中海沿岸一些城市已稀疏地出现了资本主义生产关系的最初萌芽；中国长江下游地区平原河网地带出现资本主义生产关系的萌芽。这些地区形成了有别于其他区域的经济发展类型。

资本主义生产关系的萌芽，要求进一步扩大商业贸易，在此背景下，境外市场得以开辟。从15世纪下半叶开始，人类横渡大洋的探险航行活动全面展开，密切了东西方之间的贸易，一定程度上促进了生产力水平的提高。在此后的一个多世纪里，世界正酝酿着一场新的革命，1640年英国爆发资产阶级革命，世界历史开启了近代历程。随着这一变化，无论是经济的区域格局还是全球生产力的分布都发生了前所未有的变化。

在我国区域经济发展进程中，同样经历了区域空间结构的大变革。早期的文明集中在黄河流域，黄河流域成为重要的经济区域；西晋以后经济重心逐渐东移，经济发展的中心区域开始由黄河流域向东偏离；盛唐之后的经济重心已经转移到了东南地区，进而江南地区一直是我国最主要的经济中心区域。长期以来，从黄河流域到江南地区，中华民族的祖先在这里生息、繁衍，他们认识自然、开发自然和利用自然，创造了灿烂的文化。在这过程中，人类最早开发利用的便是自然生物资源，他们进行着狩猎采集、渔业捕捞、作物栽培和家禽家畜的饲养等生产。随着社会分工和生产的发展，手工制造业和商业贸易在各地区陆续出现，我国江南地区至迟在公元前4世纪，就已经开始了同南亚、东南亚地区的海路商业贸易往来；

在黄河流域，至迟在公元前 2 世纪形成了一条连接东西方的经济、政治、文化交流的陆上通道。

纵观历史时期区域经济的发展演化，人类的经济活动大体上经历了采集农业阶段、种植农业阶段、农工商并立发展阶段、近现代工农业发展阶段以及国际关联一体化阶段。与此相联系，区域发展经历了无明确地域范围的远古时代、分散的地区生产力布局时代、完全形态的区域经济时代、跨地区跨国家区域发展阶段以及当代区域经济发展阶段。

二　政区设置与人口的地域分布

自古以来，经济活动总是在一定的地域空间范围内进行的，地域空间条件如何，采取何种地域空间的管理结构模式以及职能划分，不仅对人口的分布状况、对现实生产力的发展水平产生深远影响，而且对长远的区域发展目标产生制约。

我国政区划分最早出现于奴隶制政权建立后的商周时代，奴隶制政权为了实现对土地的有效管辖，通过以血缘纽带关系为基础的分封制，对土地实行分封治理，即所谓的"分封诸侯"。随着中央集权的发展，从加强统治的需要出发，出现了委官治理的统治形式，各地方官员对某一区域行使管辖权，地方官统一向天子负责，于是政区的划分应运而生。秦代创设郡县制，形成了我国较为完整的政区划分模式，此后，虽然这一创制几经变革，但秦代创立的郡县制却成为我国政区划分的重要基础，也成为国家治理的重要标志。

综观我国政划分，经历春秋至秦汉初创时期的郡县制、魏晋时期的州郡制、隋唐时期的道路制、元明以后的行省制，省作为我国的一级行政区划始于元朝，详见表 2-1。

表 2-1　中国历史政区的设置

朝代	政区设置
夏商周	国家的出现，推行分封制，地分九州。商周时期，普遍推行分封制。春秋以后，历代均存在不同程度的分封。[1] 九州所指，《禹贡》称九州为：冀州、兖州、青州、徐州、扬州、荆州、豫州、梁州、雍州；[2]《尔雅·释地》称九州为：冀州、豫州、雍州、荆州、扬州、兖州、徐州、幽州、营州；[3]《周礼》称九州为：冀州、幽州、并州、兖州、青州、扬州、荆州、豫州、雍州。[4] 九州范围，东至大海，西至甘、陕，南达湘、鄂，北及辽东半岛。
春秋战国	县、郡的出现。
秦	实行郡县制，《史记》载：分天下以为三十六郡，郡置守、尉、监。……地东至海暨朝鲜，西至临洮、羌中，南至北向户（日南郡，地域在今越南中部地区），北据河为塞，并阴山至辽东。（集解三十六郡者，三川、河东、南阳、南郡、九江、鄣郡、会稽、颍川、砀郡、泗水、薛郡、东郡、琅琊、齐郡、上谷、渔阳、右北平、辽西、辽东、代郡、巨鹿、邯郸、上党、太原、云中、九原、雁门、上郡、陇西、北地、汉中、巴郡、蜀郡、黔中、长沙凡三十五，与内史为三十六郡）[5]《晋书·地理》载：始皇初并天下，……分天下为三十六郡。三川、河东、南阳、南郡、九江、鄣郡、会稽、颍川、砀郡、泗水、薛郡、东郡、琅琊、齐郡、上谷、渔阳、右北平、辽西、辽东、代郡、巨鹿、邯郸、上党、太原、云中、九原、雁门、上郡、陇西、北地、汉中、巴郡、蜀郡、黔中、长沙，凡三十五郡，与内史为三十六郡也。于是兴师踰江，平取百越，又置闽中、南海、桂林、象郡，凡四十郡，郡一守焉。其地则西临洮而北沙漠，东萦西带，皆临大海。[6]

① 阚勋武：《简明历史辞典》，河南教育出版社，1983，第370页。
② 慕平：《尚书/中华经典藏书》之《尚书·虞夏书·禹贡》，中华书局，2009，第52~77页。
③ 《尔雅》九《释地》。
④ 吕友仁：《周礼译注》，中州古籍出版社，2004，第149、152页。
⑤ （西汉）司马迁：《史记》卷六《秦始皇本纪》第六。
⑥ （唐）房玄龄：《晋书》卷十四《志》第四《地理》上。

续表

朝代	政区设置
汉	设郡（国）、县（侯国、邑、道）刺史部。汉武帝刘彻元封五年（前106），全国设13行部，每部派一刺史，每个行部管辖若干郡（国）。到西汉平帝刘衍元始二年（2），共有郡国103个，辖县、侯国、邑、道等县级政区1587个。中平五年（188），朝廷选重臣出任刺史，称州牧，掌一州军民。州从监察区变为行政区。至此，中国地方行政由原本的郡县两级制度变为州郡县三级制。13个州为：司隶（治雒阳）、徐州（治剡县）、青州（治临淄）、豫州（治谯县）、冀州（治高邑）、并州（治晋阳）、幽州（治蓟县）、兖州（治昌邑）、凉州（治陇县）、益州（治雒县）、荆州（治汉寿）、扬州（治历阳）和交州（治龙编）。兴平元年（194），又分雍州。至汉亡，全国有14州。①
东汉末年、三国	州、郡、县三级制。
西晋	郡县开始分等第。
东晋、南北朝	侨置政区：侨州、侨郡、侨县。
隋	州（郡）县二级制。
唐	唐朝取消郡，设置道、府以及节度使辖区（镇）。《旧唐书·地理志》记载：贞观元年（627），全国分为10道，关内道、河南道、河东道、河北道、山南道、陇右道、淮南道、江南道、剑南道、岭南道。至贞观十三年（639），全国有358个州（府），1551县。次年平高昌，又增2州6县。开元二十一年（733），全国分为15道，又于边境设置10个节度使、3个经略使。②
五代十国	军、监。
宋	路、州、县三级制。
辽、西夏、金	
元	行省。

---

① （东汉）班固：《汉书》之《地理志》和《西域传》；（南朝）范晔：《后汉书·郡国》。
② （后晋）刘昫等：《旧唐书》卷三十八《志》第十八《地理志》一。

续表

朝代	政区设置
明	设置布政司、督府、巡抚辖区的出现。《明史·地理志》载：洪武初，置13布政使司，又置15都指挥使司，边境海疆增置行都指挥使司，在京师建五军都督府。终明之世，设京师、南京2个直隶；13个布政使司，山东、山西、河南、陕西、四川、湖广、浙江、江西、福建、广东、广西、云南、贵州；另有140个府，193个州，1138个县，19个羁縻府，羁縻州47个，羁縻县6。①
清	省23、省级区4（省级政区27），省以下设府［州（直隶州和散州）、厅（直隶厅和散厅）］、县。
北洋政府时期、国民政府时期	北洋初期分为22省、4特别行政区、4地方、3地区和2府；民国初期分为28省、2地方和6院辖市，后期台湾光复、外蒙古独立；1949年共分35省或行署区、12院辖市、1地方和1特别行政区。

资料来源：傅林祥、郑宝恒《中国行政区划通史》（中华民国卷），复旦大学出版社，2007，第37，63页。

　　总体而言，政区设置是伴随着领土管辖范围的变化、中央集权的程度、经济发展水平等因素的变化而变化的。如今，在行政区划改革中，也主要是从政区管辖幅度规模，各级政府管理职能发挥的效率，对市场经济的适时应变能力，完善民族区域自制制度等的要求出发考虑的。现行的行政区划，实行省、市、县三级制管辖模式，通常情况下省一级行政区也就是最普遍的区域发展规划的基本单元，区域发展在很多情况下也是以研究省一级行政区域范围内的发展为目标。本书所述及的区域还包括跨越省级区域以全国作为一个整体的经济区域，同时又包含东、中、西等不同地带以及若干由特殊区域构成的区域组合。

　　目前，从行政管辖的区域来划分，全国共划分为32个省、自治区和直辖市以及2个特别行政区。其中，东部地区包括北京、天

---

① （清）张廷玉：《明史》卷四十《志》第十六《地理》一。

津、辽宁、河北、山东、江苏、上海、浙江、福建、广东、海南
11 个省份以及台湾省和香港、澳门 2 个特别行政区。中部地区包
括山西、内蒙古、吉林、黑龙江、安徽、江西、河南、湖北、湖
南 9 个省份。西部地区包括重庆、四川、贵州、广西、云南、西
藏、陕西、甘肃、宁夏、青海、新疆 11 个省份。其中，西南地区
包括重庆市、四川省、西藏自治区、云南省、贵州省和广西壮族
自治区 3 省、1 直辖市、2 自治区。全国行政区划统计数如表 2 -
2、表 2 - 3。

表 2 - 2　中华人民共和国行政区划统计

年份	省级	地级区	地级市	县级区	市辖区	县级市	县	自治县
1949 年	30 省、1 自治区、12 直辖市、5 行署区、1 地方、1 地区							
1978 年	30	310	98	2653	408	92	2011	65
2005 年	34	333	283	2862	852	374	1464	117
2006 年	34	333	283	2860	856	369	1463	117
2007 年	34	333	283	2859	856	368	1463	117
2008 年	34	333	283	2859	856	368	1463	117
2009 年	34	333	283	2858	855	367	1464	117
2010 年	34	333	283	2856	853	370	1461	117
2011 年	34	332	284	2853	857	369	1456	117
2012 年	34	333	285	2852	860	368	1453	117
2013 年	34	333	286	2853	872	368	1442	117
2014 年	34	333	288	2854	897	361	1425	117
2015 年	34	334	291	2850	921	361	1397	117
2016 年	34	334	293	2851	954	360	1366	117

　　资料来源：根据中华人民共和国国家统计局《中国统计年鉴》"全国行政区划"
历年数据整理。

表 2 – 3 中华人民共和国行政区划明细表（截至 2016 年底）

省级区划数	地级区划数	县级区划数	乡级区划数
34 个（4 个直辖市、23 个省、5 个自治区、2 个特别行政区）	334 个（地级市 293 个、地区 8 个，自治州 30 个、盟 3 个）	2851 个（市辖区 954 个、县级市 360 个、县 1366 个、自治县 117 个、旗 49 个、自治旗 3 个、特区 1 个、林区 1 个）	39862 个（区公所 2 个、镇 20883 个、乡 9731 个、苏木 152 个、民族乡 988 个、民族苏木 1 个、街道 8105 个）
北京市		16 市辖区	331 个（143 个镇、38 个乡、150 个街道）
天津市		16 个市辖区	245 个（124 个镇、3 个乡、118 个街道）
河北省	11 个地级市	168 个（47 个市辖区、19 个县级市、96 个县、6 个自治县）	2255 个（1107 个镇、845 个乡、302 个街道）
山西省	11 个地级市	119 个（23 个市辖区、11 个县级市、85 个县）	1389 个（564 个镇、632 个乡、202 个街道）
内蒙古自治区	12 个（9 地级市、3 盟）	103 个（23 个市辖区、11 个县级市、17 个县、49 个旗、3 个自治旗）	1014 个（503 个镇、272 个乡、239 个街道）
辽宁省	14 个地级市	100 个（59 个市辖区、16 个县级市、17 个县、8 个自治县）	1531 个（642 个镇、212 个乡、677 个街道）
吉林省	9 个（8 个地级市、1 个自治州）	60（21 个市辖区、20 个县级市、16 个县、3 个自治县）	910 个（428 个镇、182 个乡、300 个街道）
黑龙江省	13 个（12 个地级市、1 个地区）	128（65 个市辖区、19 个县级市、43 个县、1 个自治县）	1197 个（521 个镇、365 个乡、311 个街道）
上海市		16 个市辖区	214 个（107 个镇、2 个乡、105 个街道）
江苏省	13 个地级市	96 个（55 个市辖区、21 个县级市、20 个县）	1287 个（763 个镇、69 个乡、449 个街道）

续表

省级区划数	地级区划数	县级区划数	乡级区划数
浙江省	11 个地级市	89 个（36 个市辖区、19 个县级市、33 个县、1 个自治县）	1378 个（655 个镇、274 个乡、14 个民族乡、275 个街道）
安徽省	16 个地级市	105 个（44 个市辖区、6 个县级市、55 个县）	1488 个（953 个镇、289 个乡、246 个街道）
福建省	9 个地级市	85 个（28 个市辖区、13 个县级市、44 个县）	1105 个（638 个镇、288 个乡、179 个街道）
江西省	11 个地级市	100 个（24 个市辖区、11 个县级市、65 个县）	1555 个（824 个镇、579 个乡、152 个街道）
山东省	17 个地级市	137 个（54 个市辖区、27 个县级市、56 个县）	1826 个（1106 个镇、73 个乡、647 个街道）
河南省	17 个地级市	158 个（52 个市辖区、21 个县级市、85 个县）	2435 个（1120 个镇、682 个乡、633 个街道）
湖北省	13 个（12 个地级市、1 个自治州）	103 个（39 个市辖区、24 个县级市、37 个县、2 个自治县、1 个林区）	1234 个（759 个镇、168 个乡、307 个街道）
湖南省	14 个（13 个地级市、1 个自治州）	122 个（35 个市辖区、16 个县级市、64 个县、7 个自治县）	1292 个（1135 个镇、401 个乡、393 个街道）
广东省	21 个地级市	121 个（64 个市辖区、20 个县级市、34 个县、3 个自治县）	1600 个（788 个镇、330 个乡、128 个街道）
广西壮族自治区	14 个地级市	111 个（40 个市辖区、7 个县级市、52 个县、12 个自治县）	1246 个（748 个镇、515 个乡、61 个民族乡、72 个街道）
海南省	4 个地级市	23 个（8 个市辖区、5 个县级市、4 个县、6 个自治县）	218 个（175 个镇、21 个乡、22 个街道）
重庆市		38 个（26 个市辖区、8 个县、4 个自治县）	1028 个（622 个镇、190 个乡、216 个街道）
四川省	21 个（18 个地级市、3 个自治州）	183 个（52 个市辖区、16 个县级市、111 个县、4 个自治县）	4633 个（2105 个镇、2182 个乡、346 个街道）

续表

省级区划数	地级区划数	县级区划数	乡级区划数
贵州省	9 个（6 个地级市、3 个自治州）	88 个（15 个市辖区、7 个县级市、54 个县、11 个自治县、1 个特区）	1379 个（832 个镇、326 个乡、221 个街道）
云南省	16 个（8 个地级市、8 个自治州）	129 个（16 个市辖区、15 个县级市、69 个县、29 个自治县）	1389 个（681 个镇、545 个乡、163 个街道）
西藏自治区	7 个（5 个地级市、2 个地区）	74 个（6 个市辖区、68 个县）	697 个（140 个镇、545 个乡、12 个街道）
陕西省	10 个地级市	107 个（29 个市辖区、3 个县级市、75 个县）	1295 个（988 个镇、23 个乡、284 个街道）
甘肃省	14 个（12 个地级市、2 个自治州）	86 个（17 个市辖区、4 个县级市、58 个县、7 个自治县）	1352 个（741 个镇、487 个乡、124 个街道）
青海省	8 个（2 个地级市、6 个自治州）	43 个（6 个市辖区、3 个县级市、27 个县、7 个自治县）	399 个（140 个镇、225 个乡、34 个街道）
宁夏回族自治区	5 个地级市	22 个（9 个市辖区、2 个县级市、11 个县）	237 个（102 个镇、90 个乡、45 个街道）
新疆维吾尔自治区	14 个（4 个地级市、5 个地区、5 个盟）	105 个（13 个市辖区、24 个县级市、62 个县、6 个自治县）	1057 个（349 个镇、523 个乡、184 个街道）
台湾			
香港			
澳门			

资料来源：中华人民共和国国家统计局《中国统计年鉴2017》，中国统计出版社，2018，表1-1。

我国是人口大国，人口分布与自然地理环境以及经济发展水平密切相关。中国科学院地理科学与资源研究所葛美玲博士和中国科学院研究生院封志明教授在《中国人口分布的密度分级与重心曲线特征分析》一文中，将我国人口密度划分为9级，据此将我国人口地理分布划分为集聚核心区、高度集聚区、中度集聚区、低度集聚区、一般过渡区、相对稀疏区、绝对稀疏区、极端稀疏区、基本无人区9大类型区，这一划分基本反映了我国人口分布的地域特征，具体如下。

（1）集聚核心区，包括184个分区单元，人口密度＞1000人/平方公里，人口超过2.35亿人，占全国人口的18.8%，面积仅占全国的1.1%，主要是中国特大城市或大城市所在市区。

（2）高度集聚区，包括440个分区单元，人口密度在501~1000人/平方公里，人口超过3.41亿人，占全国人口的27.3%，是人口密度分区中人口比重最大的一个类型区，但面积只占全国的5.4%。集中连片分布在黄淮海平原、四川盆地、长江中下游平原和东南沿海地区。

（3）中度集聚区，包括181个分区单元，人口密度在401~500人/平方公里，人口超过1.24亿人，人口占全国人口的10%，面积仅占全国的3%，零星分布在高度集聚区的周围。

（4）低度集聚区，包括466个分区单元，人口密度在201~400人/平方公里，人口超过2.61亿人，人口占全国人口的20.9%，面积占全国的9.7%，广泛分布于高、中度集聚区的边缘地区，包括江汉平原、汾渭谷地、贵州高原、北部湾地区、渤海湾和京哈铁路沿线。

（5）一般过渡区，包括492个分区单元，人口密度在101~200人/平方公里，人口超过1.77亿人，人口占全国人口的14.2%，面积占全国的13%，中国平均人口密度恰在其中。就分布特征而言，在东南部表现为一种底色，是人口相对稀疏地区；在西北部点状分布，则是人口相对集聚的城市化地区。

（6）相对稀疏区，包括265个分区单元，人口密度在51~100人/平方公里，人口超过0.65亿人，人口占全国人口的5.2%，面积占全国的 9.4%。在东南部位于一般过渡区周边的山地，在西北部则是人口相对稠密的河谷绿洲地区。

（7）绝对稀疏区，包括 108 个分区单元，人口密度在 26~50 人/平方公里，人口超过 0.22 亿人，人口占全国人口的 1.8%，面积占全国的 6.5%。主要分布在胡焕庸线两侧，东北山地和云贵高原地区也相对集中，西北绿洲地区零星分布。

（8）极端稀疏区，包括 222 个分区单元，人口密度在 2~25 人/平方公里，人口超过 0.2 亿人，人口占全国人口的 1.7%，面积占全国的 30.9%。作为西北部地区的底色，集中分布在大小兴安岭、内蒙古高原、西部干旱区和青藏高原等自然条件恶劣的地区。

（9）基本无人区，包括 36 个分区单元，人口密度为 0~1 人/平方公里，人口约 100 万人，人口占全国人口的 0.1%，面积占全国的 21.0%。集中连片分布在藏北高原、塔里木盆地和阿拉善高原等地区。

从上述类型划分可以看出，极端稀疏地区和基本无人地区土地面积已占全国总土地面积的 51.9%，居住的人口仅占全国总人口的 1.8%；人口集聚地区（集聚核心区、高度集聚区、中度集聚区和低度集聚区）面积占 19.2%，居住的人口占全国总人口的 77%。就是说，全国有 3/4 以上的人口集中分布在面积不到全国 1/5 的国土上，而面积占半数以上的国土上居住着不到 2% 的人口。由此可见，我国人居分布的不均衡状况相当严重，这一分布格局直接影响区域经济的发展，尤其是制约了区域开发的进行，人地关系不相适应的矛盾成为区域经济发展的重要影响因素。[①]

---

① 葛美玲、封志明：《中国人口分布的密度分级与重心曲线特征分析》，《地理学报》2009 年第 2 期，第 201~210 页。

案例研究　城镇化进程中政区设置的改革实践与区域发展研究[①]

城镇是现代经济发展的中心舞台，是一个地区经济、政治、教育、科技、文化以及社会活动的中心地带，也是一个地区经济发展的支撑点和人口聚集平台。实践中，城镇经济活动总是在一定的地域空间范围内进行的，这就与政区设置发生关联。目前，我国已经进入结构大调整、社会大转型和经济大发展时期，党的十七大强调，遵循市场经济规律，突破行政区划界限，形成若干带动力强、联系紧密的经济圈和经济带。走中国特色城镇化道路，按照统筹城乡、布局合理、节约土地、功能完善、以大带小的原则，促进大中小城市和小城镇协调发展。以增强综合承载能力为重点，以特大城市为依托，形成辐射作用大的城市群，培育新的经济增长极。形势的发展，迫切要求我们关注行政区划改革调整对城镇化发展的影响，不断适应新形势、满足新要求，为城镇化建设提供和谐的外部环境，促进区域的经济发展。

1. 我国政区设置及其调整的客观因素

我国政区设置历史悠久，先秦时期就已出现了县级行政区划单位。据史料记载，我国最早设县的区域在南方的楚国和西北方的秦国，这里地域辽阔，当时经济发展较高。到战国时期，县的设置已经成为较为普遍的地方行政区划。继县之后出现的是郡，初设于边远偏僻之处，经济开发程度比县低，郡县互不统属。秦统一中国，全面推行郡县制，实行郡领县制。秦汉以降，政区设置几经变更，但县作为一级政区却一直沿袭至今。

---

① 吴兴南：《城镇化进程中政区设置的改革实践与区域发展研究》，《福建省社会主义学院学报》2008 年第 2 期，第 117～120 页。

政区设置自产生之日起，便受所处时代中央政权管辖区域范围的大小、自然地理条件、生产力水平、交通运输及通信能力、民族分布、政治制度强弱等因素的影响。一旦这些因素发生变化，行政区划设置也将发生某种变化。因此，政区设置总是处于一种不断调整和完善的过程之中。比如，发端于春秋战国的郡县制，直到秦代才真正确立，进入汉代才得以发展。在行政区划设置变化的过程中有两大矛盾因素一直在发挥作用：一是名称方面承袭前代，又屡屡发生变化，即承袭其制度之名，变化其制度之实，也就是说名称未变而内容发生变化；二是不同朝代同一名称的政区级别各异，辖区大小不一。比如郡，在两汉时期，相当于我们所说的大区，两晋时期相当于省，隋唐时期只相当于一个地区；两晋时期的州相当于省，隋唐时期只管辖几个县，明清时期一个州有的只相当于一个县。还有的行政机构名称借用官僚机构名称，如都督府、布政使司、办事大臣、督办等，这种设置不可避免地造成某种程度的混乱，也成为各朝代不断进行调整完善的原因之一。

政区设置的变化，不是随心所欲进行的，而是由当时的物质基础条件决定的，它是经济发展的标尺。行政区划是国家结构的一种基本组织形式，也是中央政府政治统治和行使管理权的一个最基本的有效手段。国家的地方政治体制、经济体制、行政体制、司法体制等各种经济社会管理体制都与行政区划密切相关，行政区划布局对地方经济发展速度、行政管理效能以及社会安定都有着直接关系。因此，自古以来，政区设置的调整演变总要受到多种因素的制约，政区也就在这一系列因素的制约影响下逐步完善。通常情况下，地广人稀、经济落后地区设置就少，辖区就宽；人口多、经济发达地区设置就密，辖区相对较小。进入现代以来，随着地方经济的快速发展，城市化进程日益加快，人口密度不断增大，经济发展对空间的要求与政区狭小的矛盾日益凸显，这一矛盾必然对经济发展和社会生活，尤其是对于加快城市化进程产生影响，这就迫切要求突破行政区划设置的地域局限，或合并或重新调整政区设置界限，这样才能满足不同地区经济发展以及城市化发展进程的要求。

现代交通通信条件的改善以及政府职能的转变，对行政区划的层次和管辖幅度产生直接影响。过去，由于生产力水平低，交通通信条件落后，一定程度上造成行政区划建制的规模偏小，层次偏多。随着科技的进步和现代交通通信条件的改善，政府管理手段的现代化，大大提高了行政管理效能，行政区域的管辖幅度可以大一些，层级可以减少一些，管理机构则可以精简一些。这有利于从整体上适当减少行政管理层次，扩大行政区域管理幅度，减少行政管理成本，为行政区划体制的结构性调整创造了条件。改革开放以来，随着经济的发展，交通运输能力的提高、通信条件的改善和管理现代化取得的大踏步进展，各行政区域之间建立起省际高速公路、筹建城际高速铁路，许多省区形成了以省会为中心的数小时省域公路交通圈、以县城为中心的一小时县域公路交通圈，朝发夕至，从而客观上要求改革原来的行政区划管理层次多、管辖幅度小的现状。在政府职能方面，随着社会主义市场经济体制的逐步建立，各级政府进一步转变职能，特别是经济管理正从微观管理转向宏观管理，区域经济的运行逐渐由以纵向为主的计划经济转向以横向为主的市场经济转变，这就要求行政区划的结构体系由层次多幅度小，向层次少幅度大的方向转化；政府行政审批项目逐步减少，审批程序逐步简化和规范，行政管理的事务性工作逐步精简，这方面也为扩大行政管理幅度提出了新的要求并创造了必要的条件。

2. 城镇化发展对政区设置改革的新要求

城镇化是一个社会历史过程，城镇化水平的高低，标志着一个国家或地区经济社会发展的程度以及现代化建设的水平，城镇经济结构及其规模的大小代表着一个国家或地区经济发展的总体水平，城镇发展状况也是现代社会文明进步的重要标志之一。城镇化的过程，从外在形态来看，主要表现为城市人口增加，城区面积扩大以及基础设施建设的不断完善；从深层内涵分析，它是社会生产要素，如土地、劳动力、资本、智力、信息、技术、市场等要素资源的重新组合，是城市与乡村产业结构调整变革的具体反映。由于城镇化的这一特点，不可避免地要触及政区设置问题，要求在经济发展上有更广阔的空间、在生产要素流通上减少壁垒、在运行机制上有更多的灵活度，行政区划改革与城镇化发展的紧密关系，成为现代经济社会发展的一个突出特点。

当代城市化国家和地区的经验表明，城镇具有区域经济活动的中心和区域发展火车头作用。由于城镇汇集了相当数量的人力、资金、技术、信息、消费品市场以及生活服务设施等要素，为其提供了就近交流、优势扩张的便利条件，具有较强的功能，它的作用远远大于其他地区，从而带来倍增效益，成为区域经济发展的核心。通常情况下，城镇功能可以分为主要功能、基础功能和辅助功能。如果是某一大的区域性中心城市，或者是某一省会城市，它应当包括经济中心、科教文化中心、交通中心、金融中心、物流配送中心、信息中心、人口居住中心等主要功能，而经济中心是其中的中心功能。当然，作为次一级的区域中心城镇，同样具有这样一些功能，只是其规模程度要低一些。城镇经济中心功能的基本点是集聚与扩散效应。集聚是就吸引能力而言的，它是一种要素集中的过程。吸引功能是多方面的，其中最主要的是经济吸引力，对外部资金、技术、信息、劳动力的吸引力；对农副产品的吸引力；对人力资源的吸引力；又由于市政建设以及公共产品条件，具有较大的发展潜力，对周围地区具有综合吸引力，等等。经济的辐射功能，是城镇扩散效应的体现，是城镇化之所以能够对区域经济产生深远影响的关键所在。城镇作为经济的中心，集聚了比较高的能量，发展到一定阶段必然要向四周放射其能量，这也是由城镇经济活动的本质决定的：城镇发展必须依靠周边外围地区为其提供必要的生产要素和商品市场；周边外围地区需要借助城镇核心区的经济辐射，带动和影响当地产业的发展，实现与城镇对接，从而加快地方的发展步伐。城镇的辐射功能是多方面的，所有生产要素的外向扩散流动都是这一功能的外在表现，但其中最主要的是经济辐射功能，一个城镇的经济成就，基本上是由商品生产辐射能量或者说辐射程度的远近以及覆盖面的大小来决定的，城镇辐射功能的发挥在很大程度上反映了城镇主体经济的状况。城市化过程，很重要的一点就是要解决如何使城镇的功能最大限度地发挥，尤其是城镇经济中心功能如何有效地发挥，真正体现区域经济火车头的作用。城镇的功能特点及其功能的发挥，客观上要求打破现行行政区划的设置限制，为生产要素在更大的空间范围自由合理地流动配置创造条件，城镇化对政区设置改革调整的反作用，就表现在行政区划设置必须与经济发展的要求相适应，行政边界不至于成为经济联系的屏障。

国内外的经验表明，城镇化总是对行政区划的调整产生深刻影响。这种影响主要表现在：一是城镇型地区增加不断要求设立新的市镇建制，二是新的市镇建制对传统的行政区划格局产生重大冲击。除少数城邦国家外，历史上行政区划建制都是地域型的农村行政区划体制，城镇型行政区划建制是近代才产生的。随着工业化、城市化的发展，具有行政建制的市镇数量日益增加，市镇制度日渐取代农村型的县乡制而成为主要的基层行政区划建制。目前，我国已经进入城市化的中期阶段，城市化已经呈现加快发展的势头。伴随着工业化、城市化的发展，城镇型行政区划建制在整个行政区划体系中的比重也越来越大。改革开放前，我国城市化水平只有18%左右，现在已达到或超过40%，增长了20多个百分点，城镇人口由不足两亿人增加到五亿多人，今后城市人口还将继续增加，农村人口将进一步减少，城乡人口比重将由现在的三七开变成七三开。城市人口的大量增加，城区规模成倍扩大，原有地域空间和行政区划格局不可避免地对城市经济社会的进一步发展产生影响，因而不得不调整行政区划、拓宽地域空间。2003年1月14日《国务院关于印发中国21世纪初可持续发展行动纲要的通知》明确指出：要"适时、科学、稳妥地调整行政区划设置，构建适应我国城镇可持续发展的体制框架、政策框架和规划体系，积极稳妥地推进城镇化进程，完善城镇社会经济综合发展规划，分类指导不同类型的城镇发展"。[①] 更由于我国城镇经济和农村经济两大结构长期并存，城市经济社会结构与农村结构之间又存在很大的不同，需要不同的管理体制和管理方式，城市化的发展必然要对行政区划建制的城乡结构、数量、规模等提出新的要求。[②]

十七大报告要求，遵循市场经济规律，突破行政区划界

① 《国务院关于印发中国21世纪初可持续发展行动纲要的通知》（国发〔2003〕3号），《中华人民共和国国务院公报》2003年第7期，第4~11页。
② 多吉才让：《应积极研究探索行政区划体制改革创新问题》，《中国民政》2002年第10期，第18页。

限，促进大中小城市和小城镇协调发展，以增强综合承载能力
为重点，以特大城市为依托，形成辐射作用大的城市群，培育
新的经济增长极，其目的就是要以此作为推动区域经济发展的
驱动力。

3. 我国行政区划设置的改革实践及评价

中华人民共和国成立以来，我国行政区划进行了多次调整。
较大的行政区划变动主要是：撤销 6 大行政区、8 个省、9 个行
署区、10 个直辖市、1 个地区。即撤销东北、华北、西北、华
东、西南、中南 6 个大行政区；撤销平原、察哈尔、绥远、辽
东、辽西、松江、热河、西康 8 个省；撤销旅大、苏北、苏南、
皖北、皖南、川东、川南、川西、川北 9 个行署区；撤销沈阳、
旅大、鞍山、抚顺、本溪、西安、南京、武汉、广州、重庆
（中华人民共和国成立初期）10 个直辖市；撤销昌都地区。[①] 中
国行政区划网发布信息资料显示，我国政区调整具体情况如下。

1949 年全国分为 5 大行政区、30 个省、1 个自治区、12 个
直辖市、5 个行署区、1 个地方、1 个地区。1950 年调整为 5 大
行政区、1 个事务部、29 个省、1 个自治区、13 个直辖市、8 个
行署区、1 个地方、1 个地区。1960 年调整为 22 个省、4 个自
治区、2 个直辖市、1 个筹备委员会（西藏）。1970 年至 1987
年，全国保持 22 个省、5 个自治区、3 个直辖市的行政区建制。
1988 年 4 月 13 日，第七届全国人民代表大会第一次会议通过撤
销海南行政区的决议，设立海南省，当年全国划分为 23 个省、
5 个自治区、3 个直辖市。1997 年 3 月 14 日，第八届全国人大
第五次会议决定，设立重庆直辖市；1997 年 7 月 1 日，中国政

---

① 民政部：《2002 年民政事业发展统计报告》，网址：http://www.mca.gov.cn/article/sj/tjgb/，
访问日期：2017 年 11 月 20 日。

府恢复对香港行使主权，设立香港特别行政区；1999年12月20日，中国政府恢复对澳门行使主权，设立澳门特别行政区。为此，全国设立23个省、5个自治区、4个直辖市、2个特别行政区。

从我国政区改革调整的具体实际来看，大体经历了增减省级政区、建立特别行政区、撤县设区、撤县改市、撤乡设镇、乡镇撤并、控制增加机构、县城镇撤镇建立街道办事处、建立市领县体制、建立开发区等变化过程。从这一变化可以看出：管辖区域的改革调整，体现了弥补原有行政区划体制存在的不足，适应经济发展的趋势，满足城镇化发展的要求，反映交通运输及通信条件改善的实际，体现政府职能转化，加强边疆少数民族地区开发发展以及适应新技术革命建立高新区的要求等具体实际。

随着城市化进程的加快，政区改革的步伐也必将进一步加快。目前，城镇人口、市镇数量、市辖区数量快速增加，城市规模不断扩大，城市辐射功能呈现几何级数增强，城镇经济扮演着重要角色。据统计，1990年底全国城镇人口为3亿人；2004年底全国城镇人口已达到5.4亿人，平均每年新增近1000万人；2006年底我国城镇人口达到5.77亿人，城镇化水平为43.9%。近年来，城镇化率大约以每年一个百分点的速度提高。在此基础上，以城市群为依托的区域经济取得长足进展，目前，东部沿海地区已初步形成了"长三角"、"珠三角"和以京津冀为核心区域的三大都市经济圈，在全国经济社会发展中发挥着举足轻重的作用。2006年，"长三角"、"珠三角"、京津冀三大都市群实现地区生产总值约占全国的37%，进出口总额占全国的2/3以上，成为支撑我国经济发展的核心地区。山东半岛、辽东半岛、中原地区等城市群也在发展壮大，成为拉动当地经济发展的主导力量。2007 年 6 月 7 日，国务院批准成渝两市设立"全国统筹城乡综合配套改革试验区"，这是突破行政区划限制超常规发展的重大步骤，也是继上海浦东国家综合配套改革试验区、天津滨海综合配套改革试验区之后，国家批准的又一个重大的改革试验区。这一试验区的设立，成为统筹城乡，以特大城市为依托，形成辐射作用大的城市群，培育新的经济增长极的重大举措。①

当然，也必须看到，我国现行行政区划体制也存在某些不足。一是行政区划层次仍然过多，除四个直辖市和海南省外，其他省区的管理层次一般设有省－市（州）－县－乡（镇）四个层级，有的在县乡之间设区公所，更多的则是在乡村之间设立片区，变成了五个层次。管理层次多，管理成本就高，而管理效率则低。从历史经验来看，省县之间的管理体制和县以下的管理体制具有很大的不稳定性，变动最为频繁，这说明这些层次的存在和划分值得研究。二是各类政区之间规模大小过于悬殊，同级政区中大小相差几十倍。政区规模大小由各种原因形成，但过大过小都不利于国家的行政管理、经济建设和社会稳定。三是设市城市数量太少，传统的农村型行政区划体制不适应城镇型经济社会管理的需要，国家提出建立城市群，加强城市的辐射带动能力，就是要弥补城市数量不足的问题。四是政区之间壁垒森严，体制不顺，难以逾越，行政区与经济区或者说行政区与区域经济的协调发展之间存在矛盾。在长江三角洲的江、浙、沪三省市之间曾经存在的产业同构，严重内耗；各自为政，盲目竞争；各搞一套，生态失衡等严重问题。随着经济

---

① 郑波、王旭东、苏民、韩叙：《喜迎十七大：坚持区域统筹，促进协调发展——落实区域发展总体战略的实践与思考》，《经济日报》2007 年 10 月 13 日第 1 版。

的发展，城市化和现代化进程的加快，这一问题越来越突显。①

　　针对行政区划存在的问题，根据客观条件变化的具体情况，从全局的长远利益考虑，应当从有利于资源配置、有利于行政管理的效能、有利于经济社会发展和城镇化进程的要求出发，适时对行政区划做出调整，调整管理幅度、减少管理层次、增强发展活力、提高发展后劲。正如十七大报告所提出的，推动区域协调发展，优化国土开发格局；加强国土规划，按照形成主体功能区的要求，完善区域政策，调整经济布局。总之，行政区划改革调整要为城镇化现代化建设提供适宜的外部环境。

三　我国的经济区域及其空间结构

　　经济区域，其实质就是具有某些共同特征、地域相邻的陆地的一部分。经济区域的划分，是通过国家经济区划实现的，而实践中在很大程度上又是基于管理的方便和经济发展的要求进行的。因此，对于我国来说，经济区域最普遍的表现形式就是一级行政区——省、自治区、直辖市。早在中华人民共和国成立之初，与高度集中的计划管理体制相适应，在一级行政区基础之上，在地区经济发展方面划分了六大经济协作区——东北区（包括黑、吉、辽）、华北区（包括京、津、冀、晋、内蒙古）、西北区（包括陕、甘、宁、青、新）、华东区（包括鲁、苏、皖、沪、浙、赣、闽、台）、中南区（包括豫、鄂、湘、粤、桂）、西南区（包括川、贵、滇、藏）。这些按照行政系统组织起来的经济区域，也是中华人民共和国成立后国家最初推出的经济区划的雏形，在资源配置，经济统筹，促进经

---

① 罗祖德：《向前看，顺市场之势推三角洲经济一体化》，《东方早报》2007 年 7 月 3 日。

济协调发展方面发挥过作用。

随着经济发展的不断变化，尤其是面对各种现实的经济社会问题，必须在更广阔的地域空间范围寻求合作解决的办法路径。于是，打破现行行政区划管辖权力范围，从更有利于生产要素资源的合理流动与配置，克服区域经济发展的客观因素影响，开始了新的经济区域的编制规划工作。1986 年 4 月 12 日，全国人大六届四次会议审议通过《中华人民共和国国民经济和社会发展第七个五年计划》，"七五"计划根据全国各地区经济发展水平，明确将全国划分为东、中、西三大区域经济带，见表 2 - 4。其中，东部地带（台湾、香港、澳门地区除外）包括北京、天津、辽宁、河北、山东、江苏、上海、浙江、福建、广东和海南（1988 年 4 月，海南从广东省划出，单独建省）11 个省市，国土面积 108 万平方公里，占全国总面积的 11.25%，当年国民生产总值 7466.07 亿元，占全国的 65.41%；中部地带包括吉林、黑龙江、山西、安徽、江西、河南、湖北、湖南 8 省，国土面积 166 万平方公里，占全国总面的 17.29%，当年国民生产总值 2361.09 亿元，占全国的 20.75%；西部地带包括四川、重庆（1997 年 3 月，重庆从四川省划出，单独成立中央直辖市）、贵州、广西、云南、西藏、陕西、甘肃、青海、宁夏、新疆、内蒙古 12 个省份，国土面积 686 万平方公里，占全国总面积的 71.45%，当年国民生产总值 1552.66 亿元，占全国的 13.64%。在此基础上，有针对性地开展了三大地带的经济建设并取得了可喜的成就。但是，三大地带的划分，对于我国这样一个幅员辽阔、自然环境条件复杂多样，地区之间产业基础存在明显差异、经济发展水平多样化的国家来说，仍然显得过于简单。

因此，进入 90 年代以后，国家"九五"计划和 2010 年远景目标纲要，把"坚持区域经济协调发展，逐步缩小地区发展差距"作为指导今后一个时期经济和社会发展的九项重要方针之一，提出在全国组建 7 大经济区域。目前,关于全国经济区域的划分,虽然理论界存在多种不同的观点,但较为一致的看法仍然是"九五"计划和 2010 年远景目标纲要中将全国划分为 7 个跨省区市的经济区域的主张。[①] 所不同的是,在这 7 个跨省区市的一级经济区域中,在实际建设上又划分为若干个二级经济区和为数更多的三级经济区、专门经济区、专业协作区等不同类型,实行多元化区域经济建设与管理。由此可见,这种划分更多地考虑了影响区域经济发展的各种生产要素资源的合理配置这一客观因素,在较大程度上打破了现行行政区域界限的限制。其中,一级经济区的建设是政府所极力推进并着力加强的经济发展区域,与此同时,一级经济区和二级经济区还是现行许多政府部门进行经济统计分类的基本单元。在此基础上,经过各级地方政府的推动并得到中央政府的批准,建立了一批经济合作区和协作区,详见表 2-4、表 2-5。[②]

表 2-4　改革开放之前全国分区域国内生产总值增长情况

单位:%

区域	"一五"时期	"二五"时期	三年调整期	"三五"时期	"四五"时期	"五五"时期	1953~1978 年
沿海地区	13.15	-2.04	13.12	8.23	6.45	7.76	7.24
京津沪辽	20.49	-2.43	14.63	10.70	6.36	6.72	8.96
中部地区	9.08	-2.38	12.82	5.42	4.74	6.23	5.34
西部地区	11.62	-1.59	14.85	5.30	7.23	7.57	6.80
全国	8.17	-1.06	15.10	6.93	5.90	5.74	6.15
东北地区	10.89	-1.76	14.32	7.60	6.32	5.17	6.57

---

① 《关于国民经济和社会发展"九五"计划和 2010 年远景目标纲要的报告》(1996 年 3 月 5 日),《全国人民代表大会常务委员会公报》1996 年第 2 期,第 10~31 版;李振泉、杨万钟、陆心贤:《中国经济地理》,华东师范大学出版社,1999,第 208 页。

② 陈振光:《中国区域经济规划回顾与现状》,http://www.docin.com/p-11686641.html,访问时间:2017 年 9 月 15 日。

续表

区域	"一五"时期	"二五"时期	三年调整期	"三五"时期	"四五"时期	"五五"时期	1953~1978年
华北地区	17.26	-2.47	13.57	8.95	5.51	7.17	7.82
华东地区	8.33	-1.69	12.73	6.11	5.64	8.92	5.94
中南地区	9.14	-2.69	11.60	5.36	6.32	6.46	5.47
西北地区	11.36	0.36	15.57	6.24	8.03	6.24	7.42
西南地区	12.04	-5.31	13.45	3.02	4.83	11.90	5.52

注：1980年西部地区的西藏数值为估计数，1985年沿海地区份额中的广西数值为估计数。

表 2-5　改革开放后全国各类型区域国内生产总值占全国份额

单位：%

区域	1978年	1980年	1985年	1990年	1995年	1996年	变化幅度
沿海地区	49.62	50.13	49.14	49.94	58.09	57.92	8.30
京津沪辽	18.97	18.17	15.50	13.60	12.95	12.80	-6.17
沿海新兴工业省	23.51	24.93	27.20	29.21	36.90	36.78	13.27
中部地区	29.25	30.08	29.10	27.79	27.13	27.97	-1.28
西部地区	15.86	15.67	15.27	15.14	13.88	14.10	-1.76

注：1980年西部地区的西藏数值为估计数，1985年沿海地区份额中的广西数值为估计数。

实践中，无论如何进行区域划分，都必须充分认识到我国地域辽阔、各地区经济社会发展的历史条件和现实基础的巨大差异这一特点。经济区域的划分很难简单化地确定某个单纯的划分标准。因此，这方面不仅存在理论工作者的意见分歧，在官方文献中也有不同的提法，这也成为各个时期政府不断进行经济区域规划探索实践的客观因素。这一现象既反映了人们对经济区域划分的关注，同时也反映出经济区域划分存在许多不确定因素，无论哪一种划分方法都只能反映相对的客观性。

"九五"期间，国家在东、中、西 3 大经济发展地带的基础上，进行的经济规划活动，将长江三角洲及长江沿江地区、环渤海地区、东南沿海地区、西南和华南部分省份、东北地区、中部五省、西北地区 7 大区域，规划为 7 大经济区。国家计委国土地区司、国家计委国土开发与地区经济研究所共同编制的《中国地区经济发展报告》，就中国经济区域的发展状况也有过较为详细的描述，其中划分的 7 大经济区域，一度成为官方认可的国家重要统计数据和统计管理的基本依据，从这些数据中，不难看出当时各区域在全国区域生产力总体布局中所处的位置，当时各区域基本情况如下。

（1）东北经济区。包括辽、吉、黑 3 省，内蒙古自治区的赤峰、呼盟、兴安盟、哲盟 4 盟（市），面积 124 万平方公里，人口 1.13 亿人。该区域属于沿边地区，分别与俄罗斯、蒙古国两国接壤。边境线长、海岸线多良港。自然条件优越，能源、农林牧资源丰富，工农业生产基础条件好，交通网络密度高，现代化运输方式齐全，省际经济联系密切。工业基础雄厚，钢铁、石油、机械制造、化工、建筑材料等重化工业占有重要地位。农业方面，较早实现农业现代化生产，成为全国重要的商品粮基地。各省之间经济社会发展水平比较接近。

经济发展过程中存在的主要问题是：产业结构矛盾突出、重工业比重偏高、技术老化严重、效益低下。

（2）环渤海经济区。包括京、津、冀、晋、鲁、辽 2 市 4 省和内蒙古 7 个盟，面积 112 万平方公里；人口 2.4 亿人。该区是我国政治、文化和经济中心区域，区位优势明显，经济发展水平较高。交通条件便利，黄海、渤海沿岸港口可以通往世界各大港口，还有欧亚大陆桥经过该区域。资源丰富，煤、铁、石油、稀土储量在全国所占比重大，煤炭资源占全国的 60% 以上，铁矿储量接近全国的 1/3。科技教育发达，人才优势明显，创新能力强，高科技产业有了较大发展，经济发展具有强大的后劲。以京、津、塘为核心的综合经济区，地理位置优越，交通便利，资源组合条件好，轻重工业平衡发展，社会发展程度高，在区域经济发展过程中带动作用明显。

存在的突出问题是：传统产业结构不合理、经济效益低、水资源严重不足、土地沙化严重、资源支撑型地区经济结构单一、抗风险能力相对不足。

（3）华东经济区。包括沪、苏、浙2省1市，面积21.67万平方公里，人口1.3亿人。该地区是我国经济中心区域，以上海、南京、杭州为中心的经济圈是我国最大的国家级经济都市圈。该区域基础设施好，交通运输便利，农业发达，工业门类齐全，人力资源丰富，科技力量雄厚，是我国经济、科技、文化、金融最为发达的地区之一。具有广阔的经济发展腹地，西向有长江经济带为依托，北向有华北、中原经济区为依托。不足之处是自然资源相对不足，人地矛盾突出。

（4）华南经济区。包括闽、粤、琼3省，面积56万平方公里，人口1.6亿多人。这里地理位置独特，区位条件优越，毗邻港澳台，我国最早建立的4个经济特区和最大的对外开放省份均分布在这里，对外开放较早，对外经济贸易联系紧密，经济发达。特别是珠江三角洲地区，经济发展水平远远高于全国平均水平。该区域还是我国著名的侨乡，商品经济活跃，外向型经济起主导作用，轻工业、电子工业发达，珠江三角洲、闽南三角洲为我经济最发达的地区之一，具有丰富的海洋资源。这些因素决定了华南地区在全国生产力布局中具有举足轻重的地位。

（5）华中经济区。包括晋、豫、皖、鄂、湘、赣6省，面积102.69万平方公里，人口3.3多亿人。这里地理位置适中，自然资源丰富，能源基础条件好，农业基础水平较高，农产品商品化率高，工业以资源加工型为主，重工业比重大，经济发展水平居中，经济发展潜力巨大。

（6）西北经济区。包括陕、甘、宁、青、新3省2区，面积310.69万平方公里，人口8000多万人。该区是我国面积最大的经济地域，幅员辽阔，开发历史悠久，自然资源极其丰富，是我国未来经济发展所依托的根本。不足之处是自然环境退化严重，人口外流严重，人口分布密度低，经济、社会发展水平较低，农业生产受气候条件影响较大，特别是农牧业发展面临水资源条件的严重制约。工业生产方面，以重工业为主体、资源型的工业结构严重失衡，交通等基础设施条件相对滞后。

（7）西南经济区。包括川、渝、黔、滇、桂、藏3省2区1市，面积264.18万平方公里，人口2.5亿多人。这里的地域面积仅次于西北地区，是我国又一地域辽阔的区域，少数民族众多，自然资源丰富，自然条件复杂多样，经济发展水平低，资源支撑型工业占主导地位，生物多样性明显，农业生产条件多样化突出，经济作物比重大。经济发展潜力巨大，是国家西部大开发的重点区域之一。[①]

案例研究　1949年以来我国经济区域规划的探索实践

1. 中华人民共和国成立初期，六大行政区的划分。中华人民共和国成立初，中央确定的东北、华北、西北、中南、华东和西南六大行政区，同时也是经济区。1949年12月16日，政务院11次政务会议通过《大行政区人民政府委员会组织通则》，规定："各大行政区人民政府委员会是各该区所辖省（市）高一级的地方政权机关，并为中央人民政府政务院领导地方工作的代表机关。"[②] 1952年11月15日，中央人民政府委员会举行

---

① 李振泉、杨万钟、陆心贤主编《中国经济地理》，华东师范大学出版社，1999，第211、233、257、275、311、332、362页。

② 《大行政区人民政府委员会组织通则》，《湖南政报》1950年第3期，第30～31页。

第 19 次会议，做出《关于改变大行政区人民政府（军政委员会）机构与任务的决定》，明确"大行政区人民政府或军政委员会一律改为行政委员会。大区行政委员会是代表中央人民政府在各该地区进行领导与监督地方政府的机关"。[①] 此后，大区领导机关不再是地方政权机关，而仅仅是中央人民政府派出机关。随着形式的变化，1954 年 4 月 27 日，中共中央政治局扩大会议决定撤销大区一级党政机关。6 月 19 日，中央人民政府委员会第 32 次会议通过了《关于撤销大区一级行政机构和合并若干省、市建制的决定》。同年 8 月至 11 月，六大区行政委员会先后撤销。[②] 1956 年 4 月 25 日，毛泽东在《论十大关系》的著作中，明确提出沿海与内地两大地带优化布局生产力的问题。

2. "二五"时期，以大城市为中心设立七大经济协作区及调整。随着 1954 年先后撤销六大行政区，1958 年中央旋即设立东北、华北、西北、华中、华南、华东、西南 7 大经济协作区，各协作区成立了协作区委员会及经济计划办公厅。1961 年 1 月 14 ~ 18 日，中共召开八届九中全会，会议批准了 1960 年 9 月中央政治局关于成立东北、华北、华东、中南、西南、西北 6 个中央局的决定，对原来七大经济协作区做出调整，即将华中区与华南区合并为中南区，这样又恢复了华北、东北、华东、中南、西南和西北 6 大经济协作区格局，以此加强对建立比较完整的区域性经济体系工作的领导，后因"文化大革命"，经济协作区被撤销。[③]

---

① 《中央人民政府关于改变大行政区人民政府（军政委员会）机构与任务的决定》，《人民日报》1952 年 11 月 17 日。
② 《中央人民政府关于撤销大区一级行政机构和合并若干省、市建制的决定》，《人民日报》1954 年 6 月 20 日。
③ 《中国共产党历史大辞典·社会主义时期》，中共中央党校出版社，1991，第 176 页。

3. "三五"时期,实行"三线"划分,推进"三线建设"。"三线"划分以及"三线建设",是20世纪60年代中期党中央做出的一项重大战略决策。一线指沿边沿海的前线地区;三线指包括四川、贵州、云南、陕西、甘肃、宁夏、青海等西部省区及山西、河南、湖南、湖北、广东、广西等省区的内陆腹地区域,涉及13个省区;而介于一、三线之间的中间地带称为二线地区。其中,四川、贵州、云南和陕西、甘肃、宁夏、青海俗称为大三线,一、二线的腹地俗称为小三线。

1964年10月30日,中共中央批准并下发国家计委提出的《1965年计划纲要(草案)》,要求据此安排经济计划工作。1965年2月26日,中共中央、国务院做出《关于西南三线建设体制的决定》,决定成立西南三线建设委员会。1965年9月2日,国家计委拟定的《关于第三个五年计划安排情况的汇报提纲(草案)》,提出"三五"计划必须立足于战争,从准备大打、早打出发,积极备战,把国防建设放在第一位,加快三线建设,逐步改变工业布局的战略安排。"突出三线建设"、"在建设三线的同时,必须搞好一、二线的生产建设"任务。9月、10月,中央工作会议讨论通过了"三五"计划。[①]

4. "四五"时期,以大军区为依托,十个经济协作区的划分。1970年,国家在"四五"计划中,要求建立经济协作区和各具特点、不同水平的经济体系,大力协同等内容,中央决定以大军区为依托,将全国划分为西南区、西北区、中原区、华南区、华北区、东北区、华东区、闽赣区、山东区、新疆区十个经济协作区。[②]

---

① 《中国共产党历史大辞典·社会主义时期》,中共中央党校出版社,1991,第184页。
② 《中国共产党历史大辞典·社会主义时期》,中共中央党校出版社,1991,第286页。

5. "五五"、"六五"时期，六大区域经济体系的建立。1975 年，中共中央制定了《1976 - 1985 年发展国民经济十年规划纲要（草案）》，安排了"五五"计划。"五五"计划提出后三年（1978~1980 年），建立独立的比较完整的工业体系和国民经济体系。提出在全国建立西南、西北、中南、华东、华北和东北六大区域经济体系。1978 年全国五届人大一次会议通过的《1976 年到 1985 年发展国民经济十年规划纲要（草案）》中，提出了在全国建立独立的比较完整的工业体系和国民经济体系基础上，基本建成西南、西北、中南、华东、华北和东北六个大区的经济体系，并把内地建成强大的战略后方基地。要求每个经济协作区应建立"不同水平、各有特点、各自为战、大力协作，农轻重比较协调发展的经济体系"。

《中华人民共和国国民经济和社会发展第六个五年计划（1981 - 1985）》（1982 年 12 月 10 日第五届全国人民代表大会第五次会议批准）在地区经济发展计划篇，将全国划分为沿海地区、内陆地区、少数民族地区，强调地区协作，要求在总结经验的基础上，有计划有步骤地开展地区经济技术协作。[①]

6. "七五"时期，东、中、西三大经济地带的构想。《中共中央关于制定国民经济和社会发展第七个五年计划的建议》（1985 年 9 月 23 日中国共产党全国代表会议通过），强调经济建设的战略布局和主要方针，要求正确处理东部沿海、中部、西部三个经济地带的关系。充分发挥它们各自的优势和发展它们相互间的横向经济联系，逐步建立以大城市为中心的、不同层次、规模不等、各有特色的经济区网络。要求"七五"期间

---

① 《中国共产党历史大辞典·社会主义时期》，中共中央党校出版社，1991，第 296 页；《中华人民共和国国民经济和社会发展第六个五年计划》（1982 年 12 月 10 日），《中华人民共和国国务院公报》1983 年第 9 期。

以至90年代，要加速东部地区的发展，同时把能源、原材料建设的重点放到中部，并积极做好进一步开发西部地区的准备。要求十分重视少数民族地区的经济和文化建设，同时采取有力的措施，积极扶持老革命根据地、边疆地区和其他贫困地区改变落后面貌。①

7．"八五"时期，三个经济带和三大城市群。《国民经济和社会发展十年规划和第八个五年计划纲要》（1991年4月9日第七届全国人民代表大会第四次会议通过）提出，"八五"期间，要按照今后十年地区经济发展和生产力布局的基本原则，正确处理发挥地区优势与全国统筹规划、沿海与内地、经济发达地区与较不发达地区之间的关系，促进地区经济朝着合理分工、各展其长、优势互补、协调发展的方向前进。对于沿海地区、内陆地区、少数民族地区和贫困地区的经济发展，提出不同的任务重点和目标要求。②

8．"九五"时期，七大经济协作区的划分。《国民经济和社会发展"九五"计划和2010年远景目标纲要》（1996年3月17日第八届全国人民代表大会第四次会议批准），提出引导地区经济协调发展，形成若干各具特色的经济区域，促进全国经济布局合理化，逐步缩小地区发展差距，正确处理建立区域经济与发挥各省区市积极性的关系，正确处理地区与地区之间的关系。要求按照市场经济规律和经济内在联系以及地理自然特点，突破行政区划界限，在已有经济布局的基础上，以中心城

---

① 《中共中央关于制定国民经济和社会发展第七个五年计划的建议》（1985年9月23日），《中华人民共和国国务院公报》1985年第27期。
② 《中华人民共和国国民经济和社会发展十年规划和第八个五年计划纲要》（1991年4月9日），《中华人民共和国国务院公报》1991年第12期。

市和交通要道为依托，逐步形成 7 个跨省区市的经济区域，具体包括长江三角洲及沿江地区、环渤海地区、东南沿海地区、西南和华南部分省区、东北地区、中部五省地区、西北地区，并提出了各地区的发展重点和政策措施。[①]

9. "十五"时期，按类型实行区域分类发展。《中华人民共和国国民经济和社会发展第十个五年计划纲要》（2001 年 3 月 15 日第九届全国人民代表大会第四次会议批准），中央首次明确做出实施西部大开发战略。依托欧亚大陆桥、长江水道、西南出海通道等交通干线及中心城市，以线串点，以点带面，实行重点开发，促进西陇兰新线经济带、长江上游经济带和南（宁）贵（阳）昆（明）经济区的形成。

2002 年 11 月 8 日，党的十六大报告，重申积极推进西部大开发战略，强调中部地区要加大结构调整力度，东部地区要加快产业结构升级，鼓励经济特区和上海浦东新区在制度创新和扩大开放等方面走在前列，特别提出"支持东北地区等老工业基地加快调整和改造"。

2003 年 10 月 5 日，中共中央、国务院发布《关于实施东北地区等老工业基地振兴战略的若干意见》（中发〔2003〕11 号），指出，老工业基地是新中国工业的摇篮。振兴老工业基地是一项十分艰巨的任务，要统筹规划分步实施。当前重点是要做好东北地区老工业基地的调整改造工作。中部地区的一些老工业城市要充分发挥自身优势，加快发展，条件成熟时比照东北老工业基地有关政策给予适当支持。西部地区老工业基地应充分利用西部大开发政策，实现振兴。东部地区老工业基地要利

[①] 《中华人民共和国国民经济和社会发展"九五"计划和 2010 年远景目标纲要》（1996 年 3 月 17 日），《人民论坛》1996 年第 4 期，第 16~24 页。

用好沿海对外开放的政策环境，继续发挥地方经济实力较强的优势。[1]

10. "十一五"时期，积极推进国土功能规划

《中华人民共和国国民经济和社会发展第十一个五年规划纲要》（2006年3月14日第十届全国人民代表大会第四次会议批准）提出，坚持实施推进西部大开发，振兴东北地区等老工业基地，促进中部地区崛起，鼓励东部地区率先发展的区域发展总体战略，健全区域协调互动机制，形成合理的区域发展格局。明确了东中西部和东北地区的发展重点和基本举措。与此同时，根据资源环境承载能力、现有开发密度和发展潜力，统筹考虑未来我国人口分布、经济布局、国土利用和城镇化格局，将国土空间划分为优化开发、重点开发、限制开发和禁止开发四类主体功能区，见表2-6、表2-7，按照主体功能定位调整完善区域政策和绩效评价，规范空间开发秩序，形成合理的空间开发结构。[2]

表2-6　部分限制开发区域功能定位及发展方向

限制开发区域名称	限制开发区域功能定位及发展方向
大小兴安岭森林生态功能区	禁止非保护性采伐，植树造林，涵养水源，保护野生动物。
长白山森林生态功能区	禁止林木采伐，植树造林，涵养水源，防止水土流失。
川滇森林生态及生物多样性功能区	在已明确的保护区域保护生物多样性和多种珍稀动物基因库。

---

[1] 《中华人民共和国国民经济和社会发展第十个五年计划纲要》（2001年3月15日），《全国人民代表大会常务委员会公报》2001年第3期，第21~43页；《中共中央国务院关于全面振兴东北地区等老工业基地的若干意见》，《人民日报》2016年4月27日，第20版。

[2] 《中华人民共和国国民经济和社会发展第十一个五年规划纲要》（2006年3月14日），《全国人民代表大会常务委员会公报》2006年第3期，第18~61页。

续表

限制开发区域名称	限制开发区域功能定位及发展方向
秦巴生物多样性功能区	适度开发水能，减少林木采伐，保护野生物种。
藏东南高原边缘森林生态功能区	保护自然生态系统。
新疆阿尔泰山地森林生态功能区	禁止非保护性采伐，合理更新林地。
青海三江源草原草甸湿地生态功能区	封育草地，减少载畜量，扩大湿地，涵养水源，防治草原退化，实行生态移民。
新疆塔里木河荒漠生态功能区	合理利用地表水和地下水，调整农牧业结构，加强药材开发管理。
新疆阿尔金草原荒漠生态功能区	控制放牧和旅游区域范围，防范盗猎，减少人类活动干扰。
藏西北羌塘高原荒漠生态功能区	保护荒漠生态系统，防范盗猎，保护野生动物。
东北三江平原湿地生态功能区	扩大保护范围，降低农业开发和城市建设强度，改善湿地环境。
苏北沿海湿地生态功能区	停止围垦，扩大湿地保护范围，保护鸟类南北迁徙通道。
四川若尔盖高原湿地生态功能区	停止开垦，减少过度开发，保持湿地面积，保护珍稀动物。
甘南黄河重要水源补给生态功能区	加强天然林、湿地和高原野生动植物保护，实行退耕还林还草、牧民定居和生态移民。
川滇干热河谷生态功能区	退耕还林、还灌、还草，综合整治，防止水土流失，降低人口密度。
内蒙古呼伦贝尔草原沙漠化防治区	禁止过度开垦、不适当樵采和超载放牧，退牧还草，防治草场退化沙化。
内蒙古科尔沁沙漠化防治区	根据沙化程度采取针对性强的治理措施。
内蒙古浑善达克沙漠化防治区	采取植物和工程措施，加强综合治理。
毛乌素沙漠化防治区	恢复天然植被，防止沙丘活化和沙漠面积扩大。
黄土高原丘陵沟壑水土流失防治区	控制开发强度，以小流域为单元综合治理水土流失，建设淤地坝。

限制开发区域名称	限制开发区域功能定位及发展方向
大别山土壤侵蚀防治区	实行生态移民，降低人口密度，恢复植被。
桂黔滇等喀斯特石漠化防治区	封山育林育草，种草养畜，实行生态移民，改变耕作方式，发展生态产业和优势非农产业。

表 2 - 7 国家禁止开发区域

禁止开发区域	区域面积
国家级自然保护区	共 243 个，面积 8944 万公顷
世界文化自然遗产	共 31 处
国家重点风景名胜区	共 187 个，面积 927 万公顷
国家森林公园	共 565 个，面积 1100 万公顷
国家地质公园	共 138 个，面积 48 万公顷

11. "十二五"时期，实施区域发展总体战略和主体功能区战略。《中华人民共和国国民经济和社会发展第十二个五年规划纲要》（2011 年 3 月 14 日第十一届全国人民代表大会第四次会议批准），实施区域发展总体战略和主体功能区战略，构筑区域经济优势互补、主体功能定位清晰、国土空间高效利用、人与自然和谐相处的区域发展格局。提出推进新一轮西部大开发，推进重庆、成都、西安区域战略合作，推动呼包鄂榆，广西北部湾、成渝、黔中、滇中、藏中南、关中－天水、兰州－西宁、宁夏沿黄、天山北坡等经济区加快发展，培育新的经济增长极；全面振兴东北地区等老工业基地，重点推进辽宁沿海经济带和沈阳经济区、长吉图经济区、哈大齐和牡绥地区等区域发展；大力促进中部地区崛起，加快构建沿陇海、沿京广、沿京九和沿长江中游经济带，促进人口和产业的集聚，加强与周边城市群的对接和联系，重点推进太原城市群、皖江城市带、鄱阳湖

生态经济区、中原经济区、武汉城市圈、环长株潭城市群等区域发展；积极支持东部地区率先发展，推进京津冀、长江三角洲、珠江三角洲地区区域经济一体化发展，打造首都经济圈，重点推进河北沿海地区、江苏沿海地区、浙江舟山群岛新区、海峡西岸经济区、山东半岛蓝色经济区等区域发展，建设海南国际旅游岛；加大对革命老区、民族地区、边疆地区和贫困地区扶持力度，在南疆地区、青藏高原东缘地区、武陵山区、乌蒙山区、滇西边境山区、秦巴山–六盘山区以及中西部其他集中连片特殊困难地区，实施扶贫开发攻坚工程，加大以工代赈和易地扶贫搬迁力度。"十二五"时期，中国开启了全面规划建设发展的新阶段。[①]

12. "十三五"时期，实施"一带一路"战略构想、"京津冀协同发展"、"长江经济带"新三大战略引领，形成沿海沿江沿线经济带为主的纵向横向经济轴带格局。《中华人民共和国国民经济和社会发展第十三个五年规划纲要》（2016年3月16日第十二届全国人民代表大会第四次会议批准）提出，以区域发展总体战略为基础，以"一带一路"建设、京津冀协同发展、长江经济带发展为引领，形成沿海沿江沿线经济带为主的纵向横向经济轴带，塑造要素有序自由流动、主体功能约束有效、基本公共服务均等、资源环境可承载的区域协调发展新格局。深入实施西部开发、东北振兴、中部崛起和东部率先的区域发展总体战略，创新区域发展政策，完善区域发展机制，促进区域协调、协同、共同发展，努力缩小区域发展差距。明确提出

---

① 《中华人民共和国国民经济和社会发展第十二个五年规划纲要》（2011年3月14日），《人民日报》2011年3月17日，第1版。

拓展蓝色经济空间的规划设想。①

四　国家新型区域开发规划的推进

区域经济发展是建立在地域分工及协作基础上的一种经济行为。马克思曾经指出："各种不同的劳动构成社会劳动的不同部分，因此，总的来说，它们表现为分工，这种分工通过交换，表现为整体，表现为互相补充的各部分，表现为社会劳动体系的各个环节。"② 在现实经济活动中，不同地区之间，由于自然条件因素不同，社会组织程度的差异以及生产力发展水平的高低不同，区域劳动生产率大小也不一致。因此，保持区域发展的持续性，就应当在更大的区域范围内谋求全面的协作，走出自我服务、自我循环、自成体系的封闭局限，实现资源共享、互利互惠、优势互补，实现区域经济的协调运转。这种发展模式从全球来看，自从 15 世纪末 16 世纪初地理大发现之后就已开始。15 世纪中后叶至 17 世纪末叶，欧洲人扬帆远航，或长途跋涉，发现了大片前所未知的陆地或水域，对这些陆地和水域乃至地球本身有了初步的了解和一定的认识，开辟了若干前人尚未涉足的重要航路和通道，地球各大洲、各大洋、各地区之间直接地紧密联系起来。16 ~ 17 世纪，俄国人通过陆地探险、冰海航行、内河试航，发现了亚洲北部地区和北冰洋的一部分、亚洲北部的远东大陆海岸线和北太平洋的一部分。这就使文明民族有了一次

① 《中华人民共和国国民经济和社会发展第十三个五年规划纲要》（2016 年 3 月 16 日），《人民日报》2016 年 3 月 18 日，第 1 版。
② 马克思：《论分工》（1859），载《马克思恩格斯全集》第 44 卷，人民出版社，1982，第438 页。

亲密接触，开始了沟通联系，虽然其间充满血腥的掠夺，但区域之间的联系由此开启。以此为开端，通过协作使一国克服了经济发展中资源、市场等因素的缺陷，实现生产资源在广阔地域中的流动。很显然，区域经济发展的过程，实际就是发挥地区比较优势，克服不利因素，推动经济发展的过程。因此，在区域经济发展过程中应当发挥哪些优势，克服哪些劣势，就成为区域经济规划发展所必须优先解决的重要问题。正因如此，自 1949 年以后，国家在各个阶段对经济发展的区域布局进行了多方面的规划实践，并逐步建立起区域协调发展的新格局。

进入 20 世纪 90 年代，特别是进入 21 世纪以后，国家加快了经济发展的区域布局规划步伐，从 1992 年 10 月成立上海浦东新区、2009 年 1 月 8 日国家发改委发布《珠江三角洲地区改革发展规划纲要（2008～2020 年)》至今，已先后成立了 19 个国家级新区，先后批复 19 个国家级区域开发规划，我国进入了区域大开发大发展的新阶段，详见表 2-8、表 2-9。

表 2-8　国家级新区一览

国家级新区名称	批准成立时间及文号	区域规模及定位
1. 上海浦东新区	1992 年 10 月 11 日，国务院（国函〔1992〕145 号）	新区面积 1429.67 平方公里，2009 年 5 月，原南汇区并入浦东新区，浦东新区成为上海市第二大行政区，其常住人口 518.72 万人（2012 年），是上海市人口最多的行政区。围绕建设成为上海国际金融中心和国际航运中心核心功能区的战略定位，在强化国际金融中心、国际航运中心的环境优势、创新优势和枢纽功能、服务功能方面积极探索、大胆实践，努力建设成为科学发展的先行区、"四个中心"（国际经济中心、国际金融中心、国际贸易中心、国际航运中心）的核心区、综合改革的试验区、开放和谐的生态区。

国家级 新区名称	批准 成立时间及文号	区域规模及定位
2. 天津 滨海新区	2006 年 5 月 26 日，国 务院（国发〔2006〕 20 号）	新区位于天津东部沿海地区，环渤海经济圈的中心地带，总面积 2270 平方公里，常住人口 297 万人。依托京津冀，服务环渤海，辐射"三北"，面向东北亚，努力建设成为我国北方对外开放的门户、高水平的现代制造业和研发转化基地、北方国际航运中心和国际物流中心，逐步成为经济繁荣、社会和谐、环境优美的宜居生态型新城区。
3. 重庆 两江新区	2010 年 5 月 5 日，国 务院（国函〔2010〕 36 号）	新区辖江北区、渝北区、北碚区 3 个行政区部分区域，以及北部新区、保税港区、两江工业开发区 3 个功能区，江北嘴金融城、悦来国际会展城、果园港 3 个开发主体，规划总面积 1200 平方公里，常住人口 221 万人。 作为国家综合配套改革试验区，统筹城乡综合配套改革试验的先行区，内陆重要的先进制造业和现代服务业基地，长江上游地区的金融中心和创新中心，内陆地区对外开放的重要门户，科学发展的示范窗口。
4. 浙江 舟山群岛 新区	2011 年 6 月 30 日，国 务院（国函〔2011〕 77 号）	新区辖 2 县 2 区，包括 1390 个岛屿，陆域面积1440 平方公里，内海海域面积 2.08 万平方公里，人口 100 万人。作为浙江海洋经济发展的先导区、海洋综合开发试验区、长江三角洲地区经济发展的重要增长极。建成中国大宗商品储运中转加工交易中心、东部地区重要的海上开放门户、中国海洋海岛科学保护开发示范区、中国重要的现代海洋产业基地、中国陆海统筹发展先行区。
5. 兰州 新区	2012 年 8 月 20 日，国 务院（国函〔2012〕 104 号）	新区位于兰州市北部的秦王川盆地，是兰州、白银两市的接合部，地处兰州、西宁、银川 3 个省会城市共生带的中间位置，也是甘肃对外开放的重要窗口和门户。涉及永登县中川、秦川、上川、树屏和皋兰县西岔、水阜 6 个乡镇。作为西北地区重要的经济增长极、国家重要的产业基地、向西开放的重要战略平台和承接产业转移示范区，带动甘肃及周边地区发展、深入推进西部大开发、促进我国向西开放。

国家级 新区名称	批准 成立时间及文号	区域规模及定位
6. 广州 南沙新区	2012 年 9 月 6 日，国务院（国函〔2012〕128 号）	新区面积 803 平方公里，人口 240 万人。 立足广州，依托珠三角，连接港澳，服务内地，面向世界，建设成为粤港澳优质生活圈和新型城市化典范、以生产性服务业为主导的现代产业新高地、具有世界先进水平的综合服务枢纽、社会管理服务创新试验区，打造粤港澳全面合作示范区。成为高水平的国际化城市和国际航运、贸易、金融中心，成为广州的"城市副中心"。
7. 陕西 西咸新区	2014 年 1 月 6 日，国务院（国函〔2014〕2 号）	新区位于陕西省西安市和咸阳市建成区之间，区域范围涉及西安、咸阳两市所辖 7 县（区）23 个乡镇和街道办事处，规划控制面积 882 平方公里。预计 2020 年城市人口 236 万人。作为西安国际化大都市的主城功能新区和生态田园新城，引领内陆型经济开发开放战略高地建设的国家级新区，彰显历史文明、推动国际文化交流的历史文化基地，统筹科技资源的新兴产业集聚区，城乡统筹发展的一体化建设示范区。
8. 贵州 贵安新区	2014 年 1 月 6 日，国务院（国函〔2014〕3 号）	新区范围涉及贵阳、安顺两市所辖 4 县（市、区）20 个乡镇，规划控制面积 1795 平方公里。成为经济繁荣、社会文明、环境优美的西部地区重要的经济增长极、内陆开放型经济新高地和生态文明示范区。
9. 青岛 西海岸 新区	2014 年 6 月 3 日，国务院（国函〔2014〕71 号）	新区陆域面积约 2096 平方公里、海域面积约 5000 平方公里。作为海洋科技自主创新领航区、深远海开发战略保障基地、军民融合创新示范区、海洋经济国际合作先导区、陆海统筹发展试验区。
10. 大连 金普新区	2014 年 6 月 23 日，国务院（国函〔2014〕76 号）	新区范围包括大连市金州区全部行政区域和大连市普湾新区部分地区，总面积约 2299 平方公里。重点推进普湾沿岸地带开发建设，促进金州区优化发展；中远期着力促进新区全面发展，最终形成"双核七区"。

续表

国家级 新区名称	批准 成立时间及文号	区域规模及定位
11. 四川 天府新区	2014 年 10 月 2 日，国 务院（国函〔2014〕 133 号）	新区涉及成都高新区南区、双流区、龙泉驿区、 新津县、简阳市，眉山市的彭山区、仁寿县，规 划面积 1578 平方公里，人口预测 600 万人。到 2025 年，基本建成以现代制造业为主、高端服务 业集聚、宜业宜商宜居的国际化现代新区。
12. 湖南 湘江新区	2015 年 4 月 8 日，国 务院（国函〔2015〕 66 号）	新区位于湘江西岸，包括长沙市岳麓区、望城区 和宁乡县部分区域，面积 490 平方公里。作为高 端制造研发转化基地和创新创意产业集聚区、产 城融合城乡一体的新型城镇化示范区、全国"两 型"社会建设引领区、长江经济带内陆开放高地。
13. 南京江 北新区	2015 年 6 月 27 日，国 务院（国函〔2015〕 103 号）	新区位于南京市长江以北，由浦口区、六合区和 栖霞区八卦洲街道构成，总面积 2451 平方公里， 占南京市域面积的 37%。作为国家级产业转型升 级、新型城镇化和开放合作示范新区；长江经济 带和长江三角洲的重要发展支点；南京都市圈和苏 南地区的新增长极；南京市相对独立、产城融合、 辐射周边、生态宜居的城市副中心。
14. 福州 新区	2015 年 8 月 30 日，国 务院（国函〔2015〕 137 号）	新区位于福州市滨海地区，初期规划范围包括马 尾区、仓山区、长乐市、福清市部分区域，规划 面积 800 平方公里。作为两岸交流合作重要承载 区、扩大对外开放重要门户、东南沿海重要现代 产业基地、改革创新示范区和生态文明先行区。
15. 云南 滇中新区	2015 年 9 月 7 日，国 务院（国函〔2015〕 141 号）	新区初期规划范围包括安宁市、嵩明县和官渡区 部分区域，面积约 482 平方公里。作为实施"一 带一路"倡议、长江经济带等国家重大战略和区 域发展总体战略的重要举措，打造我国面向南亚 东南亚辐射中心的重要支点、云南桥头堡建设重 要经济增长极、西部地区新型城镇化综合试验区 和改革创新先行区。

续表

国家级 新区名称	批准 成立时间及文号	区域规模及定位
16. 哈尔滨 新区	2015 年 12 月 16 日，国务院（国函〔2015〕217 号）	新区包括哈尔滨市松北区、呼兰区、平房区的部分区域，规划面积 493 平方公里。作为推进"一带一路"建设、加快新一轮东北地区等老工业基地振兴的重要举措，积极扩大面向东北亚开放合作，探索老工业基地转型发展的新路径，为促进黑龙江经济发展和东北地区全面振兴发挥重要支撑作用。
17. 长春 新区	2016 年 2 月 3 日，国务院（国函〔2016〕31 号）	新区范围包括长春市朝阳区、宽城区、二道区、九台区的部分区域，规划面积约 499 平方公里。作为推进"一带一路"建设、加快新一轮东北地区等老工业基地振兴的重要举措，为促进吉林省经济发展和东北地区全面振兴发挥重要支撑作用。
18. 江西赣 江新区	2016 年 6 月 6 日，国务院（国函〔2016〕96 号）	新区范围包括南昌市青山湖区、新建区和共青城市、永修县的部分区域，规划面积 465 平方公里。作为实施国家区域发展总体战略、推动长江经济带发展的重要举措，为促进江西经济社会发展和中部地区崛起发挥更大的作用。
19. 河北 雄安新区	2017 年 4 月 1 日，中共中央、国务院通知	新区地处北京、天津、保定腹地，规划范围涵盖河北省雄县、容城、安新 3 个小县及周边部分区域。起步区面积约 100 平方公里，中期发展区面积约 200 平方公里，远期控制区面积约 2000 平方公里。 立足建设绿色智慧新城，打造优美生态环境，发展高端高新产业，提供优质公共服务，构建快捷高效交通网，推进体制机制改革，打造扩大开放新高地和对外合作新平台。

表2-9 国家级区域开发规划一览

区域规划名称	批准时间	战略定位及发展目标
1. 珠江三角洲地区改革发展规划	2008年12月31日，国务院（国函〔2008〕129号）	战略定位：探索科学发展模式试验区，深化改革先行区，扩大开放的重要国际门户，世界先进制造业和现代服务业基地，全国重要的经济中心。发展目标：到2012年，率先建成全面小康社会；到2020年，率先基本实现现代化。
2. 广西北部湾经济区发展规划	2008年1月16日，国家发改委（发改地区〔2008〕144号）	功能定位：立足北部湾、服务"三南"（西南、华南和中南）、沟通东中西、面向东南亚，充分发挥连接多区域的重要通道、交流桥梁和合作平台作用，以开放合作促开发建设，努力建成中国-东盟开放合作的物流基地、商贸基地、加工制造基地和信息交流中心，成为带动、支撑西部大开发的战略高地和开放度高、辐射力强、经济繁荣、社会和谐、生态良好的重要国际区域经济合作区。发展目标：经济实力显著增强，经济结构更加优化，开放合作不断深入，生态文明建设进一步加强，人民生活全面改善。
3. 海峡西岸经济区发展规划	2009年5月6日，国务院（国发〔2009〕24号）	战略定位：两岸人民交流合作先行先试区域，服务周边地区发展新的对外开放综合通道，东部沿海地区先进制造业的重要基地，我国重要的自然和文化旅游中心。发展目标：2012年，结构优化、城乡发展、生态改善、凸显两岸经济交流功能；2020年，优化体制机制、统筹协调能力、提高资源利用效率、加强闽台关系。

续表

区域规划名称	批准时间	战略定位及发展目标
4. 关中－天水经济区发展规划	2009 年 6 月 10 日，国家发改委（发改西部〔2009〕1500 号）	战略定位：全国内陆型经济开发开放战略高地，统筹科技资源改革示范基地，全国先进制造业重要基地，全国现代农业高技术产业基地，彰显华夏文明的历史文化基地。 发展目标：综合经济实力实现新跨越，创新能力有新提升，基础设施建设有新突破，城镇化水平有新提高，公共服务达到新水平，生态环境建设取得新进展。
5. 江苏沿海地区发展规划	2009 年 6 月 10 日，国务院（国函〔2009〕83 号）	战略定位：我国重要的综合交通枢纽，我国沿海新型的工业基地，我国重要的土地后备资源开发区，生态环境优美、人民生活富足的宜居区。 发展目标：到 2012 年，人均地区生产总值超过 40000 元，整体上实现全面建设小康社会目标；到 2020 年，人均地区生产总值达到或高于东部地区平均水平，初步实现现代化。
6. 辽宁沿海经济带发展规划	2009 年 7 月 1 日，国务院（国函〔2009〕104 号）	战略定位：形成我国沿海地区新的经济增长极，东北地区对外开放的重要平台，东北亚重要的国际航运中心，具有国际竞争力的临港产业带，生态环境优美和人民生活富足的宜居区。 主要目标：到 2012 年，人均地区生产总值超过 50000 元，基本达到全面建设小康社会的总体要求；到 2020 年，形成以先进制造业为主的现代产业体系，率先实现更高水平的小康社会目标。

续表

区域规划名称	批准时间	战略定位及发展目标
7. 横琴总体发展规划	2009 年 8 月 14 日，国务院（国函〔2009〕95 号）	发展定位："一国两制"下探索粤港澳合作新模式的示范区；深化改革开放和科技创新的先行区；促进珠江口西岸地区产业升级的新平台。 目标和任务：经过 10 到 15 年的努力，把横琴建设成为连通港澳、区域共建的"开放岛"，经济繁荣、宜居宜业的"活力岛"，知识密集、信息发达的"智能岛"，资源节约、环境友好的"生态岛"。
8. 中国图们江区域合作开发规划	2009 年 8 月 30 日，国务院（国函〔2009〕106 号）	战略定位：我国沿边开放开发的重要区域，我国面向东北亚开放的重要门户，东北亚经济技术合作的重要平台，东北地区新的重要增长极。 发展目标：区域整体综合实力明显提升，国际合作平台作用凸显，对外开放水平实现重大突破，基本形成我国东北地区经济发展的重要增长极。
9. 促进中部地区崛起规划	2009 年 9 月 23 日，国务院（国函〔2009〕130 号）	战略定位：全国重要先进制造业中心、全国新型城镇化重点区、全国现代农业发展核心区、全国生态文明建设示范区、全方位开放重要支撑区。 发展目标：到 2015 年，经济发展水平显著提高，经济发展活力明显增强，可持续发展能力不断提升，和谐社会建设取得新进展；到 2020 年，全面实现建设小康社会目标。

续表

区域规划名称	批准时间	战略定位及发展目标
10. 黄河三角洲高效生态经济区发展规划	2009 年 12 月 1 日，国务院（国函〔2009〕138 号）	功能定位：全国重要的高效生态经济示范区，全国重要的特色产业基地，全国重要的后备土地资源开发区，环渤海地区重要的增长区域。 发展目标：到 2015 年，基本形成经济社会发展与资源环境承载力相适应的高效生态经济发展新模式，生态环境不断改善，基础设施趋于完善，公共服务能力得到加强，人民生活质量大幅提升；到 2020 年，率先建成经济繁荣、环境优美、生活富裕的国家级高效生态经济区。
11. 鄱阳湖生态经济区规划	2009 年 12 月 12 日，国务院（国函〔2009〕145 号）	发展定位：建设全国大湖流域综合开发示范区，建设长江中下游水生态安全保障区，加快中部地区崛起的重要带动区，国际生态经济合作重要平台，连接长三角和珠三角的重要经济增长极，世界级生态经济协调发展示范区。 2009～2015 年重点规划期的主要奋斗目标：生态建设取得显著成效，生态产业体系初步形成，生态文明社会初步构建。
12. 甘肃省循环经济总体规划	2009 年 12 月 24 日，国务院（国函〔2009〕150 号）	总体目标：到 2015 年把甘肃建设成为我国循环经济发展示范区。
13. 关于推进海南国际旅游岛建设发展的若干意见	2009 年 12 月 31 日，国务院（国发〔2009〕44 号）	战略定位：我国旅游业改革创新的试验区，世界一流的海岛休闲度假旅游目的地，全国生态文明建设示范区，国际经济合作和文化交流的重要平台，南海资源开发和服务基地，国家热带现代农业基地。 发展目标：到 2015 年，旅游管理、营销、服务和产品开发的市场化、国际化水平显著提升；到 2020 年，旅

续表

区域规划名称	批准时间	战略定位及发展目标
		游服务设施、经营管理和服务水平与国际通行的旅游服务标准全面接轨，初步建成世界一流的海岛休闲度假旅游胜地。
14. 皖江城市带承接产业转移示范区规划	2010 年 1 月 12 日，国务院（国函〔2010〕5 号）	战略定位：合作发展的先行区、科学发展的试验区、中部地区崛起的重要增长极、全国重要的先进制造业和现代服务业基地。 发展目标：到 2015 年，示范区经济总量大幅提高，地区生产总值翻一番以上，城镇化率达到 55%，科技进步贡献率达到 60% 以上，开放合作不断加强，人居环境更加良好；到 2020 年，成为安徽乃至全国最具影响力的城市带。
15. 长江三角洲地区区域规划	2010 年 5 月 24 日，国务院（国函〔2010〕38 号）	战略定位：亚太地区重要的国际门户、全球重要的现代服务业和先进制造业中心、具有较强国际竞争力的世界级城市群。 发展目标：到 2015 年，率先实现全面建设小康社会的目标；到 2020 年，力争率先基本实现现代化。
16. 浙江海洋经济发展示范区规划	2011 年 2 月 25 日，国务院（国函〔2011〕19 号）	战略定位：我国重要的大宗商品国际物流中心，我国海洋海岛开发开放改革示范区，我国现代海洋产业发展示范区，我国海陆协调发展示范区，我国海洋生态文明和清洁能源示范区。 到 2015 年主要发展目标：海洋经济综合实力明显增强，港航服务水平大幅提高，海洋经济转型升级成效显著，海洋科教文化全国领先，海洋生态环境明显改善。

续表

区域规划名称	批准时间	战略定位及发展目标
17. 中原经济区发展规划	2011年9月28日，国务院（国发〔2011〕32号）	战略定位：国家重要的粮食生产和现代农业基地，全国"三化"协调发展示范区，全国重要的经济增长板块，全国区域协调发展的战略支点和重要的现代综合交通枢纽，华夏历史文明传承创新区。 发展目标：到2015年，初步形成发展活力彰显、崛起态势强劲的经济区域；到2020年，建设成为城乡经济繁荣、人民生活富裕、生态环境优良、社会和谐文明、在全国具有重要影响的经济区。
18. 成渝经济区区域规划	2011年4月24日，国务院（国函〔2011〕48号）	战略定位：西部大开发的增长极或经济高地，国家重要的先进装备制造业、现代服务业、高新技术产业和农产品基地，全国统筹城乡综合配套改革试验区，国家内陆开放示范区，国家生态安全保障区。 发展目标：到2015年，经济实力显著增强，建成西部地区重要的经济中心；到2020年，经济社会发展水平进一步提高，成为我国综合实力最强的区域之一。
19. 山东半岛蓝色经济区发展规划	2011年1月4日，国务院（国函〔2011〕1号）	战略定位：建设具有较强国际竞争力的现代海洋产业集聚区，建设具有世界先进水平的海洋科技教育核心区，建设国家海洋经济改革开放先行区，建设全国重要的海洋生态文明示范区。 发展目标：到2015年，现代海洋产业体系基本建立，综合经济实力显著增强，海洋科技自主创新能力大幅提升，海陆生态环境质量明显改善，海洋经济对外开放格局不断完

区域规划名称	批准时间	战略定位及发展目标
		善，率先达到全面建设小康社会的总体要求；到 2020 年，建成海洋经济发达、产业结构优化、人与自然和谐的蓝色经济区，率先基本实现现代化。

第三章　区域经济发展理论研究与实践探索

区域经济学的研究，目的在于在有限空间范围内实现资源的有效配置和最大效益的产出。英国经济学家艾伦·格里菲思、斯图尔特·沃尔在《应用经济学》一书中这样写道："一个区域就是具有一定特征的地球表面的一部分，这种一定的特征使这一区域具有统一性并使之区别于与它相邻的地区，从而使我们能够给这样的区域划分边界。"① 显然，区域是以一定的共同特征作为依据进行划分的，它是具有某种经济功能特征和经济发展任务要求、兼顾自然地理与行政区划特性的经济地理单元。区域经济发展的理论研究，目的就在于根据区域内的不同条件，实现生产要素资源的合理流动与配置，最大限度地发挥区域优势，克服不利因素，为制定区域发展战略提供理论支撑。②

一　西方区域经济理论的发展

区域经济学理论最初产生自欧洲。欧美等发达国家近代以来在其经济成长进程中，都不同程度地存在着区域经济发展不平衡问题，

---

① 〔英〕艾伦·格里菲思、斯图尔特·沃尔：《应用经济学》，中国经济出版社，1998，第539页。

② 张京锁、康凯：《区域经济学》，天津大学出版社，1998，第9～11、114～123页。

特别是在工业革命之后，一些原本经济繁荣的地带，在一系列外部因素的作用下，转而停滞甚至衰败，而其他某些地区由于得益于自然地理条件、经济、政策、社会等因素的影响又有了新的进步。如何解决经济发展过程中出现的这样一种矛盾变化，这些国家的地理学家、经济学家，积极开展理论研究并形成了一系列重要的区域经济理论观点。

（一）区域经济学的代表性著作介绍

1. 杜能农业区位论

约翰·海因里希·冯·杜能（Johan Heinrich von Thunen，1783～1850），是德国经济学家，曾就读于哥廷根大学，是经济地理学和农业地理学的创始人、边际生产率学说的先驱。杜能1826年完成《孤立国同农业和国民经济的关系》（简称《孤立国》）一书，奠定了农业区位理论的基础。

杜能农业区位理论以当时德国（普鲁士）社会经济为背景，根据当时德国农业和市场的关系，摸索出因地价不同而引起的农业分布现象，透过农业、林业、牧业的布局以及工业布局等方面的情况，综合分析了孤立国的产生布局问题。

杜能农业区位论，是通过设计条件假设，分析形成机制，在提出农业生产方式的空间配置原则的基础上建立起来的。

其中，农业区位得以建立的六个假定条件是：①肥沃的平原中央只有一个城市；②不存在可用于航运的河流与运河，马车是唯一的交通工具；③土质条件一样，任何地点都可以耕作；④距城市50英里之外是荒野，与其他地区隔绝；⑤人工产品供应只来源于中央城市，而城市的食品供应则只来源于周围平原；⑥矿山和食盐坑都在城市附近。

农产品的生产活动，是追求地租收入最大化的理性活动，所以，农场主选择地租收入最大的农作物进行生产布局，从而形成了农业土地利用的杜能圈结构，具体描述如下。①第一圈——自由式农业圈。为最近的城市农业地带，主要生产易腐难运的产品，如蔬菜、鲜奶。在马车为运输工具又无冷藏技术的时代，新鲜蔬菜，不便运输的果品以及易腐产品等，就在距离城市最近处生产，形成自由式农业圈。②第二圈——林业圈。供给城市用的薪材、建筑用材、木炭等，由于重量和体积较大，从经济角度必须在城市近处（第二圈）种植。③第三圈——轮作式农业圈。没有休闲地，在所有耕地上种植农作物，以谷物（麦类）和饲料作物（马铃薯、豌豆等）的轮作为主要特色。杜能提出每一块地的六区轮作，第一区为马铃薯，第二区为大麦，第三区为苜蓿，第四区为黑麦，第五区为豌豆，第六区为黑麦。其中耕地的50%种植谷物。④第四圈——谷草式农业圈。为谷物（麦类）、牧草、休耕轮作地带。杜能提出每一块地的七区轮作。同第三圈不同的是总有一区为休闲地，七区轮作为第一区黑麦，第二区大麦，第三区燕麦，第四区、第五区、第六区为牧草，而第七区为荒芜休闲地。全耕地的43%为谷物种植面积。⑤第五圈——三圃式农业圈。此圈是距城市最远的谷作农业圈，也是最粗放的谷作农业圈。三圃式农业将农家近处的每一块地分为三区，第一区黑麦，第二区大麦，第三区休闲，三区轮作，即为三圃式轮作制度。远离农家的地方则作为永久牧场。⑥第六圈——畜牧业圈。此圈是杜能圈的最外圈，生产谷麦作物仅用于自给，而生产牧草用于养畜，以畜产品如黄油、奶酪等供应城市市场。[①]

　　杜能用量化方法研究农业区位是一种创新，他的理论为后继者进行区域经济的研究提供了有价值的参考，因此，杜能农业区位理

---

① 〔德〕约翰·冯·杜能：《孤立国同农业和国民经济的关系》，商务印书馆，1986，第22～36页。

论至今仍然具有实际意义。

2. 韦伯工业区位论

阿尔弗雷德·韦伯，是德国经济学家、社会学家，1895 年获柏林大学博士学位，1899～1904 年任柏林大学教授，1904～1907 年任布拉格大学教授，1907～1933 年任海德堡大学教授。韦伯早年研究经济学，后转而研究社会学。他在 1909 年出版的《工业区位理论》（*Theory of the Location of Industries*）一书，第一次系统而完整地论述了工业区位理论，他是区位理论的奠基人，该著作是自杜能完成《孤立国同农业和国民经济的关系》以后，对经济理论贡献最突出的德国著作。

《工业区位理论》一书，分别论述了区位因素和区位力学、简化问题的假设、运输指向、劳动力指向、集聚、总体指向、经济系统中的制造业等方面的内容。其中，运输指向、劳动力指向、集聚法则，被认为是影响工业区位的三大因素。这三大因素组合的好与不好，直接关系工业的布局。因素组合好将促进工业配置，否则将制约工业配置。他特别强调影响工业布局的基本因素是运输成本和工资费用，即劳动力成本。就运输成本而言，运费主要取决于重量和运距，而其他因素，如运输方式、货物的性质等都可以换算为重量和距离。工业将选择原料与成品二者总运费最小的地方。他指出，一种工业，当主要原料不是到处都有，在生产过程中只有一部分或很少一部分原料能转移到产品中去时，厂址应该设在原料产地附近，以减少原料的运费；当主要原料到处都有，或在生产过程中很大部分以至全部原料都能转移到产品中去时，厂址可以靠近产品销售市场，以减少成品的运费。就劳动力成本而言，在劳动费用低廉的地点布局工业由此带来的劳动成本的节约额，比由最小运费点移动产生的运费增加额大时，劳动费用指向就占主导地位，也就是每吨成品所增加的运费小于所节省的工资成本时，劳动力成本成为主导的因素，即此时的工业布局应当选择在劳动费用低廉的地区。①

韦伯建立了完善的工业区位理论体系，为后来者提供了研究工业区位的方法论和理论基础。他关于工业布局影响因素的分析，至今仍然具有现实意义，今天在建立现代工业的过程中，无论是运输成本还是劳动用工成本，仍然是影响工业布局最主要最重要的因素。发达国家产业向发展中国家转移，原因很多，但发展中国家劳动力成本低廉是其中最重要的因素之一。因为，发达国家国内的劳动力成本很高，远远高于产业转移后产成品的运输费用。当然，韦伯的理论是建立在各种假设基础之上的，实际生产过程中，产业的布局要复杂得多，所受的影响因素也多得多。现在各种条件发生了重大变化，包括生产技术、交通运输条件、生产工艺、劳动力素质、消费者偏好、环境生态问题等，都对产业布局产生不同程度的影响。

（二）区域经济发展的基础理论

对于区域经济的协作问题，早在100多年前，理论研究者就已经进行了有益的探索，并且形成了颇具影响力的区域经济协作的理论基础——区域相互依赖理论和地域生产分工理论。

1. 区域相互依赖理论

100多年前，马克思、恩格斯在《共产党宣言》中曾明确提出并分析了随着资产阶级开拓世界市场，世界经济必然走向相互依赖的原理。这一原理的基本点在于：①世界经济的相互依赖，是资本主义发展的客观要求和必然结果；②这种相互依赖，日益扩展到世界一切国家、一切民族，扩展到各个方面，而不只是哪两个国家、哪两个民族的相互依赖，也不是在某一领域内的相互依赖，既包括物质的生产，也包括精神的生产；③这种依赖是相互的、双向的，

① 〔德〕阿尔弗雷德·韦伯：《工业区位理论》，商务印书馆，2010，第24~28页。

而不是单向的、单方面的；④精神上这种相互依赖的纽带，把各个极不相同的民族联结成为一个世界性的经济体系，促进了某些民族隔阂和民族利益对立的消灭，有利于物质生产变成在科学帮助下对自然力的统治，为新世界创造物质基础。相反，孤立的状态则是一个国家、一个民族落后的主要原因。

西方经济学界在世界经济相互依赖理论方面也做了大量研究，特别是第二次世界大战之后，针对西方发达国家之间、"南北"之间、"南南"之间的相互依赖关系问题，从理论上进行了深入探讨，建立了一些复杂的数学模型，设立了衡量相互依赖程度的指标体系，进行了定量分析，研究了相互依赖的机制，用以衡量区域之间相互依赖的程度：①国际贸易增长速度与国内生产总值增长速度之比，如果国际贸易增长速度快于国内生产总值增长速度，比值大于1，说明相互依赖程度高，相反，则表明相互依赖程度低；②出口贸易额占国内生产总值的比重，比重越高，表明相互依赖程度越大；③国际资本的流动总额的增长速度；④世界劳务出口的增长速度；⑤国际的信息流量等。

尽管马克思主义者同西方经济学界在相互依赖问题上具有不同的立足点，但都承认相互依赖的必然性与必要性。这说明，相互依赖虽然在不同社会制度下有着某些特殊的具体表现形式，但却具有一般的本质原因。①生产力具有一定的扩张力。当生产力发展到一定程度后，就会超出原有的地域范围，向新的区域转移、扩展、延伸，在新的区域集中、发展起来。②商品经济的发展，必然要冲破分散、狭隘、封闭的自给自足的自然经济格局，在广阔的空间内代之以相互往来和相互依赖。③各国各地区之间的差异性，决定了各自发展模式的多样性，形成各自的经济社会特色。④在加速率的作用下，技术的空间推移规模大大扩大，推移的速度大大加快，技术的更新期大大缩短。⑤资本的国际化，资本的国际流动速度加快，规模加大，造成了越来越相互依赖的经济环境。[①]

2. 地域生产分工理论

客观上，国家和地区之间总是存在着巨大的自然和生产劳动差异，而各地区生产的自然差异和交换的发展是劳动的社会分工的两个前提。社会分工表现为部门分工和地域分工。社会劳动地域分工就是指相互关联的社会生产体系在地理空间上的差异，它是社会分工的空间表现形态。从个别区域来看，它是区域生产专门化；从相互联系的区域体系来看，它表现为全社会的生产专门化体系。地域分工是国民经济区域结构的主线。地域分工的必要前提是产品的区际交换和贸易，是产品的生产地和消费地的分离。这一性质决定了地域分工的规模随着产品交换和贸易的扩大而不断扩张，从国内局部性地域分工到全国统一市场下各区域间的全国性分工，从国内地域分工再到国际地域分工，是地域分工由低级形态向高级形态发展的一般过程。一方面，随着社会再生产结构的演进，地域分工的性质和内容不断变化；另一方面，其分工方向和格局随着自然经济、社会条件的空间差异的格局不同而不同。地域分工理论的主体是"比较优势原理"。经济利益是决定地域分工的动力。地域分工理论从亚当·斯密的绝对成本学说开始，经过大卫·李嘉图的比较成本论，到赫克歇尔－俄林的要素禀赋论，再到琼斯、莫洛内的区域比较利益论而日臻完善。[②]

斯密的绝对成本学说实际是比较成本学说的一种特殊表现。其基本观点包括两方面。①分工可以提高劳动生产率。由于分工，劳动者专门从事某种操作，能提高他们的熟练程度，增进他们的技术技巧；容易改进操作方法，革新和发明新的机械。这就使得同样数

①　詹丽靖：《国际分工理论评述》，《资料通讯》2006 年 7、8 月刊，第 64~68 页。
②　詹丽靖：《国际分工理论评述》，《资料通讯》2006 年 7、8 月刊，第 64~68 页。

量的劳动者能完成比过去多得多的工作量，大大增加劳动产品的数量和质量。②分工原则也适用于地域分工与国际分工。国际分工是各种形式分工中的最高阶段。各国都存在某种绝对有利的自然条件或者后来获得的专长，即都占有生产条件上的某种绝对优势，因而都拥有实际成本（劳动耗费）小于其他国家的某种或某些商品。这种或这些商品各自在价格上占有优势，在国际市场上具有较强的竞争能力。各国为了本国利益，都专业化地生产本国具有优势的商品，即实行国际分工，就能提高每个国家的劳动生产率和社会总产量，并在国际贸易中获得较大的利益。

李嘉图的比较成本学说则认为，两国产品交换的利益大小，取决于生产这两种产品的比较（或相对）成本，而不是由生产这两种产品耗费的绝对成本所决定。这是因为两国劳动生产率的差异，并不是在任何产品上都是同等的。因此，李嘉图主张每个国家都应当把劳动用在最有利于本国的生产上，生产和出口对本国相对有利的商品，进口相对成本较高的商品，即所谓的"优中选优，劣中选劣"。李嘉图的比较成本学说回答了斯密学说没有回答的问题。但斯密和李嘉图的学说都包含一个理论假设，即国际分工的专业化生产只是产业部门之间的一种劳务分工，一种产品总是由某国利用本国的有利生产要素制造出来的，而排斥生产要素在国际自由移动。这个理论假定，在国际经济合作日益广泛、各国生产要素流动日益频繁和便捷的情况下，就显得不合时宜。

赫克歇尔-俄林定理则进一步把国际分工、国际贸易与生产要素差异联系起来，提出了"生产要素禀赋差异理论"这一概念，认为地域分工、国际贸易产生的原因是各国各地生产要素禀赋上的差异，而不是上述古典学派认为的劳动生产率的差异而产生的。每个国家或地区生产要素禀赋各不相同，如暂不考虑需求情况，利用自己相对丰富的生产要素从事商品生产，就处于比较有利的地位；而利用禀赋差、相对稀少的生产要素来生产就处于比较不利的地位。因此，各国、各地区，在地域（国家）分工——国际贸易体系中，应专门生产上述前一类商品，而较少生产后一类商品，以发挥各自所拥有的生产要素优势。

（三）区域经济学理论的发展

19世纪末20世纪初，在发达的资本主义国家中，一些原来经济繁荣的老工业区在市场的自发作用下衰退为萧条经济区；到20年世纪30年代初的经济大萧条时，危机使原来就比较落后的地区，生产更是下降，企业破产，从而使地区之间的发展差距扩大，使国内区域经济发展出现严重的两极分化。特别是第二次世界大战之后的十几年间，各资本主义国家在追求经济高速增长目标指导下，大量的人力、物力、财力集中投放到经济发展条件较好的地区，从而获得了经济的高速增长，但其结果是地区发展的不平衡加剧，发达地区与落后地区之间出现两极分化。为了解决这一问题，政府和理论工作者开始关注这一问题，并力图找到解决的路径。比如，瑞典区域经济学家迈达尔（G. Myradal）针对区域经济发展过程中出现的两极分化现象，在1957年提出了著名的"积累因果论"。他认为，一个地区的经济发展，一旦超过了社会平均发展速度，与发展缓慢的地区相比，它就可能获得累积竞争优势，在市场机制的自发作用下，条件好、发展快的地区就会在发展过程中为自己不断地积累有利因素，并且进一步遏制困难地区的经济发展，使困难地区的不利因素越积越多。因此，迈达尔指出："市场力的作用倾向于扩大而不是缩小地区间的差别。"赫什曼（A. Hirshman）1958年提出"核心与边缘区理论"。他认为，一个区域经济发达的核心区，固然会因其扩展效应在某种程度上带动边缘地区的发展，起着缩小地区差别的作用；但边缘区的资本和劳动力会流向核心区，核心区的作用就像一块磁铁，极化效应会扩大地区差别，在市场机制自发作用下，极化效应的作用大于扩展效应。因此，缩小地区差别必须加强国家干预。

诺思 1955 年发表《区位理论与区域经济增长》一书，把太平洋西北岸作为其实证研究的基础，并得出结论：区外对木材、毛皮、面粉、小麦等产品（美国西北部地区是重要的林区、小麦生产区和山地牧区）的需求扩大，不仅影响到那里的绝对收入水平，而且也会影响到诸如辅助性产业的特征、人口的分布、城市模式、收入和就业波动范围等。他进而指出，对区域输出需求的增加能够对区域经济产生乘数效应，这不仅会导致输出产业的投资增长，也会导致其他产业的投资增长；因此，一个区域要获得发展，关键在于能否建立起输出基础产业。这就是诺思输出基础理论的核心。这种输出基础产业实际就是我们通常所说的外向型产业，一个区域通过建立起输出产业就能够利用外部市场实现区域的发展。

蒂博特 1956 年发表了《输出与区域经济增长》一文，该论文提出了"大宗商品输出理论"。该理论认为，特定区域经济的发展，往往开始于该区域发现了一种诸如矿产品等特殊的自然资源，或者因为其自然条件特别适合于生产某种出口作物，在世界市场商品价格为既定的条件下，资本甚至劳动力将输入该区域，进而促进"大宗商品"的生产，而地方工业和地区市场随着出口商品的生产发展而发展起来。因此，特定区域要取得发展，必须建立起外向型"大宗商品"出口产品基地，通过商品的出口带动整个区域经济的发展。

珀洛夫与温戈 1961 年发表《自然资源禀赋与经济增长》等论文，他们将诺思等人的区域输出基础理论做了进一步的推广，并把制造业的建立看作是区域经济出现增长的先决条件。在他们看来，企业家总是选择使其生产利润最大化的区位进行投资。为此，他们需要对不同区位的生产成本和收益进行比较分析，并相应地做出区位投资决策。就特定产业来说，由于不同区位的"自然资源禀赋"

不同，取得其基本生产投入要素和接近产品市场的机会也有所不同，相应地其成本与收益变量也就各有不同，从而企业家必然做出有利于某一特定区位而不利于其他区位的区位投资决策。并且一旦投资向某一区位倾注就会产生相应的区域乘数效应，从而加速经济活动在特定区位的集聚过程。依据该观点，区域经济发展水平的高低与各区域自然资源的丰富程度有关，也就是说，自然资源丰富的区域，其经济能够获得更快的发展。实践证明，这一观点基本上是正确的。

1950 年，舒尔茨发表了题为《农业部门贫困的反思》的文章，文中提出了这样一个问题：为什么正当美国经济处于空前高速增长时，一些"农业社区"的生活标准还总是低于全国平均水平。他的答案是，这种相对贫困并不是由土地的自然特征来决定的，而是由农业社区与"经济进步中心"的亲疏关系所决定的。1951 年他又发表《土地经济学构架：长期观点》一文，他又将此前观点进一步具体化，提出所谓"延滞假说"，其基本内容如下。①经济发展出现于特定的区位基之上，经济中一般存在着一个或数个区位基。②区位基一般以典型的工业化城市经济结构为其基本特征，经济发展往往出现在这些区位基的中心，这样的中心一般都不会属于农垦区，而只会是在工业城市的中心；但是，由于这种城市中心的崛起，接近这一中心的农业区比远离这一中心的农业区处于更为有利的经济发展区位上。③位于或者靠近特定经济发展区位基中心的区域经济组织将运行良好，受惠于中心的农业区的经济运行组织也将运行良好，反之则差。在现实当中，这种情形确实如此，比如城市郊区的农村经济发展状况良好，农民收入水平高，而远离城市的乡村，经济发展就滞后，农民收入就低。舒尔茨提出的"延滞假说"后来由尼科尔斯等人在南加利福尼亚、佐治亚、田纳西等州进行了检验性实验，其实验证实了该"延滞假说"所得出的结论。实验发现：在工业化和城市化发达的县，其劳务市场与资本市场的效率也高，越靠近这些地区，农业生产效率越高，农村收入也越高。这些都是工业化和城市化对农业要素市场所造成的影响。

威廉姆逊 1965 年发表《区域不平衡与国家发展过程》一文，他利用 24 个国家 1940 年到 1961 年的有关统计资料，计算了 7 个国家人均收入水平的区际不平衡程度。结果表明，随着经济增长和收入水平的提高，区域间不平等程度大体上呈现先扩大后缩小的倒 U 形变化。因此，尽管经济发展初期区域增长不平衡，区际人均收入水平差距扩大，但从长期看，区域经济增长和人均收入是趋于均衡的。这一理论的提出，引起了各方面的重视，该理论的影响力日益扩大，他提出"在发展的初期，区域间以收入差距扩大和'南北'二元性增强为特征；在国家成长和发展较为成熟的阶段，则以区域间趋同和'南北'问题消失为特征"的观点，在 20 世纪 60 年代后期和 70 年代前期被区域发展理论学家们所接收，并把它看成是发展中国家将会出现的或应该通过政策干预使之出现的模式。

约翰·弗里德曼在综合总结已有区域经济理论的基础上，1966 年出版了《区域发展政策》一书，通过汇集这些研究成果而把它们综合成"经济增长空间影响"的八条命题，即：区域经济向外界开放并受制于外部影响；区域增长由外生力量所诱导；输出部门向自给部门的增长传播取决于该区域的社会政治结构、地方收入分配结构及其区域收入开支状况；地方领导是成功地适应外部环境变迁的关键，而领导素质取决于区域发展的实践经验；区域经济增长可以部分地看成是企业布局问题；经济增长通过城市区域的发祥而产生，并通过该城市发祥地来组织相关的区域经济；劳动力流动将对经济增长的福利效应施加一种均衡力量，但也可能出现相反的情形；区域经济的持续增长将推动经济向逐渐一体化的方向发展。20 世纪 50 年代成为西方区域经济理论集中出现的年代，基于区域经济理论的研究成果如雨后春笋般涌现，区域经济学成为一门具有重要影响的应用经济学。[1]

案例研究　民国时期工业区位、区划思想研究成果一览[2]

彭信威：《论建设西南工业区》，《新经济》1940 年第 4 卷第 3 期。

翁文灏：《中国经济建设的前瞻》，《经济建设季刊》1942 年第 1 卷第 1 期；《中国经济建设的轮廓》，《资源委员会公报》1943 年第 3 卷第 5 期。

吴承洛：《战后工业区位之研究》，《新经济》1942 年第 7 卷第 1 期。

戴世光：《对战后工业区位的意见》，《当代评论》1943 年第 3 卷第 15 期。

沙学浚：《中国经济的均衡发展》，《新经济》1943 年第 10 卷第 3 期。

齐植璐：《论战后工业区位的经济条件与国防条件》，《新经济》1943 年第 9 卷第 7 期；《战后后方可能发展的工业及工业区》，《新经济》1943 年第 10 卷第 3 期；《新经济 120 期重要经济论文内容总分析》，《新经济》1944 年第 12 卷第 10 期；《中国工业区域划分原则之商榷》，《中国经济》1944 年第 1 卷第 2 期。《新经济 120 期重要经济论文内容总分析》一文涉及对沙学浚、吴承洛、吴景超、陈振汉、任美锷五人的经济区、工业区方案的列表比较。

吴景超：《中国应当建设的工业区与工业》，《经济建设季

---

[1]　李仁贵：《西方区域经济发展的历史经验理论评介》，《经济学动态》2000 年第 3 期，第 70~74 页。

[2]　吴传清：《民国时期工业区位、区划思想史料钩沉》，《学术月刊》2010 年 10 月（下半月），第 30~31 页。

刊》1943 年第 1 卷第 4 期；《中国工业区域之发展》（蔡鸿盛据吴景超英文论文 "Industrial Planning in China" 翻译），《工矿建设》1947 年第 1 卷第 3 期。

周华章：《工业区位理论的修正说》，《新经济》1944 年第 11 卷第 7 期；《决定工业区位的实际方法》，《新经济》1945 年第 12 卷第 2 期。

刘昌裔：《区域经济建设导论》，《生教导报》1944 年第 2 卷第 1 期。

张景观：《战后中国工业区之煤铁资源》，《中农经济统计》1944 年第 4 卷第 3 期。

郑林宽：《工业区位决定论》，福建协和大学农学编辑委员会编《协大农报》1945 年第 6 卷第 1~2 期合刊；《工业区位决定之数理分析》，《协大农报》1945 年第 7 卷第 1 期。

杨开道：《全体性区域经济设计论》，《中国青年》1945 年第 13 卷第 6 期。

万文宣：《我国划分工业区域之原则》，《新中华》1946 年第 4 卷第 18 期。

盛叙功：《论经济区域体系之建立》，《中国建设》1946 年第 2 卷第 1 期；《论所谓工业区位》，《中国建设》1946 年第 3 卷第 3 期。

苏小黎：《论中国工业区位问题》，《工矿月刊》1947 年第 1 卷第 5 期。

宋彦科：《中国面粉厂设厂区位之选择》（上、下），《公益工商通信》1947 年第 1 卷第 4 期、第 5 期。

江士杰：《我国的经济建设和工业区位问题》，《政衡》1947 年第 1 卷第 3 期。

李善丰：《由国防见地论我国工业区域的重划》，《时事评论》1948 年第 1 卷第 7 期。

李春芬：《工业区位述要》，《思想与时代》1948 年第 50 期。

祝慈寿：《工业区位理论述要》，《新中华》1949 年第 12 卷第 5 期。

瞿明宙：《建设新云南产业区域刍议》，《云南建设》1945 年第 1 期。

薛弼：《建设苏南工业区计划》，《建苏月刊》1947 年第 1 卷第 1 期。

二　区域经济理论在中国的探索实践

改革开放以后，有两方面的因素加快了我国区域经济问题的理论研究。一是改革开放以后，在市场机制的作用下，我国生产要素高速地向东部地区流动，因此，东部地区经济取得了较快发展，而与此同时，东中西部地区经济发展差距在悄然扩大。这样一来，如何缩小地区发展差距，解决地区经济发展不平衡，促进区域经济协调发展便成为我国当前和今后一个时期面临的重大课题。二是在全面建设小康社会的进程中，促进区域协调发展是共建和谐社会的重要问题。"十一五"时期乃至全面建设小康社会的整个历史时期，都面临着抑制地区差距扩大的速度和实现区域经济均衡协调可持续发展的问题。"十一五"规划提出"优化开发、重点开发、限制开发、禁止开发"的区域发展政策选择，根据不同区域特点选择不同的发展道路，逐步形成各具特色的区域发展格局。区域间形成相互促进、优势互补的互动机制，从而实现区域协调发展。如何选择一条适合本区域发展的道路，成为学术界与政府工作部门的一个热点话题。

我国一直重视对区域经济发展问题的探索，早在中华人民共和国成立初期，就提出以均衡发展和公平为原则，合理布局生产力，以建立内地雄厚的工业技术基础为重点，正确处理沿海与内地两大地带的战略发展比例关系，全面掀起"三线建设"。20 世纪 70 年代末以后，提出实施改革开放政策和沿海开放战略，允许有条件的地区先富起来，在此基础上，逐步向纵深推移，构建全方位对外开放的发展战略格局，实现先富带后富，最终走上共同富裕的道路。90 年代中期以后，提出以解决宏观区域经济失衡为目标，谋求非均衡状态下的协调发展，加快老、少、边、贫地区发展步伐，全面推进西部大开发战略，缩小地区发展差距，实现效益优先与兼顾公平作为未来区域经济发展的一项重要原则。在这期间，学术界也对此问题进行了热烈的讨论。20 世纪 80 年代初期，我国经济理论界的一些学者就积极引进"梯度推移理论"并产生了强烈的反响，学者在此理论基础上进行了多方面的探讨，所有这些大胆的理论探索，对我国区域经济发展理论的成熟发展，对区域经济发展实践的指导产生了极其重要的影响。①

在现实经济活动中，不同地区之间，由于自然环境条件因素不同，经济组织程度的差异以及生产力发展水平的高低，区域劳动生产率水平不尽相同。保持区域发展的持续性，应当在更大的区域范围谋求全面协作，走出自我服务、自我循环、自成体系的封闭局限，实现资源共享、互利互惠、优势互补，实现区域经济的协调运转。这种发展模式从全球来看，自从 15 世纪末 16 世纪初地理大发现之后就已经开始。通过协作使一国克服了经济发展中资源、市场等因

---

① 田广：《中国西部民族地区的对外开放与经济发展》，中国展望出版社，1988，第 78 ~ 80 页。

素的缺陷，实现生产资源在广阔空间上的流动。很显然，区域经济发展的过程，实际就是发挥地区比较优势，克服不利因素，推动经济发展的过程。因此，在区域经济合作发展过程中究竟应当注意发挥哪些优势，克服哪些劣势，就成为研究、规划区域经济发展所必须优先解决的问题。

区域经济发展过程中的优势因素，被认为是区域经济发展中必须利用或者是可加利用的现实基础条件。一是，区域经济发展的客观因素。比如社会政治因素，如政局的稳定情况，政府管理经济的能力与效率，地区法律法规的完善程度，区域内社会各阶层、各民族、社会团体的协作与团结合作精神，与周边地区的和睦状况，地区财政收入大小及分配使用的政策、税收政策合理公平与否，是否有利于经济发展；经济因素，如经济发展的实力及各产业部门的运作效率，市场体系，资源供应状况，劳动力供应条件，城市建设及基础设施条件；科技环境因素，如科技发展水平，主要技术的地位，科研技术队伍的素质、规模，区域创新能力，技术转化效率，技术市场的发育程度；自然环境和自然资源条件，主要包括人力资源、土地资源、矿产资源、生物资源、水资源、气候条件、地理位置以及开发条件等。二是，可供转化利用的区位优势。比如拥有廉价的劳动力有利于发展劳动密集型产业；文化教育科技水平高的区域有利于发展技术密集型的产业；拥有丰富资源的地区，能够开展大规模的加工工业的发展；某种非移动性区位因素，可以吸纳外来资金技术，如丰富的石油储量、丰富的旅游资源、丰富的海洋资源等，商家为了开采、开发这些资源，必然要在当地进行大量的投资。当某一区域具备这些可供转化的优势条件时，就可以形成某种吸引力，把区域外的资金、技术、人才、企业吸引进来，政府在考虑投资比较效益时也可能从政策上倾向在这些地区投资，从而有利于促进本地区经济的发展。[①]

我们在分析区位优势时，必须充分考虑优势的转化问题，当外部环境条件不利于地区优势的转化时，需要创造条件实现其转化。任何区域在未被利用之前，各种优势都只是一种潜在的有利条件，并不等于现实优势，它要转化为现实生产力，还需要一系列前提条件。地区优势条件只有与国家总体发展战略目标一致才可能转化为地区优势。比如，西南地区，资源条件优越，但在西部大开发之前，因国家的发展重心在东部，这些优势并不能很好地转化为现实的生产力，直到 2000 年 1 月国家实施西部大开发战略以后才获得发展的机遇，这种潜在的优势才得以真正发挥作用。区位优势是相对来说的，有些优势在同一区域内虽然表现突出，但是，如果放在与其他区域进行比较时并不突出，那么这种优势就不能算是真正优势，因此，只有在各地区的比较过程中具有相对优势时才能形成优势；地区内的某些优势因素，只有与区域内的其他相关的有利条件和不利因素综合协调运用时，才能形成区位优势。[②] 另外，一个国家一个地区的优势，还必须与其他国家和地区的优势结合起来，借助他人的优势作为催化剂才能得到淋漓尽致的发挥。这也就是为什么在经济发展过程中必须进行区域合作，在进行国际经济技术合作中必须充分利用两种资源和两个市场的思想。这是从区域经济发展影响因素的角度考虑得出的必然结论。

案例研究　中共中央、国务院西部大开发战略部署[③]

1999 年 9 月 22 日，中共十五届四中全会通过《中共中央关于国有企业改革和发展若干重大问题的决定》，明确提出："国

---

① 张京锁、康凯：《区域经济学》，天津大学出版社，1998，第 9 ~ 11 页。
② 张京锁、康凯：《区域经济学》，天津大学出版社，1998，第 114 ~ 123 页。
③ 《西部大开发战略——新闻背景》，《人民日报》2012 年 2 月 21 日，第 2 版。

家要实施西部大开发战略。"

2001 年 3 月，九届全国人大四次会议通过《中华人民共和国国民经济和社会发展第十个五年计划纲要》，进一步提出"实施西部大开发战略，促进地区协调发展"。

2006 年 3 月 14 日，第十届全国人民代表大会第四次会议批准《中华人民共和国国民经济和社会发展第十一个五年规划纲要》，用了一节的篇幅专论"推进西部大开发"，指出，西部地区要加快改革开放步伐，通过国家支持、自身努力和区域合作，增强自我发展能力。

2007 年 1 月 23 日，国务院批复《西部大开发"十一五"规划》（国函〔2007〕6 号），明确以实现西部地区"经济又好又快发展，人民生活水平持续稳定提高。基础设施和生态环境建设取得新突破，重点区域和重点产业的发展达到新水平，教育、卫生等基本公共服务均等化取得新成效，构建社会主义和谐社会迈出扎实步伐"为总的目标。

2011 年 3 月 14 日，第十一届全国人民代表大会第四次会议批准《中华人民共和国国民经济和社会发展第十二个五年规划纲要》，提出"推进新一轮西部大开发"，坚持把深入实施西部大开发战略放在区域发展总体战略优先位置，给予特殊政策支持。

2012 年 2 月 13 日，国务院批复《西部大开发"十二五"规划》（国函〔2012〕8 号），提出经济保持又好又快发展，基础设施更加完善，生态环境持续改善，产业结构不断优化，公共服务能力显著增强，人民生活水平大幅提高，改革开放深入推进等主要目标。

2016 年 3 月 16 日，第十二届全国人大四次会议审议通过《中华人民共和国国民经济和社会发展第十三个五年规划纲要》，提出"深入推进西部大开发"，要求把深入实施西部大开发战略放在优先位置，更好发挥"一带一路"建设对西部大开发的带动作用。

2017年1月5日，国务院批复《西部大开发"十三五"规划》（国函〔2017〕1号），总的目标是：到2020年如期全面建成小康社会，西部地区综合经济实力、人民生活水平和质量、生态环境状况再上新的台阶。具体目标包括经济持续健康发展、创新驱动发展能力显著增强、转型升级取得实质性进展、基础设施进一步完善、生态环境实质性改善、公共服务能力显著增强6个方面。

西部大开发的范围包括：陕西、甘肃、青海、宁夏、新疆、四川、重庆、云南、贵州、西藏、内蒙古、广西12个省、自治区、直辖市以及湖北恩施、湖南湘西和吉林延边3个少数民族自治州，面积为685万平方公里，占全国的71.4%。

在我国，区域发展是一项国家战略，在整个实践探索过程中，遵循着顶层设计路径和保障机制，从而使我国的区域发展，无论是在理论阐释方面还是在实际探索问题上，始终保持旺盛的生机与活力，促进理论与实践相联系。

毫无疑问，在实施区域经济发展战略的过程中，不仅需要发挥它的优势，而且更应当充分认识它的不足，只有在既看到它的有利一面而同时又看到它的不利影响的情况下，才能趋利避害，选择最有利的发展时机和最佳的发展模式，促进区域经济的协调发展。这是因为，我国地域辽阔，各地区条件差异性很大，东部沿海地区经济基础较好，自然地理环境条件比较优越，中西部地区基础较薄弱，经济发展水平较低。尤其是西部地区，由于社会历史原因和自然环境条件的影响，经济发展滞后，不仅影响当地群众的生产生活，而且对边疆地区的稳定和国家的安定团结产生不利影响。地区经济发展严重失衡，对于实现国家宏观经济发展战略，对于提高综合国力，早日实现社会主义现代化建设目标产生不利影响。因此，20世纪90年代中期江泽民指出："解决地区发展差距，坚持区域经济协调发展，是今后改革和发展的一项战略任务。从'九五'开始，要更加重视支持中西部地区的发展，逐步加大解决地区差距继续扩大趋势的力度，积极朝着缩小差距的方向努力。"① 又说："要以邓小平同志关于让一部分地区一部分人先富起来，逐步实现共同富裕的战略思想来统一全党的认识。实现共同富裕是社会主义的根本原则和本质特征，绝不能动摇。要用历史的辩证的观点，认识和处理地区差距问题。一是要看到各个地区发展不平衡是一个长期的历史的现象。二是要高度重视和采取有效措施正确解决地区差距问题。三是解决地区差距问题需要一个过程。"②

2007年2月15日，胡锦涛主持中央政治局第39次集体学习时强调，促进区域协调发展，是改革开放和社会主义现代化建设的战略任务，也是全面建设小康社会、构建社会主义和谐社会的必然要求。全党全国必须从贯彻落实科学发展观、构建社会主义和谐社会的战略高度，深刻认识促进区域协调发展的重大意义，把促进区域协调发展摆在更加重要的位置，切实把区域发展总体战略贯彻好、落实好。强调要继续推进西部大开发，振兴东北地区等老工业基地，促进中部地区崛起，鼓励东部地区率先发展。

习近平对于区域发展问题给予了高度重视。十八大之后，中央审时度势，从全新的理论高度思考区域发展问题，提出了新的区域发展战略思想，多次强调要继续实施区域发展总体战略，促进区域

---

① 《江泽民文选》第1卷，人民出版社，2006，第466页。
② 《论社会主义市场经济》，中央文献出版社，2006，第266~267页。

协调发展。习近平亲自提出或推动了许多全新的区域发展战略构想和战略举措，比如"丝绸之路"经济带、"海上丝绸之路"、中国（上海）自由贸易试验区、京津冀协同发展、长江经济带等，为传统区域发展和开放型经济新体制的理论和实践赋予了全新的内涵，注入了鲜活的动力。① 2013 年 9 月 7 日，习近平在哈萨克斯坦纳扎尔巴耶夫大学发表题为《弘扬人民友谊，共创美好未来》的重要演讲，指出："我们既要绿水青山，也要金山银山。宁要绿水青山，不要金山银山，而且绿水青山就是金山银山。"② 2014 年 2 月 26 日，习近平在京津冀协同发展工作座谈会上指出："推进京津冀协同发展，要立足各自比较优势、立足现代产业分工要求、立足区域优势互补原则、立足合作共赢理念，以京津冀城市群建设为载体，以优化区域分工和产业布局为重点，以资源要素空间统筹规划利用为主线，以构建长效体制机制为抓手，从广度和深度上加快发展。"③ 同年 3 月 5 日，习近平在参加十二届全国人大二次会议上海代表团审议时说："坚持以制度创新为核心，推进中国上海自由贸易试验区建设，努力走出一条符合特大城市特点和规律的社会治理新路子。"④ 4 月 25 日，习近平在中央政治局会议上强调："推动京津冀协同发展和长江经济带发展。"⑤ 同年 12 月，习近平在中央经济工作会议上指出：要完善区域政策，促进各地区协调发展、协同发展、共同发展。西部开发、东北振兴、中部崛起、东部率先的区域发展总体战略，要继续实施。各地区要找准主体功能区定位和自身优势，确定工作着力点。要重点实施"一带一路"倡议、京津冀协同发展、长江经济带

① 《习近平新区域发展观图解》，《人民论坛》2014 年第 15 期，第 18～19 页。
② 《习近平在纳扎尔巴耶夫大学的演讲（全文）》，新华网，2013 年 9 月 8 日。
③ 《习近平主持召开座谈会听取京津冀协同发展工作汇报》，新华社，2014 年 2 月 27 日。
④ 《习近平到上海代表团审议：创新是引领发展第一动力》，新华网，2015 年 3 月 6 日。
⑤ 方毅：《长江经济带打造中国经济新支撑》，中国网，2015 年 8 月 13 日。

建设三大战略。^① 2015 年 10 月 29 日，习近平在党的十八届五中全会第二次全体会议上的讲话指出，"一带一路"建设、京津冀协同发展、长江经济带建设三大战略，是今后一个时期要重点拓展的发展新空间，要有力有序推进，"要做好空间规划顶层设计，有序推进，避免盲目性"。^② 12 月 18 日，习近平在中央经济工作会议上讲话指出，促进区域发展，要更加注重人口经济和资源环境空间均衡。既要促进地区间经济和人口均衡，缩小地区间人均国内生产总值的差距，也要促进地区间人口和经济与资源环境的承载能力相适应，缩小人口、经济和资源环境间的差距。要根据主体功能区定位，着力塑造要素有序自由流动、主体功能与约束有效、基本公共服务均等、资源环境可承载的区域协调发展新格局。^③

2016 年 8 月 17 日，习近平在推进"一带一路"建设工作座谈会上讲话指出，要切实推进统筹协调，坚持陆海统筹，坚持内外统筹，加强政企统筹，鼓励国内企业到沿线国家投资经营，也欢迎沿线国家企业到我国投资兴业，加强"一带一路"建设同京津冀协同发展、长江经济带发展等国家战略的对接，同西部开发、东北振兴、中部崛起、东部率先发展、沿边开发开放的结合，带动形成全方位开放、东中西部联动发展的局面。^④

2017 年 10 月 18 日，习近平在十九大报告中指出，实施区域协调发展战略。加大力度支持革命老区、民族地区、边疆地区、贫困地区加快发展，强化举措推进西部大开发形成新格局，深化改革加快东北等老工业基地振兴，发挥优势推动中部地区崛起，创新引领

---

① 《中央经济工作会议在京举行》，新华网，2014 年 12 月 11 日。

② 《在党的十八届五中全会第二次全体会议上的讲话（节选）》，《求是》2016 年 1 月 1 日。

③ 中共中央国务院：《关于加大改革创新力度加快农业现代化建设的若干意见》，《光明日报》2015 年 2 月 2 日，第 1 版。

④ 《习近平出席推进"一带一路"建设工作座谈会并发表重要讲话》，新华社，2016 年 8 月 17 日。

率先实现东部地区优化发展，建立更加有效的区域协调发展新机制。由此，我国区域经济发展迈入既突出重点又全面协调的发展新阶段。

案例研究　中国共产党人区域发展理论的历史轨迹[①]

经济社会发展不平衡是存在于人类社会发展进程中的一个普遍现象。由于历史和自然因素的制约，我国地区间经济发展水平差异性很大，经济社会发展严重不平衡，在这样的国度里进行社会主义经济建设，迫切需要科学的区域经济理论对实践加以正确指导。为此，在中华人民共和国成立以后的半个多世纪时间里，从毛泽东、邓小平到江泽民等党和国家领导人，在不同的历史阶段，对我国区域经济发展进行了有益的理论探索，形成了丰硕的理论成果，从而成为指导我国社会主义区域经济建设实践的宝贵精神财富。

1. 以均衡发展和公平为原则，合理布局生产力；以建立内地雄厚的工业技术基础为重点，正确处理沿海与内地两大地带的战略发展比例关系

众所周知，中华人民共和国初期的经济建设是在旧政权留下的极端落后的经济基础之上进行的，经济总量不足，地区差异巨大，农、轻、重比例关系严重失衡，重工业基础薄弱，现代工业在国民经济中只占极小比例，而且主要集中在东部沿海的少数几个城市。要改变中国贫穷落后的经济面貌，就必须解决地区经济发展失衡、现代工业严重不足、农轻重比例关系严重失调的状况。正因如此，中华人民共和国成立初期，毛泽东在《论十大关系》中就及时全面深刻地分析了我国经济社会发

[①]　吴兴南：《从毛泽东到江泽民区域经济理论的发展轨迹》，《福州大学学报》（哲学社会科学版）"福州大学人文社科学院专辑"，2002。

展所面临的具体实际，初步总结社会主义经济建设的基本经验，提出探索适合中国国情的社会主义建设道路的任务；在充分认识我国经济社会发展不平衡现实问题的基础上，从社会主义革命和建设的实际需要出发，提出了调动一切积极因素为社会主义建设事业服务的基本方针，并把正确处理沿海与内地两大地带的发展关系问题，以及利用沿海和发展沿海工业老底子，使我们更有力量来发展和支持内地工业，作为社会主义经济建设的重要举措，从而初步提出了区域生产力合理布局的思想。毛泽东的这篇重要报告中，既涉及经济结构的调整问题——农业、轻工业、重工业的三大比例关系，又涉及区域生产力布局的合理化问题——沿海与内地工业的结构比例关系，以及正确处理国家、集体、个人三者关系等问题。对于刚刚摆脱旧制度束缚而走上新生道路的中国来说，经济发展需要处理众多比例关系不协调的矛盾问题，而经济结构失调、地区生产力布局失衡，是众多不协调问题中的焦点，如能及时加以正确解决，对于加快社会主义经济建设步伐无疑将发挥重要的推动作用。[①]

毛泽东提出的正确处理农、轻、重三大比例关系，正确处理沿海与内地两大地带生产力布局以及正确处理国家、集体、个人三者关系的构想，是当时我国进行区域经济建设发展的重要原则。在这一原则指导下，加快现代工业的发展步伐，优先发展重工业被提上了中心的议程。在工业生产水平极其低下的情况下，重工业发展的步子快一些是应该的，也是实现工业化的必然要求。到 20 世纪 60 年代初期，我国逐步建立起比较完整的工业结构体系，就与前一阶段重视发展现代工业，尤其是现代重工业基础地位的不断增强有着密切的关系。当时，党中

---

① 薄一波：《若干重大历史决策与事件的回顾》，中央党校出版社，1991，第 473～477 页。

央提出以实现现代工业、农业、国防和科学技术为目标的"四个现代化",实际上也是以前期现代工业生产的长足发展并奠定了必要的物质技术基础条件作为其基本前提的。

不过,在实践中如何摆正农、轻、重三大比例关系,如何优化沿海与内地两大地带的经济结构和科学合理地实现生产力布局,在实际中有着很好的经验,也留下了深刻的教训。有时由于过分地强调某一方面,而看轻甚至忽视了其他方面,脱离实际,以至于造成了不良的影响。我们从 1949~1955 年 6 年间农、轻、重三大比例关系的实际可以看出,假如以 1949 年总产值指数为 100,那么,到 1955 年,农、轻、重产值指数分别变化为 170.2︰310.7︰540.5。在工业投资中,重工业投资占91.5%,轻工业投资仅占 8.5%。中华人民共和国成立初期三大比例关系已经明显出现新的失调问题。针对这种比例关系的失调状况,1956 年毛泽东在《论十大关系》的报告中明确提出了正确处理的原则意见,遗憾的是,这一正确的指导思想在实践中未能一以贯之地加以落实,三大比例关系的失调状况愈演愈烈,其负面影响直至改革开放以后才得以逐步克服。在生产力布局方面同样存在新的不平衡问题。旧中国经济落后不仅表现在缺乏现代工业,而且也反映在生产力布局的严重失衡上,沿海与内地经济结构差异巨大,这种差距是建设繁荣富强的社会主义中国的巨大障碍,成为迫切需要解决的重大现实问题。据1952 年的统计,我国长春以南,京广线以东包括广东、广西在内的沿海地区,各省市工业产值约占全国的 70%,而广大的内地仅占 30%。钢铁工业 80%分布在沿海,特别是集中在辽宁省鞍山。纺织工业中,有 80%的纱锭和 90%的布机分布在沿海地区,其中,又主要集中在上海、天津、青岛等少数几个沿海城市区域。原料供应、商品销售市场与企业生产相互脱离,生产企业远离原材料供应地、远离生产品销售地。这种生产力布局的严重失衡，不仅阻碍了生产要素资源的合理配置，影响着国民经济的发展，而且对国防安全也十分不利。因此，当时毛泽东提出的基本指导思想是：适当限制沿海地区的基本建设投资，把新建项目放在内地。在这一思想指导下，"一五"期间重点进行了华北、西北、华中地区的新工业区建设，设想到"二五"时期，形成以"包钢"、"武钢"为中心的两大工业基地，根本扭转地区经济结构失衡局面。① 此后，又积极实施"三线建设"，进一步加大对内地工业建设的投入。所有这些，在客观上对于改善我国生产力布局不合理状况确实发挥过积极作用。然而，囿于当时的国内外形势，毛泽东同志提出的解决沿海与内地生产力布局问题，解决农、轻、重比例关系问题的设想，执行过程中程度不同地受到各种制约，以至于发生严重偏差，两大地带的发展未能如决策者所设想的那样得到根本解决。不仅内地发展的制约因素依然存在，沿海地区的经济发展速度也受到一定影响，旧矛盾刚解决，新矛盾又接着产生，从而制约了国民经济总体水平的提高。进入 20 世纪 70 年代以后，这一不利影响更加突出，这就迫切要求在新的形势下切实解决这一制约，不断加快国民经济的建设步伐。

2. 实施改革开放政策和沿海开放战略，允许有条件的地区先富起来，在此基础上，逐步向纵深推移，构建全方位对外开放格局，实现先富带后富，最终走上共同富裕的道路

十一届三中全会后，我国全面实施改革开放政策，这是中国共产党人根据形势的发展变化，重新探索社会主义经济建设发展方针的必然结果。在我国改革开放政策的制定过程中，邓

---

① 薄一波：《若干重大历史决策与事件的回顾》，中央党校出版社，1991，第 473～477 页。

小平做出了特殊的重要贡献，形成了独具特色的区域经济发展理论。他很早就提出，鼓励有条件的地区和一部分人先富起来，然后先富帮后富，达到共同富裕的目的。他说："像中国这样的大国，也要考虑到国内各个不同地区的特点才行。"[1] 我国地域辽阔，资源丰富，赋予了广阔的发展空间和持久的发展基础，但也正因为地域辽阔，各地区条件差异很大，东部沿海地区经济基础较好，自然地理环境也比较优越，中西部地区基础较薄弱，经济发展水平较低，在经济发展过程中不可能齐头并进。对此，邓小平强调指出："允许一部分地区、一部分企业、一部分工人农民，由于辛勤努力成绩大而收入先多一些，生活先好起来。一部分人生活先好起来，就必然产生极大的示范力量，影响左邻右舍，带动其他地区、其他单位的人们向他们学习。这样，就会使整个国民经济不断地波浪式地向前发展，使全国各族人民能比较快地富裕起来。"[2] 可以说，这是准确把握我国国情做出的正确选择。由此，1979 年，中央决定率先在广东、福建两省对外经济活动中实行特殊政策和灵活措施。紧接着，1980 年又正式建立深圳、珠海、汕头、厦门 4 个经济特区，利用特区这一窗口引进技术、吸引外资、培养人才、促进经济的发展。这样，优先发展有条件的东部沿海的大局已定。

优先实施沿海地区开发开放，建立沿海经济特区的发展战略，是基于沿海与内地相比，有着更好的自然地理环境、经济发展基础、人力资源优势以及科技发展实力等因素综合决策的结果；是发挥比较优势，效益优先的必然要求。改革开放以后的事实证明，这一决策是完全正确的。

---

① 中央财经领导小组办公室：《邓小平经济理论学习纲要》，人民出版社，1997，第84页。
② 《邓小平文选》第2卷，人民出版社，1994，第152页。

随着东部地区经济发展水平的提高，综合国力也明显增强，国家能够集中相当的人力、物力、财力支援中西部地区的经济建设，真正落实区域经济发展两个大局的方针，这就是，第一步沿海地区要加快对外开放，使这个拥有两亿人口的广大地带较快地率先发展起来，发挥示范、辐射作用，从而带动内地更好地发展起来，这是一个事关大局的问题，内地要顾全这个大局；第二步在东部发展到一定时候，东部地区要多做一些贡献，要求沿海拿出更多力量来支持和帮助内地发展，这也是一个大局，那时沿海也要服从这个大局。邓小平关于区域经济发展两个大局的思想，以及先富帮后富，最终走上共同富裕的思想，是对毛泽东关于合理布局生产力，优先发展内地工业，实现均衡发展区域经济理论构想的丰富与发展。

那么，如何实现这一理论构想？用邓小平的话说，就是必须抓住主要矛盾，有重点地进行建设。他指出："我们整个经济发展的战略，能源、交通是重点，农业也是重点。农业的发展一靠政策，二靠科学。科学技术的发展和利用是无穷无尽的。"① 又说："我们的国家，国力的强弱，经济发展后劲的大小，越来越取决于劳动者的素质，取决于知识分子的数量和质量。一个十亿人口的大国，教育搞上去了，人才资源的巨大优势是任何国家比不了的。有了人才优势，再加上先进的社会主义制度，我们的目标就有把握达到。"② 邓小平所确立的关于农业、能源、交通和科技教育这些战略重点，既是实现战略目标的关键，也是我国经济发展过程中的薄弱环节和"瓶颈"产业。因此，在推进我国区域经济发展进程中必须优先加以解决。

---

① 《邓小平文选》第 3 卷，人民出版社，1994，第 17 页。
② 《邓小平文选》第 3 卷，人民出版社，1994，第 120 页。

首先，我国是一个农业大国，农业作为国民经济发展、社会稳定、国家自立的物质基础，迫切要求巩固农业的基础地位；农村、农业和农民问题，在中国革命和建设过程中一直是个根本性问题，"三农"问题的解决，对推进广大农村地区经济发展，增强综合国力意义重大。实践证明，没有农村的稳定和全面发展，就没有整个社会的稳定和全面进步；没有农民生活的小康和富裕，就不可能有全国人民生活的小康和富裕；没有农业的现代化，也就不可能有整个国民经济的现代化。因此，有学者断言，中国现代化的实现在很大程度上取决于农业现代化的进程。农业是粮食和副食品的重要供应站，是人类生存发展的第一物质基础，城市工业和整个国民经济各部门生产所需的许多原材料来自农业。我国有70%以上的人口居住在农村，农村消费品市场的潜力巨大，如果农村购买力水平能够得到提高，那么内需市场难以启动的问题就将迎刃而解，实现经济良性循环也有保证。我国财政收入的很大一部分来自农业，许多对外贸易的重要货源也来自农业。因此，在区域生产布局过程中，农业始终是基础产业。

其次，能源和交通是国民经济发展的重要制约因素，它们从根本上影响国民经济的发展和生产规模及进程。其中，能源是国民经济发展和人民生活水平提高的重要物质基础。1984年，我国第一次提出国家能源发展新战略，即能源经济效率战略。1987年，党的十三大将以电力为中心的能源工业确定为今后相当长时期内经济发展的战略重点。1996年，全国人大八届四次会议再次强调了这一战略重点，通过推进能源发展战略重点的实施，使"能源支撑国民经济增长的能力进一步增强，生产和消费结构得到改善"。如今，在西部大开发过程中，开发西部水利资源，西电东送被确定为三大任务之一，是这一政策的继续。交通运输也是区域经济发展的重要制约因素，被称为现代经济发展和起飞的开端，作为工业化的先驱，扮演着经济增长因素的主角。如今，交通运输作为国民经济发展的战略重点，仍然存在一系列困难和问题，交通运输线路不合理的布局，运输能力不强，与经济发展不相适应等，都要求加快步伐，尽力改变这一现状，构建起超前的交通运输体系。通过交通运输业的快速发展，促进经济的持续增长，发挥在国民经济和生产力布局中的重要引导作用。

再者，科技进步和教育事业的发展在现代经济发展进程中居于突出重要地位。世界已经步入新经济时代，任何国家和地区经济的发展都面临着如何转移到积极依靠科技与教育的轨道上来。邓小平曾经告诫全党，"科学技术是第一生产力"，并且指出："四个现代化，关键是科学技术的现代化。没有现代科学技术，就不可能建设现代农业、现代工业、现代国防。没有科学技术的高速发展，也就不可能有国民经济的高速度发展。"[①]很显然，经济要发展，国民生活水平要提高，在很大程度上寄希望于大力发展科技教育，加速科技成果向现实生产力的转化，大力发展高新技术产业，不断提高现实生产力。因此，1995 年《中共中央国务院关于加速科学技术进步的决定》就明确指出："科学技术是第一生产力，是经济和社会发展的第一推动力量，是国家强盛的决定性因素。为大幅度提高社会生产力，增强综合国力，提高人民生活水平，确保我国现代化建设三步走战略目标的顺利实现，必须大力发展科学技术，加速全社会的科技进步。"根据这一精神，我国区域经济发展必须坚持把科技与教育摆在经济社会发展的首要位置，增强国家的科技实力和向现

---

① 《邓小平文选》第 2 卷，人民出版社，1994，第 84 页。

实生产力转化的能力，转变经济增长方式，把经济建设转移到依靠科技进步和提高劳动者素质的轨道上来；加快科技体制改革，建立适应社会主义市场经济要求和科技自身发展规律的科技体制，形成科研、开发、生产、市场紧密联系的运行机制，建立起以企业为主体的产、学、研相结合的创新体制；增加科技经费投入，不断增强科技发展后劲。

邓小平关于实施沿海开放战略，让一部分地区、一部分人先富起来的思想以及在区域经济发展中优先解决农业、能源、交通和科技教育发展问题的战略安排，确实使中国不同地区经济得到了不同程度的发展，经济基础条件得到较大改善，有条件的地区和个人率先走上了富裕道路，生活水平提高了，综合国力也因此得到了增强。但是，一个不容忽视的问题是，改革开放以后，那些条件较差、非政府重点扶持的中西部广大地区的经济发展水平，总体来说还远远落后于东部沿海地区，中国东西部两大地带之间的差异明显拉大。在改革开放不断深入的情况下，如何克服这一差异，成为摆在党和政府面前亟待解决的又一新的课题。形势的发展，迫切要求新的理论对区域经济的发展提供正确指导。

3. 以解决宏观区域经济失衡为目标，谋求非均衡状态下的协调发展，加速老少边贫地区发展步伐，全面推进西部大开发战略，解决地区发展差距，以实现效益优先和兼顾公平作为原则

改革开放以后，我国经济建设和社会进步取得了长足进展，人民生活水平普遍提高，综合国力大大增强。但同时也出现了一些新的情况和问题，其中，区域经济发展失衡现象，已经成为经济进一步发展的严重制约因素。解决这一问题，实现生产力的合理布局，对于调动一切积极因素，完成"三步走"目标，实现社会主义经济社会发展战略意义重大。正因如此，自 20 世纪 90 年代中期以后，江泽民曾多次反复强调解决地区差距、促进区域经济协调发展的重要性和紧迫性。至于怎样解决这一问题，江泽民提出了两条原则：一是坚持邓小平提出的让一部分地区、一部分人先富起来，然后先富帮后富的方针；二是在思想上、行动上切实把缩小地区发展差距作为改革发展的一项重要战略任务抓紧抓好抓实。为此，1996 年 9 月 23 日，中央扶贫开发工作会议指出，改革开放以后，我们实行一部分地区先富起来的政策，实践证明是完全必要的、正确的。我们国家这么大，各地状况千差万别，发展很不平衡，让一部分条件、基础比较好的地区先富起来，并以实际的成绩和成功的经验来带动未富地区也逐步富起来，最终实现共同富裕，这是合乎我国经济的客观实际和发展规律的。各国经济发展的实践充分证明，在同一时期的不同地区经济发展不可能是齐头并进的，一部分地区先发展起来先富裕起来，是一条不可抗拒的客观规律。[1] 因此，"要以邓小平同志关于让一部分地区、一部分人先富起来，逐步实现共同富裕的战略思想来统一全党的认识。实现共同富裕是社会主义的根本原则和本质特征，绝不能动摇"。[2]

不同地区之间的发展差距是一种客观存在，这一局面是可以逐步加以改变的，关键的问题是要有正确的理论加以指导，而且，社会的进步，经济的繁荣，人民生活条件的改善，综合国力的增强也迫切要求解决地区发展的失衡问题。对此，国家明确要求从"九五"开始，更加重视支持中西部地区的发展，逐步加大扭转地区差距继续扩大趋势的力度，积极朝着缩小差

---

[1] 《江泽民在中央扶贫开发工作会议上的讲话》，《人民日报》1997 年 1 月 6 日，第 1 版。

[2] 《江泽民在党的十四届五中全会闭幕时的讲话》（第 2 部分）（1995 年 9 月 28 日），《人民日报》2008 年 7 月 10 日，第 1 版。

距的方向努力。"要用历史的、辩证的观点,认识和处理地区差距问题,一是要看到各个地区发展不平衡是一个长期的历史的现象。二是要高度重视和采取有效措施正确解决地区差距问题。三是解决地区差距问题需要一个过程。"① 1999 年 6 月,江泽民在关于加快中西部地区发展问题的讲话中进一步强调:加快开发西部地区,对于推进全国的改革和建设,对于保持党和国家的长治久安,是一个全局性的发展战略,从现在起,这要作为党和国家一项重大的战略任务,摆到更加突出的位置。他说,逐步缩小全国各地区之间的发展差距,实现全国经济社会的协调发展,最终达到全体人民共同富裕,是社会主义本质的要求,也是关系我国跨世纪发展全局的一个重大问题。加快西部地区的经济发展,是保持国民经济持续快速健康发展的必然要求,也是实现我国现代化建设第三步战略目标的必然要求。

目前,我国综合国力的提高受到一定制约,贫困人口还有一定的比例,在很大程度上与我国区域经济发展不平衡有关,尤其是与广大的中西部地区经济发展水平偏低有着密切的关系。中西部地区不仅具有广阔的国土资源,而且也有一定的工业基础、人力资源以及广阔的市场潜力。长期以来,这一地区丰富的资源优势未能形成有效的生产力优势,相反,仍有许多地方守着"金山"没饭吃,每年需要国家投入大量的财政资金用于扶贫解困。这一状况,不仅地方经济的发展难有作为,而且对于国家总体发展也将产生严重的不利影响。其根本的出路就在于:一靠政策,二靠自身的努力,三靠投入。

2000 年,党中央提出全面实施西部大开发战略,这是朝着

---

① 《江泽民在党的十四届五中全会闭幕时的讲话》(第 2 部分)(1995 年 9 月 28 日),《人民日报》2008 年 7 月 10 日,第 1 版。

解决地区经济发展不平衡采取的又一重要步骤。《中共中央关于制定国民经济和社会发展第十个五年计划的建议》指出，实施西部大开发战略，加快中西部地区发展，关系经济发展、民族团结、社会稳定，关系地区协调发展和最终实现共同富裕，是实现第三步战略目标的重大举措。力争用五到十年时间，使西部地区基础设施和生态环境建设有突破性进展，西部开发有一个良好的开端。为了实施这一战略，国家将加大对中西部地区，尤其是少数民族地区经济建设的资金投入，从政策、资金、技术、人才培养、财政税收体制等不同方面给予重点倾斜。通过外部支持与内部机制调整，激活西部地区经济活力，加快经济欠发达地区的发展。"中西部地区，要适应发展市场经济的要求，加快改革开放步伐，充分发挥资源优势，积极发展优势产业和产品，使资源优势逐步变为经济优势。"① 只有这样，才能从根本上真正解决中西部地区经济发展严重不平衡问题。与此同时，推进地区经济技术合作，实行优势互补，既利用东部地区的有利条件，增强经济实力，又充分发挥中西部地区的丰富自然资源优势，通过生产要素的转移合作，实现地区经济的协调发展。这方面，中央和地方都相继采取了一系列措施，包括在东西部省份之间建立对口帮扶，部分东部企业向中西部地区转移，东西部省份之间联合开发西部优势资源，比如，广东、广西、云南、贵州等省份联合投资开发红水河地区水利电力资源；国家实施西气东送计划，等等，展现了美好的发展前景。

在解决地区发展差距，坚持区域经济协调发展方面，中央十分重视革命老区地区的建设发展问题，针对革命老区，自然

---

① 《江泽民在党的十四届五中全会闭幕时的讲话》（第 2 部分）（1995 年 9 月 28 日），《人民日报》2008 年 7 月 10 日，第 1 版。

条件差，经济基础薄弱，脱贫致富面临困难的特殊情况，中央采取特殊政策措施给予必要的扶持，从财力、物力和人力方面加大了投入，不断增强革命老区自身发展的造血功能。

从实现东西部地区经济平衡发展，到大办经济特区，让一部分地区和一部分个人先富起来，再到解决地区差距、促进区域经济协调发展，反映了中国共产党人对中国国情的深刻认识，以及对我国区域经济发展实事求是的探索精神。解决地区差距、促进区域经济协调发展，不仅现在，也是今后比较长的时期内我国区域经济发展的根本指导方针。区域经济发展不平衡是一种普遍现象，而经济发展的均衡状态则是相对的，有条件的，政策的制定就在于寻找创造解决问题的途径，使非均衡状态逐步朝着均衡协调方向发展，保持一种动态平衡，逐步缩小地区发展差距，实现共同富裕的目标，最大限度地增强综合国力。

三 区域发展的目标定位及政策选择

我国地域辽阔，各地区条件差异很大，东部沿海地区经济基础较好，自然地理环境也比较好，中西部地区基础较薄弱，经济发展水平较低。对此，党的十五大报告指出："必须促进地区经济合理布局和协调发展。东部地区要充分利用有利条件，在推动改革开放中实现更高水平的发展，有条件的地区要率先基本实现现代化。中西部地区要加快改革开放和开发，发挥资源优势，发展优势产业。"面对国际经济政治形势的新变化和国内宏观经济发展新形势以及区域经济发展的情况，从增强综合国力、解决现代化建设过程中出现的一系列矛盾和问题出发，国家加快了促进区域经济协调发展的前进步伐。开展了包括解决老少边贫地区发展问题、开展"八七扶贫攻坚"、出台实施西部大开发战略等政策。进入 21 世纪，国家提出全面建设小康社会，建设社会主义新农村，将国土空间划分为优化开发、重点开发、限制开发和禁止开发四类主体功能区，表明国家在区域发展选择上实现新的战略性大调整。

（一）全面推进欠发达地区大开发战略

20 世纪 90 年代以后，随着改革开放历史进程的不断向前发展、社会主义市场经济体制目标的确立以及社会主义现代化建设的顺利进行，各地区经济取得了长足进展，尤其是东部地区经济发展步入了快车道。但是，这一时期，区域经济发展的差距问题也日益明显，解决区际公平问题日益引起各方面的重视。1996 年 3 月 17 日，全国人大八届四次会议批准通过的《国民经济和社会发展"九五"计划和 2010 年远景目标纲要》（以下简称《纲要》），对于加快中西部地区发展步伐，解决区域经济不平衡，实现区域经济协调发展问题提出了明确的思路，《纲要》指出：要按照统筹规划、因地制宜、发挥优势、分工合作、协调发展的原则，正确处理全国经济发展与地区经济发展的关系，正确处理建立区域经济与发挥各省区市积极性的关系，正确处理地区与地区之间的关系。各地区要在国家规划和产业政策指导下，选择适合本地区条件的发展重点和优势产业，避免地区间产业结构趋同化，促进各地区经济在更高的起点上向前发展。在区域经济协调发展的方向上，提出按照市场经济规律和经济内在联系以及地理自然特点，突破行政区划界限，在已有经济布局的基础上，以中心城市为依托，逐步形成 7 个跨省区市的经济区域，即长江三角洲及沿江地区、环渤海地区、东南沿海地区、东北地区、中部五省地区、西北地区、西南和华南部分省区。针对不同地区的具体情况，《纲要》指出：发挥沿海、沿江、沿边和农林水、矿产品、旅游资源丰富的优势,以对外通道建设、水电和矿产品资源开发为基础,依托国防工业的技术力量,以形成全国重要能源基地、有色金属和磷硫生产基地、热带亚热带农作物基地、旅游基地为目标。在主要政策措施上提出:优先在中西部地区安排资源开发和基础设施建设项目;理顺资源性产品价格,增强中西部地区自我发展的能力;实行规范的中央财政转移支付制度,逐步增加对中西部地区的财政支持;加强中西部地区改革开放的步伐,引导外资更多地投向中西部地区;加大对贫困地区的支持力度,扶持民族地区经济发展;加强东部沿海地区与中西部地区的经济联合与技术合作。2000年1月21日,国务院专门召开会议,研究讨论西部大开发问题。3月,全国人大九届三次会议在京召开,朱镕基在政府工作报告中提出实施西部地区大开发战略,加快中西部地区的发展,受到与会代表的热烈响应,西部大开发成为与会代表共同关注的主要中心议题之一,加快西部大开发成为全党全国人民的共识。政府工作报告具体提出了西部开发建设五方面的工作。一是加强基础设施建设。包括公路、铁路、机场、天然气管道、电网通信设施、水利工程等项目。二是生态环境保护与建设。包括植树造林,治理水土流失,防治沙漠化,长江、黄河中上游地区天然林保护等工程。三是发展特色优势产业。四是发展科技与教育。五是扩大对外开放等方面将成为未来西部地区建设发展的投资重心。在这种大背景下,西南地区开发建设有了新的政策支撑,开发建设步伐也将进一步加快。2000年10月11日,中共第十五届五中全会通过《中共中央关于制定国民经济和社会发展第十个五年计划的建议》,就西部大开发问题做出了重要的原则性规定,提出力争用五到十年的时间,使西部地区基础设施和生态环境建设有一个突破性进展,西部开发有一个良好的开局。

（二）分阶段选择国家区域发展政策重点

正确认识和处理地区间发展不平衡问题，是邓小平战略发展理论的一个重要观点。他很早就提出，鼓励有条件的地区和一部分人先富起来，然后先富帮后富，达到共同富裕的目的。改革开放以后，东部沿海地区的经济确实率先取得了突飞猛进的发展。随着东部地区经济的快速发展，综合国力的增强，国家能够集中相当的人力、物力、财力支援中西部地区的经济建设，使中西部地区经济发展也迈上了一个新的台阶。

对于我国区域经济发展不平衡的状态，国民经济和社会发展"九五"计划和 2010 年远景目标纲要，明确要求以促进区域经济协调发展为目标，并提出了五大宏观经济措施。①优先在中西部地区安排资源开发和基础设施建设项目。作为全国性基地的中西部资源开发项目，国家实行投资倾斜。跨地区的能源、交通、通信等重大基础设施项目，以国家投资为主进行建设。调整加工工业的地区布局，引导资源加工型和劳动密集型产业向中西部地区转移。②理顺资源性产品价格，增强中西部地区自我发展的能力。加大中西部地区矿产资源勘探力度。③实行规范的中央转移支付制度，逐步增加对中西部地区的财政支持。随着全国经济的发展和中央财政实力的增强，逐步提高中央财政用于支持中西部地区的比重。④加快中西部地区改革开放步伐，引导外资更多地投向中西部地区。提高国家政策性贷款用于中西部地区的比重。国际金融组织和外国政府贷款 60% 以上要用于中西部地区。⑤加大对贫困地区的支持力度，扶持民族地区经济发展。继续组织中央各部门、社会各界和东部沿海地区，以多种形式支援西藏等民族地区、三峡库区和贫困地区的工程。国家"十三五"规划提出"推动区域协调发展"，深入实施以"西部开发、东北振兴、中部崛起和东部率先"为主要内容的区域发展总体战略。并把推动京津冀协同发展、推进长江经济带发展、扶持特殊类型地区发展、拓展蓝色经济空间等方面的发展作为推动区域协调发展的重要内容。

合理布局、促进区域经济协调发展作为国家的一项长期的指导方针，它的实施与实现，对于整个国家宏观经济发展战略的实施与实现具有特别重要的意义。这是因为，第一，社会主义现代化发展战略目标是通过各地区共同发展来实现的，因此，促进各地区经济社会的协调发展，尤其是东西部地区的协调发展，对于实现整个国民经济和社会发展战略目标，乃至整个国家的现代化进程具有重要的影响。第二，社会主义的根本目的是消灭贫穷、消除两极分化、实现共同富裕。我国贫困人口主要分布在中西部地区，推进地区经济社会协调发展，缩小东西部差距，提高中西部地区经济发展水平，是社会主义的本质要求，对于维护民族团结，确保社会主义制度的巩固，维护国家的长治久安意义重大。第三，实现区域经济协调发展是增强综合国力的需要。目前，我国综合国力不强，在很大程度上与广大的中西部地区经济发展水平偏低有着密切的关系，中西部地区丰富的资源优势未能形成有效的生产力，相反仍有许多地方守着"金山"没饭吃，每年需要国家投入大量的财政用于扶贫解困。这一状况，不仅地方经济的发展难有作为，而且对于国家总体发展也产生严重的不利影响，在有的地区连吃饭问题都解决不了的情况下，国家就很难有富余的财力进行重大经济项目的建设，没有全国人民的小康，也就不会有国家的繁荣富强。因此，要解决东西部地区经济发展不平衡问题，实现西部地区经济的快速增长，必须在国家总体发展战略的指导下，制定符合国家发展战略的产业政策和投资政策，因地制宜，因时制宜，扬长避短，借助资源开发和产业升级战略，实现资源的转化利用及经济效益增长；在合理开发利用资源的同时，注意资源的永续利用；在发展经济的同时，做好生态环境的保护，实现经济、社会、环境、资源的全面可持续发展。

（三）区域发展中的资源开发利用与保护

资源作为经济发展的重要生产要素，在区域发展过程中是一个不可回避的重大现实问题。东南沿海省际毗邻地区小区域发展问题，实际就是山区发展问题的一个缩影，山区开发所面临的一个重大难题就是资源的开发利用与资源环境的保护难题。发展山区经济，必须因地制宜，建立在依靠当地的自然条件和社会条件基础之上，通过发挥区域内和区域外的各种有利条件，实现资源的有效转换。同时，又必须充分考虑在发展过程中对自然环境条件的保护，开发与保护并举，实现良性循环。因此，国家"十五"计划纲要明确提出：把水资源的保护、节约和开发放在突出位置，加强规划，合理配置，努力提高水的利用效率；有步骤地、因地制宜地推进天然林保护、退耕还林还草以及防止水土流失，保护草原绿地；注意发挥生态的自我修复能力。国家"十三五"规划纲要提出，"推进能源消费革命"，"落实最严格的水资源管理制度，实施全民节水行动计划"，"严控新增建设用地，有效管控新城新区和开发区无序扩张"，"强化矿产资源规划管控，严格分区管理、总量控制和开采准入制度，加强复合矿区开发的统筹协调"，"实施能源和水资源消耗、建设用地等总量和强度双控行动"。实现资源的转换形态是一项重要任务，森林资源、矿产资源、水力资源的开发利用、生物资源的利用性保护等，在区域发展过程中都是必须十分注意的问题。由此在区域开发过程中应当遵循这样一个全新理念：开发与保护并举，当前利益与长远发展并重，资源型产业与市场型产业并存，全方位开发利用资源，其中既包括自然资源，又包括人力、信息、管理、技术、环境、市场等资源因素。习近平说："现在，我们已到了必须加强生态环境保护的时候了，也到了有能力做好这件事情的时候了"，"过去由于生产力水平低，为了多产粮食不得不毁林、毁草开荒，填湖造地，现在温饱问题解决了，保护生态环境就应该而且必须成为发展的题中应有之义"。① 又说："生态文明建设是'五位一体'总体布局和'四个全面'战略布局的重要内容。各地区各部门要切实贯彻新发展理念，树立'绿色青山就是金山银山'的强烈意识，努力走向社会主义生态文明新时代。"② 对于推动形成绿色发展方式和生活方式，习近平提出了几项重点任务：一要加快转变经济发展方式，二要加大环境污染综合治理，三要加快推进生态保护修复，四要全面促进资源节约集约利用，五要倡导推广绿色消费。③

在自然资源的开发中，山区生物资源是一个值得优先考虑的因素。如何使山区生物资源发挥最大的经济效益和生态效益，实现持续利用是一个值得认真思考的大问题。福建省提出构建生态大省生态强省设想，一个关键因素就在于实现生物资源的有效利用和保护。生物资源中，森林、植被、野生动物等都应当从保护性目标出发考虑适当的开发利用，确保生物资源的永续利用。山区水能资源的开发利用也是一个值得认真考虑的问题。水资源的利用，一是利用其进行发电，弥补能源不足问题；二是用来发展灌溉农业、种植业，发展水产业。鉴于水资源分布的不均衡特性以及对山区外的下游地区居民生产生活的影响，水资源的开发利用必须纳入地区发展的统一规划。矿产资源是现代工业发展所不可缺少的生产原料，这方面的开发，因各地区的类型不同，因此有很大的差异，各地区在通过开发矿产资源，发展矿产资源加工工业，进而带动地方经济发展的

---

① 《保护生态环境应该而且必须成为发展的题中应有之义》，载《习近平谈治国理政》第 2 卷，外文出版社，2017，第 392 页。

② 《树立"绿色青山就是金山银山"的强烈意识》，载《习近平谈治国理政》第 2 卷，外文出版社，2017，第 393 页。

③ 《推动形成绿色发展方式和生活方式》，载《习近平谈治国理政》第 2 卷，外文出版社，2017，第 395~396 页。

过程中，必须十分重视环境的保护。

区域发展资源当中，人力资源是一种最为特殊的资源，它是一种具有创造能力的资源。人力资源的开发，重要的一点是必须优先发展教育事业，通过发展教育培养人才，通过生产实践锻炼提高人才的素质。东南沿海省际毗邻的小区域经济发展之所以落后，当然有各方面的因素，但是，科技教育落后，人力资源不足是其中的重要原因之一。因此，采取各方面的措施，普及义务教育，提高国民素质，是实现区域经济发展的重要保证。

第四章　区域经济发展总体格局及基本态势

我国幅员辽阔，人口众多。大国的优势，赋予了经济发展的广阔空间、持久的发展基础和巨大的市场潜力。也因为幅员辽阔，自然地理环境条件具有复杂多样性，各个地区的开发历史、经济发展基础、生产要素资源组合、社会文化传统、民族成分构成等因素存在着巨大差异，经济社会发展的非均衡特征明显。我国现行区域发展面临着某些突出问题，区域发展不平衡不协调的问题较为严重，区域发展受体制机制障碍以及行政区划的约束，区域经济特色不够明显。区域发展进程中，如何缩小地区差距，实现区域经济均衡协调发展是一个长期共同关心的话题。在这种情况下，进行国民经济建设，因地制宜发展经济，科学合理布局生产力，克服制约和影响区域经济发展的各种因素至关重要。

一　经济区域的划分依据及其特征

经济区域的划分受多种因素的影响，既有自然因素，也包括社会因素；既要充分考虑历史的延续性，又要满足现实发展的实际需要；既要保持行政区划的完整性，又要突破行政区划的种种束缚。总之，经济区域的划分，是多因素制约影响的结果。

（一）经济区域划分的主要依据

1. 区域自然资源条件

自然资源条件是指人类可以直接从自然界获得，并用于生产和生活的物质与能量，包括地理位置、气候、地质、土壤、水文、生物、各种能源矿产资源状况等，它是自然环境的重要组成部分。自然资源主要包括土地资源、水资源、气候资源、生物资源和矿产资源。自然资源的种类和性质不同：各种矿产资源，它们需要经过漫长的地质年代和具备一定的条件才能形成，对短暂的人类历史来说，可以认为是非可再生的资源；各种生物资源，如果它们生长发育的环境不被破坏或污染，就能够不断地更新生长和繁殖；还有些资源，如水资源、土地资源和气候资源，只要利用合理，保护得当，它们就能够循环再现和不断更新，所以它们跟生物资源一样，属于可再生性资源。自然资源条件是经济发展的重要物质基础，马克思指出："撇开社会生产的不同发展程度不说，劳动生产率是同自然条件相联系的。这些自然条件都可以归结为人本身的自然（如人种等）和人的周围的自然。外界自然条件在经济上可以分为两大类：生活资料的自然富源，例如土壤的肥力，渔产丰富的水等；劳动资料的自然富源，如奔腾的瀑布、可以航行的河流、森林、金属、煤炭等。在文化初期，第一类自然富源具有决定性的意义；在较高的发展阶段，第二类自然富源具有决定性的意义。"① 又说，"没有自然界，没有感性的外部世界，工人就什么也不能创造。它是工人用来实现自己的劳动、在其中展开劳动活动、由其中生产出和借以生产出自己的产品的材料"，"自然界一方面在这样的意义上给劳动提供生活资料，即没有劳动加工的对象，劳动就不能存在，另一方面，自然界也在

---

① 《马克思恩格斯全集》第 23 卷，人民出版社，1972，第 560 页。

更狭隘的意义上提供生活资料，即提供工人本身的肉体生存所需的资料"。① 由此可见，自然条件在社会财富的创造中处于十分重要的位置。现实环境中，各地区的自然条件存在很大差异，区域划分的原则就是要遵循"区内的相似性和区间的差异性"。② 经济区域的划分必须充分考虑自然条件和自然资源禀赋的同类性、相关性。对于区域自然条件和自然资源，应明确其数量、质量和组合特征、优势、潜力及其限制因素，可能的开发利用方向以及技术经济前提，资源开发利用与生态保护的关系等问题。2010 年 12 月 21 日，国务院下发《关于印发全国主体功能区规划的通知》（国发〔2010〕46 号），主体功能区规划就很能说明自然资源条件对区域划分的影响。该规划要求，根据自然条件适宜性开发的理念，必须尊重自然、顺应自然，根据不同国土空间的自然属性确定不同的开发内容。依据该规划，将全国划分为优化开发、重点开发、限制开发、禁止开发几种类型区，明确主体功能区规划"是基于不同区域的资源环境承载能力、现有开发强度和未来发展潜力，以是否适宜或如何进行大规模高强度工业化城镇化开发为基准划分的"。2012 年 11 月 8 日，中共十八大报告更加强化"优化国土空间开发格局"，明确国土是生态文明建设的空间载体，必须珍惜每一寸国土。要按照人口资源环境相均衡、经济社会生态效益相统一的原则，控制开发强度，调整空间结构，促进生产空间集约高效、生活空间宜居适度、生态空间山清水秀，给自然留下更多修复空间，给农业留下更多良田，给子孙后代留下天蓝、地绿、水净的美好家园。

---

① 马克思：《1844 年经济学哲学手稿》，载《马克思恩格斯全集》第 42 卷，人民出版社，1979，第 92 页。
② 罗其友、唐华俊：《农业基本资源与环境区域划分研究》，《资源科学》2000 年第 2 期，第 30～34 页。

2. 生产技术条件

劳动地域分工作为社会分工的一种形式，它有赖于物质技术基础。对技术条件要求高的工业部门，例如化学、电子、飞机、精密仪表等工业，应安排分布在接近高等教育和科技发达的地区。比如在深圳、珠海、汕头、厦门、海南建立经济特区，既便于该区域利用外资，引进国外先进技术和设备，发展新兴工业，又可利用当地劳动力资源的优势发展出口加工工业。北京、上海为中心的区域科技力量集中，现在也在建立知识密集型的高科技产业中心区。总之，一个地区技术力量强，就可以建立起以技术为指向的产业结构，从而保持经济发展的领先势头；假若另一个地区只具备自然资源和劳动力资源，不具备技术条件，就只能建立资源指向型的初级产业和初加工工业的产业结构。因此，在经济区域的划分过程中，总是把技术水平相近且地域相连的区域划入同一个区域。至于技术条件的高低，主要应评价区域科学技术发展水平及引进并消化吸收新技术的能力、技术引进的有利条件和阻力、适用技术的选择等。这里讲的生产技术条件，可以是原有的物质技术积累、现有的技术条件和潜在的技术发展能力。技术条件中，高等院校、科研院所及实验室的发展情况、引进吸收消化的能力强弱、政府的科技政策等，都将成为区域内高新科技企业及其相关产业得以发展的重要保证。特别是在经济全球化、区域经济一体化的进程中，区域科技条件能够为当地经济的发展提供强有力的技术支撑与人才支撑，为区域经济的快速发展奠定坚实的基础。

《全国主体功能区规划》（国发〔2010〕46号）中，纳入国家层面的优化开发的区域，划分为环渤海地区、长江三角洲地区、珠江三角洲地区，就是因为这些地区具有其他区域所不具备的技术基础条件，能够成为引领国家科技创新发展的基地。在三大区域中，环渤海地区包括京津冀、辽中南和山东半岛地区。京津冀为全国科技创新与技术研发基地，全国现代服务业、先进制造业、高新技术产业和战略性新兴产业基地，我国北方的经济中心。辽中南地区为全国先进装备制造业和新型原材料基地，重要的科技创新与技术研发基地。山东半岛地区为全国重要的先进制造业、高新技术产业基地。长江三角洲地区包括上海市和江苏省、浙江省的部分地区。该区域拥有有全球影响力的先进制造业基地和现代服务业基地，世界级大城市群，全国科技创新与技术研发基地，是全国经济发展的重要引擎，辐射带动长江流域发展的龙头，是我国人口集聚最多、创新能力最强、综合实力最强的三大区域之一。上海、南京、杭州、苏州等成为该区域科技创新和先进制造业基地。珠江三角洲地区包括广东省中部和南部的部分地区，该区域拥有有全球影响力的先进制造业基地和现代服务业基地、全国科技创新与技术研发基地。

3. 经济条件

区域划分的经济条件包括：经济发展的历史进程（这方面可以反映出地区之间在以往的历史发展进程中经济联系的紧密状态），现有产业结构的特点（这方面可以反映出现有的技术水平，经济活动的主体情况，各产业的比例关系，经济发展水平的差异状况，经济上的关联情况、发展中面临的问题），生产要素的供给，未来发展的方向（这方面可以反映出国家宏观生产力布局的总体要求，本地区在国家发展总格局中的地位）等。区域经济条件还包括区域基础设施的种类、规模、水平、配套设施等对区域发展的影响，劳动力的数量、素质、分布，区域适度人口的规模等问题。从区域农业经济基础来看，它可以为发展工业提供可能的条件，如劳动力、食品、原材料。从减少生产费用，提高经济效益着眼，经济区域划分必须考虑主要产业布局如何接近原料、燃料产地和消费市场，以节省运输费用，降低生产成本。从对能源的消耗来看，一些需要消耗大量能源的钢铁、有色冶金、化学等生产工业部门的区域布局划分，要考虑接近能源供应地。从产品销售的方面考虑，为了节省运费，很多工业都接近消费市场。特别是一些由原料加工制成产品后，重量并不减少，而运费在成本中占很大比重的工业，如棉纱织成棉布、石油加工等，或是运输不便，产品只适合在本地销售的工业，如食品工业，特别是汽水、啤酒等瓶装饮料的制造业，以及家具制造、印刷工业等，多接近消费市场。因此，划分经济区域必须考虑原有产业的性质，根据原有经济条件综合考虑来进行划分。当然，随着交通运输条件的不断改善，特别是在全球化的今天，生产性资源供给渠道来源更加多样化，经济条件因素对区域划分的影响也发生新的变化。

4. 社会条件

经济区域的划分，除了受自然条件、地缘、历史基础以及宏观经济政策影响外，还直接受制于其他社会因素，如文化、教育、科学技术水平、民族自治区的完整性、区域发展政策、制度、办事效率、法制等因素。知识技能积累能力和思想观念开发能力的高低，决定着地区的资源优势向生产优势、市场优势、经济竞争优势转换的能力，决定着市场开拓能力以及存量资产和增量投入产出效率的高低，并最终表现为参与区际分工和交换的竞争能力。教育科技的发展，将创造更好的人力资源，人力资源的增加将促进经济发展，反过来又提供更多的学习机会，使劳动力向人力资本转变，这就是知识的"累积效应"。我国划分的东中西部，在很大程度上是依据社会条件因素决定的。东部沿海区域，在改革进程中，率先实现了广泛的制度创新活动，比如大力发展非公有制经济，调整所有制结构；建立现代企业制度，塑造微观市场主体；培育和开放市场尤其是资本、人才等要素市场，摆脱地区经济发展中金融资源和企业家资源不足的约束；转变政府职能，为企业创造良好的发展环境。通过这些制度创新活动，不仅使东南沿海区域获得了制度和市场机制优势，而且还获得了市场知识积累和思想观念创新的累积效应。而与此同时，内陆区域的体制改革显然落后于东南沿海地区，内陆地区的所有制结构与东部地区也存在着较大差异，其中西部地区的国有企业比重更大，非公经济比重较低。

5. 保持行政区域的相对完整性

经济区域的划分，目的在于实现生产力的合理布局，因此，必须根据自然条件、生产技术条件、经济基础、社会历史条件和经营措施相对一致性的原则进行分区，目的是因地制宜发挥区域优势，合理安排经济活动。长期以来，经济区域的演化，总是与科技发展水平、生产力发展状况、人口流动、商品经济发展程度等直接或间接的经济社会因素紧密地联系在一起。早期经济区域的划分与政区设置有着密切关系，经济发展水平越高，设置越集中越普遍，单个行政区管辖面积越小；而经济发展水平越低，区域设置也越稀疏，单个行政区所管辖的行政区域面积也越大。我国经济区域的发展，经历了区域空间大调整大转移的变革过程。早期的文明集中在黄河流域，黄河流域形成了重要的经济区域；西晋以后经济重心逐渐东移，经济发展的中心区域开始由黄河流域向东、东南偏移；盛唐之后的经济重心已经转移到了东南地区，此后，江南地区一直是我国最主要的经济中心区域。这期间，经济区域与行政区域的设置基本上是一致的。

在一般情况下，在经济区域的划分过程中，都会充分考虑行政区的基本完整性，否则，在区划实施过程中容易遇到麻烦。比如，我国七大经济区域的划分、国家级新区的规划，也基本上是依照这一原则进行的。

除此之外，经济区域的划分，还必须考虑社会结构、区块规模，适当考虑历史延续性、空间上的相互毗邻等因素。

（二）经济区域的基本特征

中华人民共和国成立以后，我国经济区域的划分经历过多次较大范围的调整，直到今天我国经济区域的划分仍然处于变化发展进程中。在实践中，经济区域的划分是为了更好地因地制宜、突出各地特色优势，发挥各地区的优势条件促进经济的发展，进而推动整个国家经济的发展。因此，我国经济区域的变化发展具有以下特征。

1. 经济区域的整体性特征

不同地域的区域空间组成，不是某些点的简单集合，而是面的网络。每个点的变化与运动都牵涉其他点和面的空间发展与变化。国家"十一五"规划明确提出要形成区域间相互促进、优势互补的互动机制，并以此作为实现区域协调发展的重要途径；"十三五"规划提出实施区域发展总体战略，促进区域协调、协同、共同发展，这是从我国经济发展的战略高度做出的重大决策。

2. 经济区域的差异化特征

经济区域的划分总是依据各自的某些特点和要素确定的，各个区域空间具有相对的独立形态和发展变化规律，有各自的发展重点和发展需求；与此同时，我国地域辽阔，不同区域间自然条件、社会基础、经济发展状况、文化背景都有很大差异。因此，在发展过程中必然形成各自独特的发展路径和步骤，进而使得不同区域的经济发展呈现区域化特征。国家在促进区域协调、协同、共同发展的过程中，推动京津冀协同发展、推进长江经济带发展、扶持特殊类型地区发展、拓展蓝色经济空间，反映出政府对经济发展差异化特征的整体把握。

3. 经济区域的中心性特征

区域内某一城市发展形成核心，其他外围城镇和广大腹地依托交通体系形成网络状与其发生关联；从空间上看，经济区是由许多大小不等的经济中心及其紧密相连的广大地区组成的。每个经济中心都有相应的经济区域，每个经济区域也都有自己的经济中心。经济中心及其吸引的周围地区，在区域经济发展过程中彼此互为条件，相互依存，构成更大的经济区域。区域经济中心通常集中了更多的人力物力财力资源，是区域生产、交换、分配和消费的中心和枢纽，是推动区域经济运转和带动周边地区、广大农村经济发展的动力；区域经济资源的开发，也主要依赖于经济中心的力量，经济中心在区域经济发展中表现为辐射带动的作用。

4. 经济区域的层次性特征

以点为主、多层次和多类型是经济区域发展的特征之一。根据区域的不同发展阶段，可以划分为不同的等级。一方面，处于不同发展阶段的同一区域，生产力发展水平和商品经济发育程度具有明显的不同，表现出高、中、低的不同层次。另一方面，同一发展阶段的不同经济区域，由于其规模、作用、功能不等，也表现为不同的层次。随着城市化水平以及城市开放程度的提高，空间职能仅依赖体系内而不作用于体系外的局面逐渐被打破，更为复杂的空间层次形态受到了广泛的重视。长期以来，我国围绕北上广，形成环渤海、长三角、珠三角三大经济区，这也是我国第一层级的经济区。随着经济形势的发展变化，在此基础上，又形成若干二级经济层次的经济区域和经济协作区域，这也充分反映出经济区域的层次化正在影响我国经济发展的总格局。

5. 经济区域的动态性特征

经济区域空间的整体形态是一种动态平衡，空间的地位、作用、大小和整体形状都可能发生变化，从而引起空间体系结构的变化。重点港口、交通线的建设、重点地区的投资与开发，将导致原来的区域结构体系尤其是城市网络体系发生重大变化。或者由于国家宏观战略的调整，经济政治形势的发展变化，都对原有经济区域的变化调整产生影响。因此，经济区域总是处于一个动态的变化过程中。

二　影响区域发展的体制与机制

在区域发展进程中，如何在确保区域特色的前提下，缩小地区差距，实现区域经济均衡协调发展是一个人们长期共同关心的话题。中华人民共和国成立以后，我国区域经济发展经历了四次历史性的体制机制转换。中华人民共和国成立后至 90 年代，区域发展政策摇摆于处理沿海与内地、东中西三大地带的开发发展上，核心问题是处理这些区域的利益关系。进入 21 世纪以来，尤其是 2005 年十六届五中全会通过《中共中央关于制定国民经济和社会发展第十一个五年规划的建议》以来，在"继续推进西部大开发，振兴东北地区等老工业基地，促进中部地区崛起，鼓励东部地区率先发展"的口号下，更加明确了促进区域协调发展的新思路和新机制，标志着我国区域协调发展的总体战略已经全面形成。

（一）　两大地带均衡协调发展战略的实践

从中华人民共和国成立到 1978 年，我国实施了区域均衡发展战略。根据我国自然资源与经济技术逆向、梯度分布的国情，从"一五"时期起，我国在内地进行了大规模建设，其主要内容包括两个方面：一是平衡沿海与内地的工业布局，二是建立独立的地区工业体系和经济体系。在处理沿海与内地两大地带的比例关系、构筑区域物质技术基础和国防建设以巩固战略大后方的目标下，进行了一系列重大的产业布局调整。

众所周知，中华人民共和国经济建设是在旧政权留下的极其落后的经济基础之上进行的，经济总量不足，地区差异显著，农轻重比例严重失衡，重工业基础薄弱，现代工业在国民经济中只占很小比重，而且主要集中在东部沿海少数几个城市，分布严重不均。新政权建立后要改变贫穷落后的面貌，就必须努力解决地区经济发展不平衡、现代工业严重不足、农轻重比例严重失调的现状。因此，中华人民共和国成立初期，毛泽东在《论十大关系》的讲话中就深刻地分析了我国经济社会发展所面临的具体实际，初步总结社会主义经济建设的基本经验，提出探索适合中国国情的社会主义建设道路的任务；在充分认识我国经济社会发展不平衡现实问题的基础上，从社会主义革命和建设的实际需要出发，提出了调动一切积极因素为社会主义建设事业服务的基本方针，并把正确处理沿海与内地两大地带的发展关系问题，以及利用沿海和发展沿海工业老底子，使我们更有力量来发展和支持内地工业，作为社会主义经济建设的重要举措。毛泽东在这篇重要讲话中，不仅阐明了农业、轻工业、重工业三大结构比例的调整问题，而且明确提出了沿海与内地区域生产力布局合理化以及正确处理国家、集体、个人三者利益关系等问题，从而初步形成了毛泽东区域经济发展的战略思想。[①] 中国区域经济发展不平衡是一个长期历史积淀的结果。旧中国经济落后，反映在生产力布局方面，就是沿海与内地经济发展的差距悬殊，地区发展严重不平衡：沿海地区自然环境条件比较优越，交通等各方面比较有利，经济基础较好，发展水平较高；广大内陆地区，由于自然环境条件复杂，交通运输等十分落后，经济发展远远落后于东部地区。加之政治上的原因，"中国是在许多帝国主义国家的统治或半统治之下，由于中国实际上处于长期的不统一状态，又由于中国的土地广大，中国经济、政治和文化的发展，表现出极端的不平衡"。[②] 而军阀割据，控制地盘，他们投靠不同的外国势力，则进一步强化了这一不平衡的状况。在近代

---

① 薄一波：《若干重大历史决策与事件的回顾》，中央党校出版社，1991，第473~477页。
② 《毛泽东选集》（合订本），人民出版社，1968，第594页。

百余年时间里，沿海与内地出现了截然不同的发展格局，近代工矿交通运输业都集中在东部沿海地区，内陆仅仅在城市、铁路延伸的地域或水运干线、资源富集的地方零星地出现了一些工矿业及农业商品化地区。于是，在当时的广阔国土上呈现机器生产与手工作坊、火车与牛车、轮船与背纤摇橹并存的局面。

中华人民共和国初期所面临的正是这样一种区域经济发展格局和悬殊的地域生产力差距。这一状况，在中华人民共和国成立后的相当长一段时间里仍然是沉重的历史包袱，是经济发展的巨大障碍。据1952年的统计，我国长春以南，京广线以东，包括广东、广西在内的沿海地区，各省市工业产值约占全国总量的70%，而广大的内陆地区仅占30%；钢铁工业80%分布在沿海地区，特别是集中在辽宁省的鞍山；纺织工业中，有80%的纱锭和90%的布机分布在沿海一带，其中，又主要集中在上海、天津、青岛等少数几个沿海城市区域；原料供应、商品销售市场与企业生产相互脱离。这种生产力布局的严重失衡，不仅阻碍了生产要素资源的合理配置，影响国民经济总体水平的提高，而且也不利于边疆稳定和民族团结、不利于国家经济及国防安全。因此，国家不得不花费很较长时间以及较多的人力物力财力解决这一矛盾问题。正是在这样的情况下，毛泽东明确提出：适当限制沿海地区的基本建设投资，把新建项目放在内地。直到20世纪80年代以前，一直把坚持执行加快中西部地区经济发展、发挥优势、统一规划、合理布局、统筹兼顾、均衡发展作为基本的区域发展战略。在这一思想指导下，"一五"时期重点进行了华北、西北、华中地区的新工业区规划建设，到"二五"时期，形成以"包钢"、"武钢"为中心的两大工业基地，根本扭转地区经济结构失衡局面。[①]"三五"、"四五"时期，重点进行了西南、西北

---

① 薄一波：《若干重大历史决策与事件的回顾》，中央党校出版社，1991，第473～477页。

地区和部分中南地区的大规模基本建设，在这一被称为"三线建设"的西部大开发中，国家从人力、物力、财力等各个方面给予了中西部地区以极大的支持，从而使这一地区新增基本建设投资和新增工业产值实现了历史性的大跨越。这一政策的实施，初步改变了我国生产力布局严重不合理的状况，缩短了东西部地区生产力发展的差距，平衡了汉族与少数民族地区的经济发展水平，对于增强民族团结、维护边疆稳定、巩固国防发挥了重要作用。

（二）区域经济非均衡发展战略的实施

改革开放以后，人们认识到，经济技术发展不平衡是正常的，经济技术梯度的形成是客观的，也是不可避免的，有梯度就有空间推移，应首先让有条件的高技术梯度地区引进、掌握先进技术，然后逐步向处于第二级梯度、第三级梯度的地区推移。由此形成了区域经济非均衡的发展战略。我国经济发展的空间和时序选择是：从东向西、由沿海到内地，按技术梯度，使先进技术由高水平地带逐步向中间技术地带、传统技术地带推移；随着经济的发展，通过转移的加速逐步缩小地区差距。

十一届三中全会以后，中国共产党人根据国内外形势的发展变化，重新审视社会主义经济建设的布局方针，全面实施改革开放政策。在我国改革开放政策的制定过程中，邓小平做出了特殊的重要贡献，形成了独具特色的区域经济发展理论。他很早就提出，鼓励有条件的地区和一部分人先富起来，然后先富帮后富，达到共同富裕的目的。他说："像中国这样的大国，也要考虑到国内各个不同地区的特点才行。"① 作为地域辽阔的大国，各地区的条件差异性很大，东部沿海地区经济基础较好，自然地理环境也比较优越，中西部地

---

① 中央财经领导小组办公室：《邓小平经济理论学习纲要》，人民出版社，1997，第84页。

区基础较薄弱，经济发展水平较低，在经济发展过程中不可能齐头并进。"允许一部分地区、一部分企业、一部分工人农民，由于辛勤努力成绩大而收入先多一些，生活先好起来"①，就成为当时符合国情的重要选择。为此，1979 年，中央决定率先在广东、福建两省对外经济活动中实行特殊政策和灵活措施。紧接着，1980 年又正式建立深圳、珠海、汕头、厦门 4 个经济特区，利用特区这一窗口引进技术、吸引外资、培养人才、促进经济的发展。这样，从 20 世纪 70 年代末 80 年代初开始实施的沿海开放战略，沿海、沿边、沿江次第开放，珠江三角洲、长江三角洲成为优势区域，经济发展重心东移。

　　优先实施沿海地区开发开放，建立沿海经济特区的发展战略，是基于沿海与内地相比，有着更好的自然地理环境、经济发展基础、人力资源优势以及科技发展实力等因素综合决策的结果，是发挥"比较优势，效益优先"的必然要求。邓小平曾经明确指出："比如广东，要上几个台阶，力争用二十年的时间赶上亚洲'四小龙'。比如江苏等发展比较好的地区，就应该比全国平均速度快。又比如上海，目前完全有条件搞得更快一点，上海在人才、技术和管理方面都有明显的优势，辐射面宽。"②

　　正如所预见的那样，改革开放以后，东部沿海地区的经济确实率先取得了突飞猛进的发展。随着东部地区经济发展水平的提高，综合国力也明显增强，从而使国家能够集中相当的人力、物力、财力支援中西部地区的经济建设，真正体现邓小平提出的区域经济发展中两个大局的方针，这就是，第一步沿海地区要加快对外开放，使这个拥有两亿人口的广大地带较快地率先发展起来，发挥示范、辐射作用，从而带动内地更好地发展起来，这是一个事关大局的问

---

① 《邓小平文选》第 2 卷，人民出版社，1994，第 152 页。
② 《邓小平文选》第 3 卷，人民出版社，1993，第 17 页。

题，内地要顾全这个大局；第二步在东部发展到一定时候，东部地区要多做一些贡献，要求沿海拿出更多力量来支持和帮助内地发展，这也是一个大局，那时沿海也要服从这个大局。邓小平关于区域经济发展中两个大局的思想，以及先富帮后富，最终走上共同富裕的思想，是对毛泽东关于合理布局生产力，优先发展内地工业，实现均衡发展区域经济理论构想的丰富与发展。

（三）缩小地区差距，实现区域经济协调发展

进入 20 世纪 90 年代以后，我国把缩小地区发展差距，实现区域经济协调发展作为既定方针，稳步推进西部大开发战略的实施，加快老少边贫地区发展步伐，振兴东北老工业区，构建泛珠三角"九加二"跨区域合作框架，区域经济协调发展成为一项战略任务。2004年中央经济工作会议提出："促进东中西互动、优势互补，实现各地区共同发展"，预示着一个区域发展的时代已经来临。

不同地区之间的发展差距是一种客观存在，这一局面是可以逐步加以改变的，关键的问题是要有正确的理论加以指导，而且，社会的进步、经济的繁荣、人民生活水平的提高、综合国力的增强，迫切要求解决地区发展的失衡问题。2000 年，党中央提出全面实施西部大开发战略，这是朝着解决地区经济发展不平衡迈出的重要步骤。《中共中央关于制定国民经济和社会发展第十个五年计划的建议》指出，实施西部大开发战略，加快中西部地区发展，关系经济发展、民族团结、社会稳定，关系地区协调发展和最终实现共同富裕，是实现第三步战略目标的重大举措。党的十六大报告提出：积极推进西部大开发，促进区域经济协调发展；要打好基础，积极推进，重点抓好基础设施和生态环境建设，争取十年内取得突破性进展。对中、东部地区的发展也提出了明确要求，提出要通过加强东、中、西部经济交流与合作，实现优势互补和共同发展，形成若干各

具特色的经济区和经济带。为了实施这一战略，中央和地方出台了相应的政策，采取了一系列措施，国家加大了对中西部地区，尤其是少数民族地区经济建设的资金投入，从政策、资金、技术、人才培养、财政税收体制等不同方面给予重点倾斜；引导东西部省份之间建立对口帮扶，部分东部企业向中西部地区转移，东西部省份之间联合开发西部优势资源；广东、广西、云南、贵州等省份联合投资开发红水河地区水利电力资源；国家实施西气东送和西电东送计划等。与此同时，积极推进区域经济技术合作，实现优势互补，既发挥东部地区的有利条件，又充分利用中西部地区丰富的自然资源，通过生产要素的转移合作，实现地区经济的协调发展，不断增强经济实力。

（四）按照不同功能区实施分类开发战略

促进区域协调发展，除了统筹安排各区域的总体战略布局外，还应根据不同地区的资源环境和经济社会发展状况，以及各地区所面临的主要问题，进一步划分经济类型区，实行针对性强的差别化区域政策，分类指导和调控各地区发展，避免宏观调控中的"一刀切"现象。无论是国家实施西部大开发和振兴东北老工业基地，还是促进中部地区崛起，都应该贯彻这种"区别对待、分类指导"的思想。

在国家发展与改革委员会提出的"十一五"规划思路中，首先提出了优化整合区、重点开发区、生态脆弱区、自然保护区4类功能区的构想。中央关于"十一五"规划的建议进一步明确指出："各地区要根据资源环境承载能力和发展潜力，按照优化开发、重点开发、限制开发和禁止开发的不同要求，明确不同区域的功能定位，并制定相应的政策和评价指标，逐步形成各具特色的区域发展格局。"显然，关于4种类型的主体功能区的提出，对于落实科学发展观，促进人与自然的和谐发展以及协调经济、社会、人口、资源和环境之间的关系具有重要的意义，成为区域经济发展的根本指针。

优化开发区域，是指国土开发密度已经较高、资源环境承载能力开始减弱的区域。这些地区应该把提高经济增长质量和效益放在首位，着力推动产业结构升级，提高参与国际竞争的层次，成为带动全国经济社会发展的龙头和参与全球竞争的主体。重点开发区域，是指资源环境承载能力较强、集聚经济和人口条件较好，发展潜力较大的区域。这些地区应该增强吸纳资金、技术、产业转移和人口集聚的能力，加快工业化和城镇化步伐，逐步成为支撑我国未来经济发展和聚集人口的空间载体。限制开发区域，是指资源环境承载能力较弱、大规模集聚经济和人口条件不够好，对全国和较大区域范围生态环境具有重大影响的生态相对脆弱的区域，应该重点加强生态环境保护，因地制宜发展可承载的特色产业，引导人口自愿平稳有序转移，不断强化区域的生态功能。禁止开发区域，是指依法设立的各种自然保护区域，应该依据法律法规规定，实行强制性保护，严禁不符合主体功能定位的任何开发和建设活动。对国土资源根据类型进行分类开发规划，是国家区域经济发展政策的重大举措。

三 我国现行区域发展面临的突出问题

（一）区域发展不平衡不协调问题明显

改革开放以后，我国经济取得了快速发展，人民生活水平得到了普遍提高。但是，一个不容忽视的问题是，区域发展的差距在扩大，这种差距既表现在经济的总量和经济发展水平的差距上，也表现在人均国内生产总值差距上，或人均收入的差距上。从经济地理角度看，目前我国西北部很多地区的生态环境十分脆弱，不适合人类密集居住，经济发展受到很大的限制；东南部不同区域间的地理环境、历史文化背景、现代发展机遇也存在很大的差别。在市场经济体制和外向型发展战略不变的前提下，我国区域经济发展格局的不平衡在今后相当长时期内都还将存在而且有可能进一步扩大。对此，党中央给予了高度重视，从制定"九五"计划开始，中央就提出要扭转区域经济发展差距扩大的趋势。1999年江泽民视察西安的时候，第一次提出关于西部大开发的战略，把区域协调发展的问题提到议事日程上，而且采取了一些具体的措施。1999年以后，我国为了西部地区的发展，通过退耕还林、退牧还草，以及扩大内需等政策，加大了对西部地区的倾斜。2003年，中央政府提出东北老工业基地改造的战略，同时在东北地区加快了国有企业的改组、改造、改制。对东北地区的增值税转型开展试点，对该地区社会保障制度的改革给予了某种程度的支持，有力推动了东北地区的经济发展。2004年，国务院向两会提交的政府工作报告，又提出关于中部崛起的战略。至此，我国区域经济发展总体的布局变得完善和清晰。尽管如此，现在区域经济发展的差距还在扩大，除了经济发展方面的差距，还有像社会发展、不同地区社会成员之间享受公共服务水平的差距在扩大，基础教育、公共卫生、社会保障方面的差距也都在扩大。突出表现在，经济集中度不断上升，长三角地区、珠三角地区和京津冀地区三大都市圈的作用地位不断提高，这成为目前我国区域经济的一大特点。三大都市圈的面积仅30多万平方公里，只占全国的3.1%，人口3亿多人，占全国的25%。从地区生产总值完成情况看，三大都市圈经济总量占全国的1/3以上，2005年上半年，三大都市圈共实现国内生产总值30994.28亿元，约占全国国内生产总值总量的37%；与上年同期相比增长14.81%。其中，长三角实现地区生产总值16122.40亿元，珠三角实现7312.22亿元，京津冀实现 7559. 66 亿元，约占全国经济总量的 24%、11% 和 11%。^① 如今，我国区域经济的发展突出地表现为如何解决东部 12% 的国土与中西部 88% 的国土的发展差距问题。

（二）区域发展受行政区划约束问题突出

行政区和经济区是两个不同的概念，但在一定条件下，行政区与经济区又基本一致。行政区是建立在地方利益基础上的一个行政管理区域，按市场化运作和按经济区域布局也是一种客观的要求。因此，将行政区划体制与经济区市场机制结合起来，在经济发展过程中是必须的。这是因为，一方面，在经济发展的实际进程中需要充分发挥行政区经济的作用，要各级政府通过行政和市场的手段组织经济资源参与经济活动，有力推动行政区域内的经济发展，加速本区域内城市化发展的水平。正因如此，我国有行政区经济的说法，即我国的各级政府按行政区来组织经济活动。另一方面，区域经济的发展需要充分发挥市场机制的作用。经济区是一个以中心城市为依托，在生产流通等方面紧密联系，互相协作，各类经济资源具有较强聚集性和辐射性的经济综合体。因此需要通过市场机制实现行政区之间在经济区的商品流通、技术协作、资金融通、交通运输和通信网络的拓展。

现在的问题是，我国区域经济发展中，行政区经济因素太强，产生了各种负面影响。这主要表现在行政区内的经济资源受控于政府的干预。在行政区经济的运作条件下，区域经济呈现稳态结构，而且带有强烈的地方政府行为色彩。从市场配置资源的角度分析，一个行政区的"经济"往往以一个区域甚至一个国家的"不经济"为代价。从全局分析，各行政区之间产生的重复建设，产业结构趋

---

① 越天：《我国三大都市圈创国内 GDP 三分之一强》，《港口经济》2005 年第 6 期，第 21 页。

同，区域之间无比较优势、无分工协作，经济要素资源效率低下。更由于行政区经济具有等级关系，就容易产生利益关系。省、市、县之间就可能产生上一级利用行政权力对下一级侵夺利益的问题，这将会产生省、市、县之间的利益冲突。这就使得整个区域的经济发展产生内耗，特别是市、县经济实力比较接近地区，由于县有足够的经济实力与市抗衡，就产生了重复建设和产业同构化，在整个市域范围内，规划难以统筹，市与县的经济力量相互削弱，这对城市群发展不利。由于行政区体制，区域之间的利益摩擦不断，各级地方政府从自身利益出发，往往以行政区为依托，构筑各种壁垒，实行市场封锁，阻碍经济要素资源的自由流动和全国统一市场的形成和发展。区域经济的发展进程，要求实现集约化的经济社会化，追求区域经济的聚集和扩散。因此，加强区域经济协调发展，完善行政区体制与经济区体制的融合，成为当前各级政府的一项重大研究课题。

（三）中部地区区域经济优势发挥不足

我国中部地区，包括山西、河南、安徽、湖北、江西、湖南6个相邻省份，这里资源丰富，农业基础条件好，具有雄厚的工业基础。自从20世纪80年代初，国家实施沿海发展战略；90年代末，拉开西部大开发序幕；十六大后又提出"支持东北地区等老工业基地加快发展和改造"的方针，东北发展战略呼之欲出。中部地区经济地位相对下降，中部地区面临巨大的发展压力。中部地区农业比重大，农村人口多，由于靠农业发展的出路越来越窄，而制造业又没有出现由东部向中部转移的"梯度效应"，在东部大发展、西部大开发、东北经济振兴的新形势下，中部地区经济结构转型所面临的国内与国外的压力将会加大，如何摆脱"经济凹地"的尴尬局面成为紧迫问题。如何在新的区域发展战略中真正实现东西互动，促进中部崛起，使中部地区的优势得到充分发挥，是区域发展中一个值得重视的问题。应当从顶层设计入手，重新定位中部地区的发展问题，中部地区各省自身也应当积极探索如何走出发展困境，寻求新的发展路径。

（四）区域经济发展的特色不够明显

一是存在严重的不合理重复建设，这不仅出现在价高利大的产业领域，而且在港口、机场等基础设施领域尤甚。如珠三角已有5个机场，长三角竞相建港口，环渤海的机场、港口资源利用也不协调。二是在开放引资上竞相出台优惠政策，在外贸出口上竞相压价，导致过度或恶性竞争，甚至区际联系还要小于与国际的联系。三是存在着严重的产业同构问题。当然，从市场经济的角度讲，这种产业同构现象，有一定的合理性，是追求利益最大化的理性选择，而且大类产品的趋同也并不意味着恶性竞争、会造成资源的浪费，是微观主体的选择，政府也不可能去干预。问题是起引导作用的政府规划也几乎相同，而且产品也没有特色，就是一个不能不重视的问题。

（五）欠发达地区的造血功能明显不足

对不发达地区而言，其基础设施建设明显落后于沿海发达地区，优惠政策也没有绝对的优势，缺乏足够的吸引力，更为重要的是不发达地区产业结构缺乏吸引力，从而吸引外部资金的动能不足。另外，不发达地区的后发劣势也非常明显。市场已经被先行地区分割完毕，后发地区的工业品进入市场要支付比先行地区高得多的交易成本。因此不发达地区正在陷入"积累资金不足、技术进步缓慢、劳动生产率低下、居民收入水平低下、资金供给能力不足"的不良循环之中，使不发达地区的发展动力越来越弱。在这种背景下，不发达地区的自我造血功能就成为一个问题，缩小地区差距就会面临比较大的困难。

（六）普遍存在以资源换增长的发展模式

一直以来，考核干部主要是以经济总量和增长速度为指标甚至是唯一指标，而政府官员的任期又总是有限的，在有限的任期之内，政府官员总是喜欢优先选择做那些比较能够"急功近利"的事情。所以，很多地方政府都把用土地和优惠政策招商引资当作促使本地经济发展和地区生产总值增长的最优选择。土地财政、"靠卖地吃饭过日子"，在很大程度上成为一种通病。等到有一天土地用光了，政策也到期了，下一任或再下一任政府官员又该拿什么资源去换取经济的高增长？这是区域经济发展特别是经济可持续发展面临的一个最紧迫的问题。

四　我国现行区域发展模式的综合评价

我国区域经济发展过程中形成了许多具有代表性的发展典型，这些发展典型被一些理论工作者冠以某某模式，于是，自从20世纪80年代以后，所谓苏南模式、温州模式、珠江模式、济源模式、义乌模式等成为人们耳熟能详的概念。发展模式的创新是推动区域经济发展的关键性因素。这些模式都有各自不同的产生及发展条件，有各自不同的特色。从其条件分析，大体有资源支撑型、贸易依托型、劳动密集型、技术密集型和外资密集型等。其中，苏南模式，属于政府推动下的私营经济，虽然在发展的初期阶段对经济发展有很强的促进作用，但在后来的发展过程中逐渐暴露出它的不足，这也是为何现在有学者提出"苏南模式的终结"。温州模式、泉州模式，属于民营经济支撑型，民营经济的发展成就了温州、泉州经济的繁荣，代表着区域经济的发展方向。

当我们用理想类型方法把握现实中的各种模式时，重要的一点是要把随着时间空间动态的变化引入分析。在市场经济大潮迭起、改革形势不可逆转的背景下，总的趋势是"政府推动型"让位于"市场推动型"，劳动密集型正逐渐被技术密集型所代替。但各地资源条件、文化传统、经济基础和发展水平的差异会使得这一图景更加复杂化。

一种经济发展模式是否具有推广价值，我们认为主要应观察两个方面：第一是看这种模式的启动或称成长，是否要有特殊的前提，比如地理位置、文化环境、资源禀赋、制度落差等；第二是看这种模式自身是否完善或者说是否具有可持续发展的动力。从多年的实践经验来看，凡是与市场联系密切，具有内生性的发展模式，发展具有活力、具有生命力；凡是靠特殊政策、靠制度倾斜、靠被动发展起来的，便缺乏活力及生命力。因此，改革开放以后，县域经济发展路径的选择，总是十分重视下面一些问题的解决。

一是把经济结构调整作为区域经济发展的重中之重。农业调整，要按照"区域调整、规模调大、品种调优、效益调高"的思路，以国内外市场需求为导向，大力推进农业产业化经营，抓龙头带农，抓科技兴农，抓基地扶农，抓市场活农，促进传统农业的优化升级，提高农业的整体效益。工业调整，要加快机制转换和体制创新，要以技术改造、产品创新为突破口，立足本地主导产业，抓大扶强。第三产业要以市场建设为重点，加快发展交通运输、邮电通信、金融保险业，以及信息咨询、中介服务等新兴产业，构筑以城市为中心的区域购物中心、乡镇级的商业服务中心和自然村的三级服务体系。

二是把壮大民营经济作为区域经济发展的根本出路。从区域经济发展的走势看，民营经济产权清晰、主体明确、机制灵活，越来越显示出旺盛的生命力、很强的吸引力和极大的竞争力。因此，要想加快发展区域经济，就必须走出一条挖掘民智、吸引民资、依靠民力做活民营经济的发展之路。针对当前民营经济发展的实际情况，在组织引导上，特别需要按照"抓大，促小，带中间"的思路和方法，促进民营经济的整体提升和群体拓展。"抓大"就是督促和引导规模企业，通过建立现代企业制度，实施强强联合，以龙头优势辐射带动民营经济整体水平的迅速提升。"促小"就是通过采取典型引路、示范带动、结对联谊、政策扶持等措施，鼓励支持更多的农户介入务工经商，壮大民营经济群体规模，扩大富裕面。"带中间"就是通过龙头企业带动小业户群体的发展，促进中小企业在现有基础上增强技术创新能力，发挥优势，扬长避短，在某一产品、某一环节上做优做强，提高市场竞争能力。

三是把培育特色经济作为区域经济发展的主攻方向。从区域竞争的态势看，特色就是财力，特色就是潜力，特色就是竞争力，特色就是生命力。经济发达县（市）的实践也证明，发展特色经济是成功之道。特色是品牌、是市场、是竞争力，要想加快发展区域经济，就必须更好地适应形势，放大优势，培植强势，做亮特色经济。特色经济多是"块状"、"集群"型经济，实行区域化布局、专业化生产，人们称之"一县一业"、"一乡一产"、"一村一品"，带有鲜明的比较优势和区域特色。因此，发展区域特色经济一定要走出全面抓、抓全面的常规思维，坚持有所为、有所不为的原则，结合本地资源状况、交通区位、产业结构、科技水平等综合因素，在全球、全国经济发展新格局中，打造自己的特色，扩大自己的优势，建立自己经济发展的"坐标系"，大力培植"人无我有、人有我优、人优我特"的市场"亮点"，开辟适合自己发展的新路子。

四是把加快城镇建设作为区域经济发展的有效载体。从城乡发展的格局看，经济腾飞的"龙头"在城市、在集镇。从我国的实践看，沿海发达县市，近十几年来小城镇发展很快，形成了一个个密集的城镇群，不仅促进了城乡一体化发展，而且带动了当地经济的快速发展，增强了区域经济的竞争实力。因此，要想加快发展县域经济，就必须更好地提升人气，提增财气，提高品位，做强城镇经济。要坚持"高起点规划、高质量建设、高标准管理、高效益经营"的原则，积极推进以县城为核心的城镇建设，坚持软件硬抓，硬件精抓，优化城市环境，不断提升城镇形象，引导生产要素尽快向城区集聚和重组，为二、三产业的快速发展拓展空间，创造条件。

五是把抓好项目建设作为区域经济发展的强力支撑。从经济发展的动力看，只有坚持不懈地抓投入、上项目、引资金，才能增强经济发展后劲。当前，区域经济发展能力和综合实力的竞争越来越集中地体现为项目的竞争，谁拥有高科技含量、高市场容量、高产品质量的项目，谁就能在今后的竞争中占据主动。要想靠有限的资金投入换取较高的经济效益，就必须立足自身实际，以市场为先导，选准投入方向，避免低层次盲目重复建设。在项目建设上，政府应着力在以下几方面强化引导：引导现有企业通过联合等方式，尽最大能力增加投入、扩大生产规模、培育龙头企业；引导企业坚定不移地走新型工业化道路，把强化科技创新，加快设备更新，加速产品研发作为投入重点；千方百计激活民间力量，聚集有限的资金，集中发展科技含量高、市场空间大的优势项目；引导规模企业不断健全和完善经营管理制度，强化诚信意识，以良好的形象取得金融机构对中小企业的更大支持。

六是把优化经济环境作为区域经济发展的第一竞争力。从区域经济的竞争基础来看，环境出生产力，环境出竞争力。我国加入世贸组织后，区域经济已直接面对"国际竞争国内化，国内市场国际化"的新形势，区域间争夺资源、争夺市场、争夺效益的竞争更加激烈，如何在竞争中把握机遇，通过自身发展立于不败之地，经济发展环境的优劣成为关键因素。只有着力按照市场经济的要求，创新服务思路，拓宽服务领域，创造宽松的宏观社会环境、平等竞争的体制环境、加快发展的政策环境和高效快捷的服务环境，才能形成"磁场效应"，赢得发展主动权，实现经济跨越式发展。优化环境要通过积极创建"服务型"政府，切实从"管理企业、管理百姓"向"服务企业、服务民众"转变，最大限度地实现行政提速、审批畅通和办事高效；在服务领域上，要从适应企业和民众的实际需求出发，由单一搞审批办手续向搞好产业指导、信息咨询和市场体系的健全完善等方面拓展；要不断健全政府部门行政效能评估监督制度，从源头治理，从机制入手，坚决清除一切不利于环境发展的障碍。

案例研究　我国区域发展的路径选择①

在我国区域经济发展中，以北京为中心的环渤海地区、以上海为中心的长三角地区、以广东深圳－广州为中心的珠三角地区，是我国最具有代表性的三大经济区域，这些区域以其科技创新力、经济发展实力、经济影响力，在全国区域经济发展中具有举足轻重的地位。通过它们的发展，可以看出其发展的基本路径。

1. 环渤海地区——"中心—外围"开放型模式

北京地区的发展模式是：北京作为区域中心城市，通过利用现有的优势，创造各种有利条件，大规模地吸引内资企业、外资企业特别是大型跨国公司进入，使这些公司的投资中心、管理中心、研发中心、采购中心、销售中心、结算中心、物流中心等落脚在北京，而生产加工基地则安排在营运成本较低的周边地区，从而形成合理的价值链分工。根据北京市商务局公

---

① 梁香青、李涛：《我国地区经济发展模式比较》，《经济理论与经济管理》2008 年第 12 期，第 70～73 页。

布的统计数据，截至 2004 年 8 月底，在北京成立地区总部的跨国公司已达 25 家，具有跨国公司地区总部部分职能的投资性公司在北京有 135 家。世界 500 强企业中已有 160 多家在北京投资落户，185 家设立了研发中心。

可见，这种发展模式，在优化北京产业结构、提高北京国内、国际经济地位的同时，还可以带动周边地区经济的共同发展。正是由于北京地区和周边地区的发展具有联动性和开放性，笔者把北京地区的发展模式称为"中心—外围"开放型模式。

2. "长三角"地区——"自我循环"特色发展模式

长三角地区是由江浙沪三省市的 15 个地级及以上城市共同打造的（现在为 15 + 1 市）。但是，与北京地区不同的是，在发展模式上江浙沪三省市各具特色。浙江以发展民营经济为主要特征，最具有代表性的就是"温州模式"；江苏以引进外资为主要特征，最具有代表性的是"苏州模式"、"昆山模式"；上海以吸引外资特别是大型跨国公司及其总部为主要特征。许多全球行业领先企业如埃克森美孚、通用汽车、英国石油、联合利华等都将地区总部设在了上海，还有一些跨国公司将其事业部的全球总部设在上海，如英特尔公司的渠道产品事业部等。但是，从地区之间经济发展的关系来看，这种地区之间经济关联较少，是相互独立发展的，因此，这样的发展模式可以称为"自我循环"型模式。

3. "珠三角"地区——"加工贸易"对外型模式

广东地区的发展模式是：广东地区通过利用外资、加工贸易的方式发展经济。虽然加工贸易的特点是"大进"（从国外大量进口原材料）"大出"（产品大部分销售到国外），进而在一定程度上导致广东地区的经济发展与我国其他地区的经济发展相脱离，即形成所谓的"飞地效应"。但是通过吸引外资不仅弥补了我国缺乏的资金，引进了先进的技术，带动了广东地区经济的高速发展，同时也培育和发展了一大批有国际竞争力的国有企业、民营企业或私营企业。从广东地区经济发展与内地其他地区经济发展之间的关系来看，该地区发展具有明显的飞地效应，本文将该发展模式称为"加工贸易"对外型模式。

改革开放以后我国区域经济发展的探索历程，形成了苏南模式、温州模式、珠江模式、泉州模式、济源模式、晋城模式、义乌模式和农安模式等，进而有所谓北京模式、上海模式、广东模式，这些发展模式从不同角度诠释了区域经济发展的路径，留下了许多值得称道、具有重要价值的经验，也表明不同区域可以有不同的发展模式，因地制宜，因势利导，开拓进取，就能够有所作为，开辟一片新天地。

五　新形势下区域发展的新格局

我国区域发展布局，经历了这样几个阶段：一是以均衡发展和公平为原则，合理布局生产力，以建立内地雄厚的工业技术基础为重点，正确处理沿海与内地两大地带战略发展比例关系的发展阶段；二是实施改革开放政策和沿海开放战略，允许有条件的地区先富起来，在此基础上，逐步向纵深推移，构建全方位对外开放格局，实现先富带后富，最终走上共同富裕道路这一先沿海后内地的发展道路；三是以解决宏观区域经济失衡为目标，谋求非均衡状态下的协调发展，加快老少边贫地区发展步伐，全面推进西部大开发战略，解决地区发展差距，以实现效益优先与兼顾公平作为未来区域经济发展的一项重要原则，进而达到公平与效益兼顾的发展阶段；四是区域政策的制定更加注重寻求创造性地解决区域发展中的问题的方法，使区域经济非均衡状态朝着创新、协调、绿色、开放、共享方向发展，逐步缩小地区发展差距，解决一些地区客观存在的贫困问题，实现均衡协调发展和共同富裕，进入最大限度地增强综合国力和发展后劲的发展阶段。

"不谋全局者，不足谋一域"，面对区域发展的新形势，习近平提出自觉打破自家"一亩三分地"思维定式这一全新的区域发展理念，把各地区各区域的发展问题摆在全国总体战略的高度加以思考。根据国家"十三五"规划精神，提出国家"深入实施区域发展总体战略"，深入实施西部开发、东北振兴、中部崛起和东部率先的区域发展总体战略，创新区域发展政策，完善区域发展机制，促进区域协调、协同、共同发展，努力缩小区域发展差距。通过深入实施区域发展总体战略、推动京津冀协同发展、推进长江经济带发展、扶持特殊类型地区发展、拓展蓝色经济空间，从而达到推动区域协调发展目标。

（一）实施区域发展总体战略

区域发展总体战略，是在我国区域经济发展不断深入的过程中提出的一种新的区域发展理念，国家"十二五"规划首先明确实施区域发展总体战略构想，规划第五篇"优化格局，促进区域协调发展和城镇化健康发展"提出："实施区域发展总体战略和主体功能区战略，构筑区域经济优势互补、主体功能定位清晰、国土空间高效利用、人与自然和谐相处的区域发展格局，逐步实现不同区域基本公共服务均等化。坚持走中国特色城镇化道路，科学制定城镇化发展规划，促进城镇化健康发展。"通过充分发挥不同地区比较优势，促进生产要素合理流动，深化区域合作，推进区域良性互动发展，逐步缩小区域发展差距。具体内容包括：推进新一轮西部大开发，全面振兴东北地区等老工业基地，大力促进中部地区崛起，积极支持东部地区率先发展，加大对革命老区、民族地区、边疆地区和贫困地区扶持力度。

党的十八大报告强调，继续实施区域发展总体战略，充分发挥各地区比较优势，优先推进西部大开发，全面振兴东北地区等老工业基地，大力促进中部地区崛起，积极支持东部地区率先发展。采取对口支援等多种形式，加大对革命老区、民族地区、边疆地区、贫困地区扶持力度。

国家"十三五"规划提出，以区域发展总体战略为基础，以"一带一路"建设、京津冀协同发展、长江经济带发展为引领，形成沿海沿江沿线经济带为主的纵向横向经济轴带。

2017年1月3日，国务院印发《全国国土规划纲要（2016—2030年）》（国发〔2017〕3号），要求贯彻区域发展总体战略和主体功能区战略，推动"一带一路"建设、京津冀协同发展战略、长江经济带发展战略落实，对国土空间开发、资源环境保护、国土综合整治和保障体系建设等做出总体部署与统筹安排。

党的十九大报告强调加大力度支持革命老区、民族地区、边疆地区、贫困地区加快发展，强化举措推进西部大开发形成新格局，深化改革加快东北等老工业基地振兴，发挥优势推动中部地区崛起，创新引领率先实现东部地区优化发展，建立更加有效的区域协调发展新机制。支持资源型地区经济转型发展。坚持陆海统筹，加快建设海洋强国。提出实施乡村振兴战略。

（二）实施"一带一路"倡议

"一带一路"是"丝绸之路经济带"和"21世纪海上丝绸之路"的简称。[1] 2013年9月7日，习近平在出访哈萨克斯坦时发表重要演讲，首次提出共建"丝绸之路经济带"的倡议；同年10月3日，习近平在印度尼西亚国会发表重要演讲，提出中国致力于加强

---

[1] 习近平：《弘扬人民友谊，共创美好未来——在纳扎尔巴耶夫大学的演讲》（2013年9月7日，阿斯塔纳），《中国青年报》2013年9月8日，第2版；习近平：《携手建设中国－东盟命运共同体——在印度尼西亚国会的演讲》（2013年10月3日，雅加达），《人民日报》2013年10月4日，第2版。

同东盟国家互联互通建设，愿同东盟国家发展好海洋合作伙伴关系，共建"21世纪海上丝绸之路"。2017年5月14～15日，"一带一路"国际合作高峰论坛在北京举行。论坛全面总结了近年来"一带一路"建设的进展情况，共商下一阶段重要合作举措，推动国际合作，实现合作共赢。在"政策沟通、设施联通、贸易畅通、资金融通、民心相通"基础上，开创"一带一路"和平、繁荣、开放、创新和文明路径。习近平要求把"一带一路"建设合作同落实联合国2030年可持续发展议程、二十国集团领导人杭州峰会成果结合起来，同区域发展规划对接起来，同有关国家提出的发展规划协调起来，产生"一加一大于二"的效果。①

2016年8月17日，习近平在中央推进"一带一路"建设工作座谈会上指出："要切实推进统筹协调，坚持陆海统筹，坚持内外统筹，加强政企统筹，鼓励国内企业到沿线国家投资经营，也欢迎沿线国家企业到我国投资兴业，加强'一带一路'建设同京津冀协同发展、长江经济带发展等国家战略的对接，同西部开发、东北振兴、中部崛起、东部率先发展、沿边开发开放的结合，带动形成全方位开放、东中西部联动发展的局面。"②

"一带一路"是中国区域经济发展的一个重大倡议，它突破了原有区域政策的区域局限，强调内外统筹，突出国内国外两种资源、两个市场的结合，立足国际视野在更高层次思考区域发展问题。

（三）实施京津冀协同发展战略

跨区域协同发展是区域经济发展的基本要求，是突破行政区局

① 《习近平在"一带一路"国际合作高峰论坛圆桌峰会上的开幕辞》（2017年5月15日，北京），《人民日报》2017年5月16日，第3版。
② 《让"一带一路"建设造福沿线各国人民》（2016年8月17日），《习近平治国理政》（第2卷），外文出版社，2017，第505页

限，实现更大范围更高层次区域经济均衡协调发展的重要举措。2014 年 2 月 26 日，习近平在北京主持召开座谈会，专题听取京津冀协同发展工作汇报并做重要讲话，立足全局，提出打破"一亩三分地"，就京津冀协同发展提出七点要求。一是要着力加强顶层设计，抓紧编制首都经济圈一体化发展的相关规划，明确三地功能定位、产业分工、城市布局、设施配套、综合交通体系等重大问题，并从财政政策、投资政策、项目安排等方面形成具体措施。二是要着力加大对协同发展的推动，自觉打破自家"一亩三分地"的思维定式，抱成团朝着顶层设计的目标一起做，充分发挥环渤海地区经济合作发展协调机制的作用。三是要着力加快推进产业对接协作，理顺三地产业发展链条，形成区域间产业合理分布和上下游联动机制，对接产业规划，不搞同构性、同质化发展。四是要着力调整优化城市布局和空间结构，促进城市分工协作，提高城市群一体化水平，提高其综合承载能力和内涵发展水平。五是要着力扩大环境容量生态空间，加强生态环境保护合作，在已经启动大气污染防治协作机制的基础上，完善防护林建设、水资源保护、水环境治理、清洁能源使用等领域合作机制。六是要着力构建现代化交通网络系统，把交通一体化作为先行领域，加快构建快速、便捷、高效、安全、大容量、低成本的互联互通综合交通网络。七是要着力加快推进市场一体化进程，下决心破除限制资本、技术、产权、人才、劳动力等生产要素自由流动和优化配置的各种体制机制障碍，推动各种要素按照市场规律在区域内自由流动和优化配置。[①]

2015 年 3 月 23 日，中央财经领导小组第九次会议审议研究《京津冀协同发展规划纲要》。2015 年 4 月 30 日，中共中央政治局召开

---

① 《习近平：优势互补互利共赢扎实推进，努力实现京津冀一体化发展》，《人民日报》2014 年 2 月 28 日，第 1 版。

会议，审议通过《京津冀协同发展规划纲要》。

国家"十三五"规划就"京津冀协同发展"提出：坚持优势互补、互利共赢、区域一体，调整优化经济结构和空间结构，探索人口经济密集地区优化开发新模式，建设以首都为核心的世界级城市群，辐射带动环渤海地区和北方腹地发展。通过京津冀协同发展，从而有序疏解北京非首都功能，优化空间格局和功能定位，构建一体化现代交通网络，扩大环境容量和生态空间，推动公共服务共建共享。

（四）实施长江经济带发展战略

长江经济带是指沿江附近的经济圈。长江经济带覆盖上海、江苏、浙江、安徽、江西、湖北、湖南、重庆、四川、云南、贵州11个省市，面积约205万平方公里，人口和生产总值均超过全国的40%。2013年7月，习近平在武汉调研时指出，长江流域要加强合作，发挥内河航运作用，把全流域打造成黄金水道。[①] 2014年3月5日，全国人大十二届二次会议上，政府工作报告提出，要谋划区域发展新棋局，由东向西、由沿海向内地，沿大江大河和陆路交通干线，推进梯度发展，依托黄金水道，建设长江经济带。在政府报告中提出"打造黄金水道，建设长江经济带"的设想尚属首次。2014年9月12日，国务院印发《关于依托黄金水道推动长江经济带发展的指导意见》，该意见分重大意义和总体要求、提升长江黄金水道功能、建设综合立体交通走廊、创新驱动促进产业转型升级、全面推进新型城镇化、培育全方位对外开放新优势、建设绿色生态廊道、创新区域协调发展体制机制8部分47条。

2016年1月5日，习近平在重庆召开推动长江经济带发展座谈

---

① 《湖北建设长江经济带历程》，《湖北日报》2016年9月12日，第4版。

会并发表重要讲话，全面深刻阐述了长江经济带发展战略的重大意义、推进思路和重点任务。2016 年 3 月 25 号，中共中央政治局召开会议，审议通过《长江经济带发展规划纲要》，6 月正式下发到沿江11 个省市，成为推动长江经济带发展重大国家战略的纲领性文件。[①]国家"十三五"规划就"推进实施长江经济带发展"提出，坚持生态优先、绿色发展的战略定位，把修复长江生态环境放在首要位置，推动长江上中下游协同发展、东中西部互动合作，把长江经济带建设成为我国生态文明建设的先行示范带、创新驱动带、协调发展带。通过推进实施长江经济带建设，建设沿江绿色生态廊道，构建高质量综合立体交通走廊，优化沿江城镇和产业布局。

2018 年 4 月 26 日，习近平在武汉主持召开深入推动长江经济带发展座谈会并发表重要讲话，强调实施长江经济带发展战略要加大力度，必须从中华民族长远利益考虑，把修复长江生态环境摆在压倒性位置，共抓大保护、不搞大开发，努力把长江经济带建设成为生态更优美、交通更顺畅、经济更协调、市场更统一、机制更科学的黄金经济带，探索出一条生态优先、绿色发展新路子。习近平指出，两年多来，在党中央领导下，有关部门和沿江省市做了大量工作，在强化顶层设计、改善生态环境、促进转型发展、探索体制机制改革等方面取得了积极进展。同时，也要清醒看到面临的困难挑战和突出问题，如对长江经济带发展战略仍存在一些片面认识，生态环境形势依然严峻，生态环境协同保护体制机制亟待建立健全，流域发展不平衡不协调问题突出，有关方面主观能动性有待提高。习近平在深入推动长江经济带发展座谈会上强调：加强改革创新战

---

① 熊丽：《让母亲河永葆生机活力——党的十八大以来长江经济带发展综述》，《经济日报》2017 年 10 月 17 日，第 3 版。

略统筹规划引导，以长江经济带发展推动高质量发展。①

中央提出建设长江经济带建设以后，各项工作全面推进。2014年11月，长江沿岸27个城市达成了《长江流域环境联防联治合作协议》，探索设立区域性环境资源交易平台、组建环保产业联盟、建立流域上中下游生态补偿制度等。2014年12月，长江经济带12个直属海关全面启动长江经济带海关区域通关一体化改革。2015年4月，《长江中游城市群发展规划》正式获批，长江经济带形成了长三角、长江中游和成渝三大城市群。2015年10月，长江经济带覆盖的11个省市共同签署了长江经济带旅游产业合作宣言。2016年12月1日，长江经济带发展领导小组办公室会议暨省际协商合作机制第一次会议在北京召开，长江经济带省际协商合作机制正式建立。在上游，重庆、四川、云南、贵州四省市签署了《长江上游地区省际协商合作机制实施细则》；在中游，湖北、江西、湖南三省签署了《关于建立长江中游地区省际协商合作机制的协议》，并签署了《长江中游湖泊湿地保护与生态修复联合宣言》，标志着长江经济带省际协商合作机制的全面建立；在下游，上海、江苏、浙江、安徽四省市已建立起"三级运作、统分结合、务实高效"的合作协调机制。②

案例研究　长江经济带建设③

1. 建设长江经济带，确保一江清水绵延后世

2014年4月28日，李克强在重庆主持召开座谈会，"依托

---

① 《习近平主持召开深入推动长江经济带发展座谈会并发表重要讲话》，《光明日报》2018年4月27日，第1版。

② 熊丽：《让母亲河永葆生机活力——党的十八大以来长江经济带发展综述》，《经济日报》2017年10月17日，第3版。

③ 《让长江经济带"舞"起来》，《光明日报》2014年4月29日，第1版；《长江经济带11省市有多富？GDP占全国4成》，http://www.sohu.com/a/200179631_99981592，访问时间：2017年10月26日。

黄金水道建设长江经济带，立足改革开放谋划发展新棋局"。李克强指出：依托黄金水道建设长江经济带，为中国经济持续发展提供重要支撑。长三角地区是我国经济增长的重要一极，中西部具有经济发展最大的回旋余地。长江货运量已位居全球内河第一，但还有很大潜力。建设长江经济带也是深化改革开放、打破行政区划壁垒、建设统一开放和竞争有序的全流域现代市场体系的重要举措。长江生态安全关系全局，要按照科学发展的要求，处理好发展和保护的关系，避免产业转移带来污染转移。①

2. 长江经济带 11 个省市 GDP 占全国 4 成

长江经济带，涵盖了沿江 11 个省市（上海、江苏、浙江、安徽、江西、湖北、湖南、重庆、四川、贵州、云南），占全国国土面积的 21%，拥有 6 亿人口。

数据显示，2016 年，长江经济带地区生产总值达 33.3 万亿元；经济总量占全国经济总量的 43.1%。长江经济带地区以占全国约 1/5 土地面积，创造了全国 2/5 以上的经济总量，成为我国经济发展全局中的重要支撑带。

长江经济带的人均国内生产总值快速增加，地区差异逐渐缩小。2016 年，其人均国内生产总值达 56470 元，高于全国 2490 元。长江经济带中有 5 个省市人均 GDP 超过全国平均水平，比 2012 年多 2 个。在原有上海、浙江、江苏的基础上，重庆、湖北两个省份的人均 GDP 高于 53980 元的全国平均水平。

（五）扶持特殊类型地区发展

在我国区域发展过程中，革命老区、民族地区、边疆地区和边

---

① 《李克强主持召开座谈会强调　依托黄金水道建设长江经济带　立足改革开放谋划发展新棋局》，新华网，2014 年 4 月 28 日。

远贫困地区，是中央重点扶持发展的特殊类型区域。

革命老区是中国革命老根据地的简称，是指土地革命战争时期和抗日战争时期，在中国共产党领导下创建的革命根据地。它分布在全国 28 个省、自治区、直辖市的 1300 多个县（市、区）。这些地区，在战争年代，为民族独立和人民解放付出了巨大牺牲，做出了极大贡献。中华人民共和国成立后，这些地区由于自然地理环境和历史的原因，发展相对滞后，有些地区甚至还停留在十分困难的阶段。

我国是一个多民族的国家，共有 56 个民族，民族分布具有大杂居、小聚居、相互交错居住的特点，汉族主要集中在东部和中部，少数民族则主要分布在西北、西南、东北等地区，形成了广泛的边疆少数民族区域。

革命老区、民族地区、边疆地区和边远贫困地区的发展，始终牵动着中央的神经，党和国家历来高度重视加快这些地区的发展。

2005 年 5 月 11 日，下发《国务院实施〈中华人民共和国民族区域自治法〉若干规定》（国令第 435 号）。

2005 年 5 月 27 日，中央民族工作会议暨第四次全国民族团结进步表彰大会在北京举行。胡锦涛出席并发表讲话指出：新世纪新阶段的民族工作必须把各民族共同团结奋斗、共同繁荣发展作为主题。同月 31 日，中共中央政治局召开会议，研究和部署进一步加强民族工作、加快少数民族和民族地区经济社会发展，审议《中共中央、国务院关于进一步加强民族工作，加快少数民族和民族地区经济社会发展的决定》，随后以中发〔2005〕10 号文件下发。

从 2006 年起，中央财政在对 8 个民族省区、30 个自治州实施民族地区转移支付的基础上，又将 53 个非民族省区、非民族自治州所辖的自治县纳入了中央财政转移支付的范围。还在扶贫、教育、文化、卫生等方面，加大专项资金投入力度，加大对口支援力度。

"十一五"期间，国家就先后出台 14 个支持少数民族和民族地区经济社会发展的政策性文件。国家制定实施或支持地方实施的专项规划有 28 个，包括《扶持人口较少民族发展规划（2005－2010年）》、《兴边富民行动"十一五"规划》、《少数民族事业"十一五"规划》，还有 2010 年 12 月 22 日，国家民族事务委员会主任杨晶在第十一届全国人民代表大会常务委员会第十八次会议上所做的《国务院关于加快少数民族和民族地区经济社会发展工作情况的报告》。

2011 年 9 月 17 日，国务院办公厅下发《关于山东沂蒙革命老区参照执行中部地区有关政策的通知》（国办函〔2011〕100 号），提出在安排中央预算内投资等资金时，参照执行中部地区政策。确定对沂蒙革命老区 18 个县（市、区），在安排中央预算内投资等资金时，参照执行国家扶持中部地区的有关政策。在农业农村、基础设施、产业发展、社会事业、扶贫开发、生态建设 6 个方面，中央预算内资金、中央转移支付以及其他相关资金将加大扶持力度，适当降低中央投资项目的地方投资比例。

2011 年以后，国家发展改革委和国务院扶贫办牵头，组织编制了全国集中连片特困地区区域发展与扶贫攻坚规划，其中的武陵山、秦巴山、滇桂黔石漠化地区、六盘山、吕梁山、燕山—太行山、大别山、罗霄山 8 个集中连片困难地区，同时也是老区集中分布的地区。按照"区域发展带动扶贫开发，扶贫开发促进区域发展"的思路，坚持把集中连片地区脱贫攻坚与跨省区协同发展、老区振兴发展结合起来，全力探索贫困老区脱贫攻坚的新路子。

2012 年 6 月 28 日，国务院《关于支持赣南等原中央苏区振兴发展的若干意见》（国发〔2012〕21 号），明确了赣州市全面执行西部大开发政策、建立中央国家机关对口支援江西有关县市工作机制等一系列特殊支持政策。

2012 年以后，按照党中央、国务院部署，国家发展改革委会同有关部门和地方，先后组织编制了陕甘宁、赣闽粤、左右江、大别山、川陕 5 个跨省区重点革命老区振兴发展规划，分别明确了未来一段时期老区振兴发展的指导思想、战略定位、发展目标、空间布局、主要任务、支持政策及保障措施。[①]

党的十八大以后，党中央、国务院十分关心老区开发建设和贫困老区脱贫发展问题，习近平总书记先后赴河北阜平、福建龙岩、陕西延安等老区考察调研，就支持老区加快发展发表重要讲话，李克强总理也多次就支持老区发展提出明确要求。[②]

2015 年 12 月 23 日，中央办公厅、国务院办公厅以中办发〔2015〕64 号文件印发《关于加大脱贫攻坚力量支持革命老区开发建设的指导意见》。

2016 年 12 月 24 日，国务院印发《"十三五"促进民族地区和人口较少民族发展规划》（国发〔2016〕79 号）。

国家"十三五"规划用专章文字介绍"扶持特殊类型地区发展"问题，提出加大对革命老区、民族地区、边疆地区和困难地区的支持力度，实施边远贫困地区、边疆民族地区和革命老区人才支持计划，推动经济加快发展、人民生活明显改善，通过支持革命老区开发建设，推动民族地区健康发展，推进边疆地区开发开放，促进困难地区转型发展。

（六）拓展海洋蓝色经济空间

我国是一个海洋大国，拥有 300 多万平方公里的海洋国土，拓

---

① 《发展改革委着力打造支持政策体系全力推动全国革命老区脱贫攻坚振兴发展》，发展改革委网站：http://www.cniidc.org/html/2015 - 12/zy - 1937.htm，访问时间：2017 年 10 月 25 日。

② 《老区开发建设与脱贫攻坚不能"眉毛胡子一把抓"》，《中国经济导报》2016 年 2 月 3 日，第 A2 版。

展蓝色经济空间，发展海洋经济，促进海洋事业发展是国家的既定方针。经过多年发展，我国海洋经济取得显著成就，对国民经济和社会发展发挥了积极带动作用。

2010 年 12 月 21 日，国务院发布《全国主体功能区规划》（国发〔2010〕46 号），把陆海统筹作为开发原则之一。要求根据陆地国土空间与海洋国土空间的统一性，以及海洋系统的相对独立性进行开发，促进陆地国土空间与海洋国土空间协调开发。进行海洋国土空间的开发活动，要求做到：进行海洋主体功能区的划分，促进沿海地区集聚人口和经济发展规模与环境承载能力相适应，做好海岸线资源保护，做到海洋国土空间开发与保护并举，做好河口湿地、沿海滩的保护。

2011 年 3 月 14 日，全国人大十一届四次会议审议通过"十二五"规划纲要，明确着力增强可持续发展能力，进一步提高能源、土地、海域等资源利用效率。把提高海域资源的利用效益作为增强可持续发展能力的重要体现。

2012 年 9 月 16 日，国务院印发《全国海洋经济发展"十二五"规划》（国发〔2012〕50 号），规划指出：海洋是潜力巨大的资源宝库，也是支撑未来发展的战略空间。我国海域辽阔，海洋资源丰富，开发潜力巨大。规划涉及的区域包括我国的内水、领海、毗连区、专属经济区和大陆架、其他管辖海域以及海洋经济发展所依托的相关陆域。涉及的海洋产业及海洋相关产业包括海洋渔业、海洋船舶工业、海洋油气业、海洋盐业和盐化工业、海洋工程装备制造业、海洋药物和生物制品业、海洋可再生能源业、海水利用业、海洋交通运输业、海洋旅游业、海洋文化产业、涉海金融服务业、海洋公共服务业等。通过开发，形成北部海洋经济圈（辽东半岛沿岸及海域、渤海湾沿岸及海域、山东半岛沿岸及海域）；东部海洋经济圈（江苏沿岸及海域、上海沿岸及海域、浙江沿岸及海域）；南部海洋经济圈（福建沿岸及海域、珠江口及其两翼沿岸及海域、广西北部湾沿岸及海域、海南岛沿岸及海域）三大海洋经济圈。

国家"十三五"规划提出，坚持陆海统筹，发展海洋经济，科学开发海洋资源，保护海洋生态环境，维护海洋权益，建设海洋强国。

案例研究　全国生态岛礁工程空间布局①

全国海岛分为渤海区、北黄海区、南黄海区、东海大陆架区、台湾海峡西岸区、南海北部大陆架区、海南岛区和三沙区 8 个分区，国家实施各具特色的生态岛礁工程。

（一）渤海区

渤海是我国内海，毗连辽宁沿海经济带、京津冀一体化发展前沿区域和黄河三角洲高效生态经济区。在该区，实施蛇岛等生态保育类工程，实施菩提岛等生态景观类工程，实施觉华岛和北长山岛等宜居宜游类工程。到 2020 年，在 10 个海岛实施生态岛礁工程。

（二）北黄海区

北黄海区是东北亚的重要海上通道，毗连辽宁沿海经济带和山东半岛蓝色经济区，设有海洋生态文明示范区。在该区，实施行人坨子和海驴岛生态保育类工程，实施小长山岛和刘公岛等宜居宜游类工程，实施獐子岛和圆岛科技支撑类工程，视情开展潜在领海基点所在海岛权益维护类工程，到 2020 年，在 9 个海岛实施生态岛礁工程。

---

① 国家海洋局：《全国生态岛礁工程"十三五"规划》（国海岛字〔2016〕440 号）。

（三）南黄海区

南黄海区毗连山东半岛蓝色经济区和江苏沿海经济区，是欧亚大陆桥的桥头堡，设有多个海洋生态文明示范区。在该区，实施麻菜珩岛（中国领海基点之一）和外磕脚岛（中国领海基点之一）权益维护类工程，实施灵山岛、秦山岛和连岛宜居宜游类工程，实施千里岩和大公岛科技支撑类工程。到 2020 年，在 8 个海岛实施生态岛礁工程。

（四）东海大陆架区

东海大陆架区毗连长江三角洲经济区和浙江海洋经济发展示范区，涵盖舟山群岛新区。该区海岛数量约占全国总数的一半，海洋生产力最高，拥有世界著名渔场，珍稀濒危和特有物种众多。在该区，实施九段沙、韭山列岛和南麂列岛等生态保育类工程，实施中街山列岛、西门岛和洞头岛等生态景观类工程，实施枸杞岛和大嵛山等宜居宜游类工程，实施花鸟山岛、东绿华岛、舟山石化基地与宁德核电所在海岛科技支撑类工程。到 2020 年，在 25 个海岛实施生态岛礁工程。

（五）台湾海峡西岸区

该区毗连海峡西岸经济区，涵盖平潭综合试验区，是两岸合作交流的纽带，是 21 世纪"海上丝绸之路"的核心区，是妈祖文化的发祥地，自然、人文历史遗迹丰富。在该区，实施牛山岛等领海基点所在海岛权益维护类工程，实施琅岐岛生态保育类工程，实施海坛岛等生态景观类工程，实施湄洲岛、惠屿和东山岛等宜居宜游类工程。到 2020 年，在 8 个海岛实施生态岛礁工程。

（六）南海北部大陆架区

南海北部大陆架区毗连港澳、珠江三角洲经济区、广东海洋经济综合试验区和广西北部湾经济区，涵盖横琴新区。在该区，实施石碑山角和围夹岛等权益维护类工程，实施南澳岛、内伶仃岛、南三岛、大蜘洲和黄麖洲等生态保育类工程，实施仙人井大岭等生态景观类工程，实施外伶仃岛、下川岛、放鸡岛、斜阳岛和长揽岛等宜居宜游类工程，实施三角岛、龟龄岛、涠洲岛和松飞大岭等科技支撑类工程。到2020年，在24个海岛实施生态岛礁工程。

（七）海南岛区

海南岛区毗连海南国际旅游岛，是南海资源开发和服务保障基地。该区海岛生态系统优良，是我国唯一的金丝燕栖息地，发育红树林和珊瑚礁等典型海洋生态系统，设有多个国家级自然保护区。在该区，实施大洲岛生态保育类工程，实施分界洲和蜈支洲岛宜居宜游类工程，视情开展感恩角等领海基点所在海岛权益维护类工程。到2020年，在5个海岛实施生态岛礁工程。

（八）三沙区

三沙区位于我国最南海疆，是我国海洋权益维护的最前沿，是国际海上贸易的重要通道。该区海域辽阔，生态环境优良，是全球生物多样性最高的海域之一，是我国珊瑚礁生态系统分布最广和最典型的区域，生存着砗磲等众多珍稀濒危物种，自然和人文历史遗迹丰富。在该区，实施东岛生态保育类工程，实施中岛、南岛和永暑礁等权益维护类工程，实施石屿—"永乐龙洞"生态景观类工程，实施永兴岛、赵述岛和晋卿岛等宜居宜游类工程。到 2020 年，在 11 个海岛实施生态岛礁工程。

党的十八大报告明确提出要提高海洋资源开发能力，大力发展海洋经济，加大海洋生态保护力度，坚决维护国家海洋权益，建设海洋强国。

2017 年 5 月 4 日，国家发展改革委、国家海洋局印发《全国海洋经济发展"十三五"规划》（发改地区〔2017〕861 号），规划指出：海洋是我国经济社会发展的重要战略空间，是孕育新产业、引领新增长的重要领域，在国家经济社会发展全局中的地位和作用日益突出。海洋经济的发展，要遵循改革创新、提质增效；陆海统筹、协调发展；绿色发展、生态优先；开放拓展、合作共享的原则。优化海洋经济发展布局，以区域发展总体战略和"一带一路"建设、京津冀协同发展、长江经济带发展的重大战略为引领，进一步优化我国北部、东部和南部三个海洋经济圈布局，打造北部海洋经济圈、东部海洋经济圈和南部海洋经济圈，推进海岛开发与保护，开展深远海空间拓展。

中央领导对发展海洋经济，开发海洋资源，维护海洋权益给予了高度重视。21 世纪，人类进入了大规模开发利用海洋的时期。海洋在国家经济发展格局和对外开放中的作用更加重要，在维护国家主权、安全、发展利益中的地位更加突出，在国家生态文明建设中的角色更加显著，在国际政治、经济、军事、科技竞争中的战略地位也明显上升。要提高海洋资源开发能力，着力推动海洋经济向质量效益型转变；要保护海洋生态环境，着力推动海洋开发方式向循环利用型转变；要发展海洋科学技术，着力推动海洋科技向创新引领型转变；要维护国家海洋权益，着力推动海洋维权向统筹兼顾型转变。

第五章　区域经济发展顶层设计与地方实践

在我国区域经济不同的发展阶段，中央从全局高度进行顶层设计，对全国区域经济发展提出要求，对区域开发做出明确规范，在长三角、珠三角、环渤海经济区规划建设基础上，对国土区域发展进行全局规划。面对新的形势，中央又推出福建、江西、贵州生态文明试验区建设决定。在此过程中，各级地方政府积极行动起来，竞相探索区域发展的路径，探讨行政区经济与跨行政区经济的合作发展问题。福建、广东作为两个最早开始改革开放的沿海省份，在区域经济发展中，积极行动，进行了一系列探索实践，在区域经济发展中创造了宝贵经验。广东提出的"泛珠三角经济区"构想、福建提出的"海峡西岸经济区建设"设想，最终上升为国家战略，在区域经济发展中都产生了积极影响。

一　区域经济发展差异化态势及客观条件

区域发展不平衡是一个世界性难题，也是我国的突出问题。由于各地区自然环境条件复杂多样，经济发展基础、生产要素资源组合、社会习俗等因素的差异，经济社会发展的非均衡性特征十分突出，解决区域经济发展严重失衡现象，加快落后地区经济社会的发展进步，已经成为紧迫的任务。

广东、福建是我国改革开放的重要前沿，也是沿海地区的重要经济省份，尤其广东，已经成为我国经济规模最大，经济综合竞争力、金融实力最强的省份。但是，就在这样的省份，省内不同区域同样存在地区差距问题，内陆山区与沿海地带、东西两翼与珠三角地区之间差距明显。在这种情况下，如何缩小经济欠发达的内陆山区地区与经济发达的沿海地区的发展差距，处理好经济"中心区"与经济"边缘区"的关系，实现地方经济均衡协调发展，成为政府必须考虑解决的重大课题。

与广东相比，福建在沿海几个省市当中，其经济影响力北不及江浙、上海，南不敌广东，一个重要原因就是福建广大的内陆山区地区经济发展水平不高，地区发展存在"二元"格局现象，严重制约了全省经济实力的提升。在当前情况下，如何解决这一问题，出路何在？福建从 20 世纪 80 年代中期提出"念好山海经"，90 年代提出"沿海、山区一盘棋"以及"山海协作，联动发展"，到 21 世纪初期提出"三条通道"战略构想，从财政、金融、基础设施建设、支柱产业培育等相关方面加大对内陆山区地区的扶持，政府对解决内陆山区与沿海地区之间的经济发展差距问题进行了积极探索。

对于这个问题，笔者曾在关于加快福建"一线带两翼"战略问题的专题研究中，提出了这样的思考：福建的发展困难在山区，但山区也有潜力，通过"一线""沿海地区"带动"两翼""闽西北、闽东北山区"的发展，福建的总体发展水平就能够提高，在沿海各省中的地位就能提升。山区地区经济的发展任重道远，涉及因素很多、影响面广、难度很大。当前，内地山区的开发建设，面临着全新的宏观环境：社会主义市场经济体制逐步完善，市场机制配置资源的作用不断加强；沿海发达地区的经济竞争能力迅速提升，对山区经济的发展产生巨大的竞争压力；买方市场已经形成，产品普遍处于供大于求的状态；入世之后，在现代市场经济规则下，曾经在沿海地区实行过的许多特殊优惠政策很难继续复制到山区。尤其是在落实国家"一带一路"建设时，福建作为"建设21世纪海上丝绸之路核心区"，沿海一带迎来新的政策优势和发展机遇。因此，山区发展面临的竞争压力更大，必须通过一系列的制度创新，改变计划经济条件下形成的政府管理体制，建立新的企业制度、培育市场体系，使市场机制自身的运行结果有利于促成山区经济快速发展所需的各种条件，积极融入沿海经济发展。重新定位内地山区的开发建设目标，明确各项任务，重新制定符合实际的政策措施，特别是有针对性地研究解决内地山区基础设施建设、生态环境建设、老工业基地改造、产业发展、特色产业培育等方面的可行性问题。

在区域经济发展中，沿海地区如何做优做强，内陆山区地区如何缩小差距，成为各级地方政府必须面对的紧迫问题。相较于沿海，山区地区的发展任务更艰巨更繁重。

一要明确山区地区的发展目标。面对全面建设小康社会的新形势新任务，扩大山区经济规模，提高山区农民收入水平，促进山区与沿海地区协调发展；加快发展速度，改善财政状况，增强自我积累和自我发展能力；提高农业产业化经营水平，优化产业结构，提高二、三产业在 GDP 中的比重；精准扶贫，使山区贫困户全面摆脱贫困，走向富裕；加强生态建设和环境保护，增强可持续发展能力；全面推进科技文化教育卫生等各项事业的发展。通过上下努力，把山区建设成为经济繁荣、基础设施比较完备、社会事业发展、生态环境良好、山川秀美，令人向往的新山区新农村。

二要确定山区地区的建设任务。①加强山区以市县公路、农村电网、乡村道路、人畜饮水、农田水利、市县防洪、景区配套、封山育林、教师住房等基础设施和公共服务设施为重点的富民基础设施建设；②培育山区主导产业，逐步形成农业产业化经营、集团化发展的格局，为山区地区走向市场创造条件；③发展民营经济、培育山区民营产业，加快小城镇建设；④发展壮大乡村集体经济，加快山区产业化和专业合作进程；⑤大力推广适合山区建设发展要求的应用科技，走科技兴山之路；⑥继续组织社会各界积极参与山区建设。

三要找准山区地区工作的突破口。①营造经济发展环境。山区发展环境包括制度环境和设施环境。若把市场比喻为水，环境便是源泉。政府的作用在于：挖塘蓄水——创造良好的发展环境，形成市场经济的"气候"；蓄水养鱼——投资环境形成了，把外面的资金引进来，培养一批适应市场竞争的企业；搭船出海——起步阶段没有自己的品牌，可以发展来样订货、订单农业，进行资本积累，解决本地劳动力的就业；造船出海——经过一段时间的发展，企业壮大起来，创出自己的名牌和知名度，就可以迈大步走出山门，增强市场竞争力。②以市场经济的思路和办法考虑山区的发展，根据市场机制配置资源，根据市场需求发展产业。中央提出供给侧改革，其实质就是市场引导、消费导向。在市场竞争中发挥比较优势，进行农业结构调整，培育发展主导产业。积极鼓励和支持跨区域、跨县市、跨所有制的主导产业集团，发展更大规模的产业基地，发展特色产业。山区地区有着潜在的优势，山区潜力在山，希望在山。山多坡广，结合实施退耕还林还草，可以大力发展生态经济林，发展特色优质干鲜果产业；可以利用山区牧草资源和大面积人工种草，规模圈养，大力发展草食畜养殖业，满足居民饮食结构变化的需要；可以利用优越的自然地理条件，大力发展中药材种植；可以利用耕地土质条件和多样气候，大力发展小杂粮种植和蔬菜种植等。实施特色农业工程，培育发展优质杂粮、草食畜、干鲜果、蔬菜等山区特色产业。③充分发挥当地资源优势，实现资源的有效转化。山区所处的区位特点和现阶段的发展水平，决定了山区要充分利用自身的资源条件和生态优势，集中发展具有资源特色和投入较少的生态农业、生态旅游、资源加工业、特色产业，争取以项目换资金，以资源换技术，力求吸引更多的外地资金到山区参与发展和建设，经过一段时间的发展积累，带出山区自己的一批企业。通过这一途径积累资金，安置就业，保持环境，创造条件迎接更多高新技术产业的植入。一旦时机到来，将可能形成资源型农业和特色高新技术产业。山区发展要避免产业雷同，要根据各自条件，使县县有特色，镇镇有品牌，村村有模式。要重视与发达地区的经济对接，充当经济腹地、配套基地和生态后方。④跳出山门思考发展问题。全球化背景下，山区发展也要有国际视野，跳出"一亩三分地"思维定式，学会对接、融入及参与。

山区地区的发展是一项系统工程，涉及方方面面，既需要理论上的深入求证又要有实践中的大胆探索，既要了解国内外其他山区地区发展的经验，又要克服其他地区所犯的错误。因此，一要充分认识和吸取国内外缩小地区差距、加快山区地区发展的经验教训。二要进行山区发展的方法论研究，从区域经济经典理论中接受教育。三要充分把握山区建设发展的环境条件、区位特点，从自然环境和人工环境，即从经济、人文、社会、历史、体制与政策等因素考虑发展问题。四要对山区发展做出必要的经济预测和经济评价。五要提出山区战略发展的总体框架。山区建设发展要把握以人为本、可持续发展和公平发展观；突出山区发展与提前全面建设小康社会和实现现代化建设战略目标相结合，与推动经济增长、建设美丽乡村和扩大城乡就业相结合，与加速农民市民化和消除城乡二元结构相结合，与改善生产力空间布局规划和实现区域经济协调发展相结合，与解决"三农"问题相结合；坚持人口资源环境经济社会协调发展。强调山区发展是实现区域协调发展战略的目标要求，一方面要推动发达地区更加繁荣，从而有足够的财力带动和帮助欠发达地区；另一方面要研究区域发展不协调的原因。通过发展山区经济，提高土地产出效率，提升经济竞争能力，缩小地区间发展差距，增强区域总体经济实力。

二　泛珠三角区域合作战略定位与实践探索

泛珠三角区域，包括广东、福建、江西、湖南、广西、海南、四川、贵州、云南9省区和香港、澳门两个特别行政区，内地9省区总面积200万平方公里左右，约占国土总面积的1/5；区域生产总值约占全国的1/3。

泛珠三角区域合作概念，最早在2003年广东省政府内部文件中出现。文件指出：广东要"积极推动与周边省区和珠江流域各省区的经济合作，构筑一个优势互补、资源共享、市场广阔、充满活力的区域经济体系"，同时，推动9省区与港澳特区的合作，建立"9+2"协作机制，从而形成泛珠三角经济区。2003年11月3日，广东省首次正式公开提出泛珠三角经济区的构想。同时，在广东省政府的积极组织下，通过召开会议，签署一系列协议，逐步建立起泛珠三角跨区域合作组织。

2003年10月10日，第一届泛珠三角信息产业厅局长联席会议在广州举行，参会方包括广东、福建、江西、湖南、广西、海南、四川、贵州、云南9省区以及香港特区。参会各方在决议中共同承诺，将在信息产业领域的投融资、市场拓展、技术配合、应用等多个层面开展广泛的合作。联席会议决定，设立由9省区及香港、澳门参加的泛珠三角信息化联席会议，每年定期举办一次，各省区轮流主持。2003年11月28日，在广东省举行泛珠三角交通发展研讨会，签订《泛珠三角经济圈九省区暨重庆市道路运输一体化合作与发展议定书》，广东省交通厅还分别与周边五省区签订了《省际公路规划建设备忘录》。2004年2月22日，广西党政代表团对广东进行了为期七天的访问，代表团还赶赴东莞、深圳、珠海和佛山四市进行参观考察，洽谈经贸合作。2004年4月13~17日，广东党政代表团对广西进行了为期 5 天的考察，其间，两广企业在广西南宁签订了总投资达 486 亿元的 100 个项目合同。此举标志着 2003 年 7 月由广东率先倡导的泛珠三角经济区建设获得突破性进展，由前期务虚阶段步入实质性实施阶段。

2004 年 6 月 1～3 日，首届泛珠三角区域合作与发展论坛在香港、澳门和广州三地连续举行，在广州共同签署了《泛珠三角区域合作框架协议》，确定了泛珠三角合作的宗旨、原则、要求、领域等。该协议的签署，是首届泛珠三角区域合作与发展论坛的重要成果，标志着区域合作的机制正式形成，泛珠三角区域合作正式启动。此后，该合作与发展论坛由各省区轮流举办，详见表 5－1。

表 5－1　泛珠三角区域合作与发展论坛举办情况

届次	论坛主题	论坛成果
第一届（2004 年 6 月 1～3 日）香港－澳门－广州	合作发展，共创未来	签署《泛珠三角区域合作框架协议》
第二届（2005 年 7 月 26～28 日）成都	合作发展，共创未来	通过《泛珠三角区域合作发展规划纲要》和《泛珠三角区域合作经济工作意见》。经贸洽谈签订合作项目 4473 个，投资合同金额 4535 亿元
第三届（2006 年 6 月 5 日）昆明	合作发展，共创未来	通过交通、能源、科技、信息化、环保五个合作专项规划。经贸洽谈会签订合作项目 1019 个，合同金额 1981.7 亿元
第四届（2007 年 6 月 8 日）长沙	合作发展，共创未来	通过专项规划实施和市场环境建设的两个工作意见。经贸洽谈会签订合作项目 1254 个，合同金额 3376.2 亿元
第五届（2009 年 6 月 9）南宁	产业转移与金融服务	达成坚持科学发展勇于先行先试、携手共进应对金融危机、凝聚各方力量共建美好家园、加强交通合作共建交通网络、加强产业合作提升产业竞争力、加强信息和旅游合作实现资源共享、建立联动机制增强应急能力七项共识。签约项目累计超过 600 个，签约金额 2261 亿元

届次	论坛主题	论坛成果
第六届（2010 年 8 月 27 日）福州	区域经济发展规划与金融发展战略	联合签署《2010 年泛珠三角区域合作行政首长联席会议纪要》，签署《泛珠三角各省区加强大通道建设合作备忘录》、《泛珠三角各省区旅游合作福州宣言》、《泛珠三角各省区"一程多站"精品旅游线路》等 10 个合作框架协议或备忘录。签约项目累计超 1263 项，投资金额 2831 亿元
第七届（2011 年 9 月 21 日）南昌	加快转变发展方式、深化合作、绿色发展	联合签署《2011 年泛珠三角区域合作行政首长联席会议纪要》。此外，各方还签署了《社会信用体系共建协议》、《泛珠三角地区跨省流动人口一孩生育服务登记协作协议》、《泛珠三角地区跨省流动人口社会抚养费协作协议》、《第一届泛珠三角旅游深度合作协议》等一批合作协议。签约项目累计 1544 项，金额 4512.83 亿元
第八届（2012 年 11 月 28 日）海口	绿色发展、合作共赢	大会取得了丰硕的合作成果，明确了加强跨省区基础设施建设合作等七项下年度重点工作。经贸洽谈会上签约项目达 202 个，投资总额 2772 亿元
第九届（2013 年 9 月 9 日）贵阳	合作发展、共创未来	签署《2013 年泛珠三角区域合作行政首长联席会议纪要》和《贵州共识》，决定第十届泛珠论坛暨经贸洽谈会由广东、香港、澳门三方联合承办。录入签约项目 183 个，投资总额 1969.9 亿元
第十届（2014 年 10 月 10 日）广州	合作发展、共创未来	签署《泛珠三角区域深化合作共同宣言（2015 - 2025 年）》，决定在泛珠十年的基础上，携手参与"21 世纪海上丝绸之路"建设等国家重大战略，打造泛珠合作"升级版"。达成合作项目 780 个，合同总金额 5493 亿元

2004 年 7 月 14 日，在首届泛珠三角区域经贸合作洽谈会上，国家相关部委、泛珠区域 9 个内地省区和香港、澳门特区的有关部门、企业分别签署了 472 个合作项目和经贸合作合同，总成交额达 2412 亿元人民币。7 月 16 日，泛珠区域 14 个重点旅游城市的旅游主管部门负责人和香港旅游业协会负责人，在第 16 届全国（部分）旅游城

市旅游局长协作会议上，对推进泛珠三角区域城市旅游合作进行了深入探讨，并签订了10条合作协议，推动泛珠"无障碍"旅游区的形成。9月16日，首届泛珠三角省会城市市长论坛在广州开幕。来自泛珠三角区域的9个省会城市市长和香港、澳门特别行政区代表，围绕"充分发挥省会城市和港澳在泛珠三角区域合作与发展中的集聚、带动、辐射作用"的主题进行了深入探讨，签署了《泛珠三角区域省会城市合作协议》。

2005年7月26~28日，第二届泛珠江合作与发展论坛在成都举行。签署了《泛珠三角区域合作发展规划纲要》，对第一届论坛所确定的合作领域进行了细化，使合作项目更加具体。第二届泛珠三角合作与发展论坛进一步探索了建立健全经贸合作机制。通过建立经贸合作机制和措施落实，以及政府推动与市场运作相结合的方法，共同开拓市场、产业对接、资源开发、资产重组、科技创新和流通服务业现代化，从而实现资金、技术、人才、品牌、信息、资源、管理等要素的合理流动与优化组合，为区域间企业合作项目的实施营造良好环境。论坛在能源、交通、商贸、旅游、劳务开发等领域，开展了大量富有成效的合作，合作机制进一步健全和完善，经贸合作方面取得明显成效，共签订合作项目4473个，投资合同金额4535亿元人民币。

2005年12月，交通部发布《泛珠三角洲区域合作公路水路交通基础设施规划纲要》，区域高速公路网、区域公路运输枢纽和沿海港口建设，成为基础设施规划的重点内容。①区域高速公路网。泛珠三角洲区域高速公路网由国家高速公路和部分地方高速公路组成，规划总里程约3.73万公里，其中，国家高速公路约2.85万公里，地方高速公路约8800公里。珠江三角洲地区形成城际高速公路网，里程为3300公里；泛珠三角区域高速公路网按"十射、六纵、五横、六条国际通道及三个环线"形态布局。②区域公路运输枢纽。泛珠三角区域公路运输枢纽依托区域高速公路网，位于重要节点城市，与其他运输方式有机衔接，由国家公路运输枢纽和重要的区域性公路运输枢纽城市构成，共计 65 个。③沿海港口。沿海港口是泛珠三角区域综合运输网络的重要枢纽、现代物流的中心节点。以珠江三角洲、粤西、广西、福建等地区沿海为重点，建立与国际市场紧密连接的集装箱、原油、铁矿石运输系统，以及连接海南与内陆地区的琼州海峡滚装运输系统。

泛珠三角区域合作，从 2003 年概念提出，2004 年正式启动实施，到 2014 年，经历 10 年发展，泛珠三角各方坚持优势互补、互利共赢，凝聚共识、建立机制，搭建平台、落实项目，跨界基础设施互联畅通成效显著，经贸产业合作日渐紧密，跨省区规划合作有序推进，区域开放合作卓有成效，跨域生态协调与共同治理逐步加强，有力推动了泛珠三角区域合作取得显著成效。2013 年，泛珠三角区域内地九省区 GDP 为 18.6 万亿元，是 2004 年 4.9 万亿元的 3.8 倍，约占全国总量的 33%。十年间，泛珠区域内"五纵七横"高速公路主干线建设全部完工，泛珠内地九省份高速公路里程由 2004 年的 1.14 万公里增加到 2013 年的 3.46 万公里，铁路营运里程增长 25%，达到 2.38 万公里。已经过去的十届泛珠三角地区合作论坛，累计签约项目超过 1.9 万项，签约金额超过 3.7 万亿元。[①]

泛珠三角区域合作得到中央领导的高度重视，2014 年全国两会

① 《泛珠内地 9 省区 GDP 为 10 年前 3.8 倍》，《南方日报》2014 年 10 月 8 日，第 A01 版；朱小丹：《十载春秋结硕果，泛珠合作谋新篇》，《南方日报·泛珠十年论坛特刊》2014 年 10 月 12 日（特 03 版）（第 CT05 版）；郭安丽：《"泛珠"十年，新起点打造"升级版"》，《中国联合商报》2014 年 10 月 20 日。

期间，习近平在参加广东代表团审议政府工作报告时曾表示，广东要加大与周边省区及泛珠三角地区经济合作力度，辐射和带动区域发展，在促进东中西合作中发挥积极作用；李克强在 2014 年全国两会政府工作报告中提到，要推进长三角地区经济一体化，深化泛珠三角区域经济合作，加强环渤海及京津冀地区经济协作。① 在中央领导的关怀下，泛珠三角区域经济合作不断深化，开启了第二个十年。

2016 年 3 月 15 日，国务院发布《关于深化泛珠三角区域合作的指导意见》，这标志着泛珠三角区域合作上升为国家战略，与京津冀一体化、长江经济带并列成为三大国家区域发展战略之一。泛珠三角区域合作写入国家"十三五"规划。2016 年 8 月 25 日，第十一届泛珠三角区域经济合作论坛在广州开幕，论坛主题是"深化泛珠合作与自贸区创新推广"，该届泛珠三角区域合作与发展论坛暨经贸洽谈由广东省人民政府、福建省人民政府联合承办。9 月 26 日，第十一届泛珠三角区域市长联席会议在福州开幕，就融入"一带一路"建设、推动泛珠三角区域合作进行交流磋商。2017 年 1 月 20 日，广东省政府印发《广东省深化泛珠三角区域合作实施意见》（粤府〔2017〕8 号）。

据统计，十几年来，泛珠各省份累计签约项目超 3 万个，总金额达 6 万亿元。2016 年，内地 9 省份与港澳贸易总额近 5000 亿美元，是 2004 年 1000 亿元的 5 倍；GDP 达 24 万亿元，是 2004 年 4.6 万亿元的 5.2 倍；高速公路总里程达 4.1 万公里，是 2004 年 1.14 万公里的 3.6 倍；高铁总里程从零公里向 1 万公里冲刺。②

---

① 《贯彻落实习近平总书记重要讲话精神》，《人民日报》2015 年 3 月 6 日，第 6 版。
② 孙敏坚：《泛珠区域已成中国最具活力和潜力地区之一》，《湖南日报》2017 年 9 月 24 日，第 1 版。

三　福建区域经济发展实践的持续深化

（一）山海协作联动发展

正确处理经济发达的沿海地区同经济欠发达的内陆山区的关系，也就是处理好经济"中心区"与经济"边缘区"的关系，实现区域经济协调发展，是政府必须考虑解决的重大课题。20世纪80年代中期，福建提出"念好山海经"，90年代进一步提出"沿海、山区一盘棋"以及"山海协作，联动发展"，积极推进山区与沿海之间"山海"对接，直至提出"三条通道"构想，并从财政、金融、基础设施建设、支柱产业培育等相关方面加大对内陆山区的扶持，政府对解决内陆山区与沿海地区经济发展差距问题进行了有益探索。

第一，实施山海协作，充分体现了国家区域经济联合与协作管理的基本原则。中央历来强调打破地区封锁，实行全国一盘棋，实行跨地区的经济联合。应当说福建提出"山海协作，联动发展"，符合中央精神，也符合福建的区域具体实际。

第二，实施山海协作，是适应当时"入世"和经济全球化形势的必然要求。当代国际经济发展的一个显著特点在于：经济全球化进程日益加快，世界上任何国家及地区的发展都离不开两种资源和两个市场。在这浩浩荡荡的国际潮流面前，我们的方针就是：既要积极参与，又要练好内功、创造条件。这个最基本的条件就是必须理顺内部的发展关系，增强自身的综合经济实力，而实施"山海协作，联动发展"战略，正是为了打造一种能够适应全球化要求的对外竞争实力，争取在全球化进程中处于有利地位。

第三，实施山海协作，带来沿海支持山区建设不断深入。有关资料显示，自从福建省委省政府提出"山海协作"以后，该项活动不断向纵深方向发展。2013 年，印发《福建省山海协作共建产业园区规划纲要》，明确到 2015 年，23 个省级扶贫开发工作重点县在本县和对口帮扶县（市、区）建成一个以上共建产业园区；到 2020 年，将产业园区建成功能布局合理、产业特色鲜明、集聚效应明显、生态环境优美的产业共建先行区。全省构筑闽东北欠发达山区共建带、闽西南欠发达山区共建带、沿海发达地区共建带。其中，闽东北欠发达山区共建带 12 个县，以福州大都市为中心，打造成闽东北产业融合、生态和谐的省际产业转移区，重点发展高优农业、特色农产品精深加工、竹木加工业、休闲观光农业等；闽西南欠发达山区共建带 11 个县，以厦门为中心，打造工业化、城市化和农业现代化深度融合的集聚集约发展区，重点发展绿色农业及农产品加工业、机械装备制造业等；沿海发达地区共建带 23 个县（市、区），适当建立产业园区，按各发达地区重点支持的产业目录重点发展。应当说，这一互利互惠、扬长避短的横向经济联合协作政策的出台实施，对于加快山区开发步伐，促进沿海与内陆山区的共同进步发挥了积极作用。

第四，深化山海协作，有利于突破体制障碍。地区之间经济差异的长期存在，既有历史的成因，也不排除政策体制的制约影响。长期计划经济体制下形成的垂直分工的地区经济格局和"大而全"、"小而全"的地区产业结构体系，过度强化只保一方平安，忽视全局发展的思维定式，人为地把经济活动束缚在按行政隶属关系条块分割的状态中，资源、劳动力、市场间缺乏有机联系，这就必然阻碍各类资源的合理流动与配置，难以形成具有竞争力的综合经济实力。所有这些问题都说明，打破行政区域局限，遵循经济发展的客观规律，从更广阔的时空层面考虑地区间生产力布局的重要性。直面入世后的新形势，通过实施"山海协作"，加快福建内陆山区、革命老区经济建设步伐，逐步实现沿海与山区均衡协调发展，对于增强全省综合经济实力、综合竞争能力具有重要的现实意义和深远的影响。

　　第五，顺应时势，打开山门喜迎八方宾客。内陆山区县市的发展，必须走出狭隘的天地，打开山门，进一步扩大开放；山区地区对外开放要以沿海市县为跳板建立窗口，采取特殊政策、灵活的机制，引进资金、技术和人才，开展合资合作经营、合作开发资源、合作发展旅游业、增加劳动力输出，扩大市场空间，实现优势互补，借此增强当地经济实力，推动山区经济的发展。

　　应该说，"山海协作"在新时期新阶段仍然重要。合作是有成效的，关键的问题是，如何才能使这一合作少一点政府救助的色彩，多一点市场运作的成分，从而使合作能够持续稳定有后劲，也使沿海地区、企业在合作中共享利益。一是山海协作，政策支持不可少，尤其是对山区发展的政策支持应当坚持，制定必要的特殊政策、倾斜政策。二是山海协作，加速山区地区发展，金融扶持很重要。政府应该出台对山区地区扶持的地区选择性金融援助政策，激励中小企业到受助地区创业发展，对中小企业的财富创造活动进行支持；建立地区发展基金，弥补落后地区企业发展中的资金不足问题。三是加快地方立法，出台地方性法规，为山海协作提供法律保障。四是其他措施，比如在山海协作中涉及的人力、物力、财力、税收政策等方面的问题，政府应当有比较灵活的政策加以解决。

　　福建山区、老区的发展，山海协作，得到中央领导的重视。2014年11月1日至2日，习近平在福建调研时指出："福建山区多、老区多，当年苏区老区人民为了革命胜利和中华人民共和国不惜流血牺牲，今天这些地区有的还比较贫困，要通过领导联系、山海协作、对口帮扶，加快科学扶贫和精准扶贫，办好教育、就业、医疗、社会保障等民生实事，支持和帮助贫困地区和贫困群众尽快脱贫致富奔小康，决不能让一个苏区老区掉队。"①

---

① 《全面建成小康社会不能丢了农村》，《中国青年报》2014年11月3日，第6版。

案例研究　山海协作的历史与现实[①]

"山海协作"的口号，自从 20 世纪 80 年代中期提出以来，差不多已经有 20 个年头了。福建省党代会提出构建福建现代化发展"三大战略通道"的思路，赋予了"山海协作"以新的内涵。福建的自然地理特征，决定了山海协作的重要性和紧迫性：福建山多、地少、临海，有"八山一水一分田"之称；如果占 80% 的山区地区发展不起来，仅靠沿海狭长地带的发展，无论如何，福建经济的发展水平不可能很高，综合经济实力也不可能太强。因此说，山海协作，谋求共同发展，是实现福建经济社会全面进步的基础，没有这一条，福建经济的发展将难以摆脱地区发展"二元"格局。

冷静分析福建经济的发展现状，在东南沿海省市当中，其经济影响力北不及江浙、上海，南不敌广东，一个重要原因就是福建广大的内陆山区经济发展水平不高，地区发展严重不平衡，这种"二元"格局现状，严重制约了全省经济总体实力的提高。从 90 年代中期列入"国家八七扶贫攻坚计划"的贫困县情况可以看出：邻省江苏、上海没有，浙江有 3 个县（文成、泰顺、景宁，均与福建省闽东交界），广东也有 3 个县（陆河、乳源、阳山，其中陆河在粤东，乳源、阳山在粤北），福建则有 8 县之多（4 个在闽东，寿宁、屏南、柘荣、周宁；4 个在闽西，武平、上杭、长汀、连城）。如今，扶贫攻坚计划的实施已经结束，但是，解决山区与沿海之间的发展差距，摆脱地区发展"二元"格局现状的任务仍然严峻地摆在面前，这也反映出福建在解决地区发展问题方面，与邻省相比，任务艰巨得多。

[①]　吴兴南：《深化山海协作，增强综合实力》，《福建日报》2001 年 12 月 18 日；吴兴南：《合作共赢是福建区域发展的理性选择——评从"山海协作"到"建设海峡西岸经济区"》，《福州大学学报》（哲学社会科学版）2005 年第 1 期。

"山海协作"，涉及三个方面，要调动三方面的积极性，实现三大目标："三个方面"是指山区、沿海与全省；三大目标是通过协作实现山区脱贫致富、增强福建沿海地区发展后劲以及提高福建的综合经济实力。因此，应当从有利于这三大目标的实现来统筹考虑山海协作问题。

山海协作问题的研究，如同科学探索，已经有许多学者和实际工作部门的工作者们为之进行谋划，探索可行的方案。

诺贝尔物理学奖获得者杨振宁先生，曾经把解决问题看作"非常近似于科学研究"的工作。他说："在科学上，你既要从整体上、战略上考虑问题，也要从局部上、战术上考虑问题。从局部上，你解决小问题，可是要把它们联成整体，这时你就需要一个重要的'思想'。找到这个'思想'，就像拼板游戏中找到那片连接板一样。"

如今，人们对于山海协作在福建经济发展、社会进步中的重要性、必要性的认识已经基本一致，现在关键的问题在于："山海"如何对接，采取什么样的方式进行对接，对接的关节点在哪里。这里的对接，就如同拼板游戏中的那片连接板。很显然，我们现在的任务就是要找到那块连接板。为此，必须立足于以下方面来考虑问题。

1. 从实现山区脱贫致富目标出发，积极挖掘内陆山区的发展潜力

发展山区经济，实现山区经济社会的全面进步，是当前和今后很长一段时间各级政府必须着力研究解决的重大理论和实践问题。邓小平指出："一部分地区有条件先发展起来，一部分地区发展慢点，先发展起来的地区带动后发展起来的地区，最终达到共同富裕。"山区解决温饱，只能说是实现了邓小平同志构想的第一步，要实现共同富裕，主要的还是得通过挖掘自身潜力，克服"等、靠、要"思想，加快山区的自身发展来实现缩小地区差距，山区地区各显神通，以已有的基础，借助各方面的帮助，借助市场的力量，借助山海协作的有利时机加快发展自己。

第一，着眼未来，把眼前利益与长远目标结合起来。

一般来说，通过努力、借助帮助，只是简单地解决山区群众的温饱，解决山区落后面貌是能够办到的，而且这一目标已经基本上做到或者说正在落实。问题难就难在，如何使一时一地解决山区群众温饱、摆脱山区落后面貌，同整个山区上水平、保持持续稳定发展，在发展中逐步缩小同沿海地区的差距。

在实际工作中，解决温饱、摆脱落后面貌，既是解决长期历史遗留的问题，也是为下一步的发展奠定基础、形成路子、培育机制、积蓄人才；既大大增强山区人口的自我发展能力和经济实力，也大大增强山区的自我发展能力和经济实力，这样把两种利益主体、两方面的需求意愿结合在一起，能够获得更有利于实现地区发展的高效率。

第二，短长并举，把发展县域经济作为突破口。

实现山区经济的发展，要从山区市县的具体实际出发，将发展县域经济作为突破口。在经济发展实践中，县域经济是区域经济的重要组成部分，是区域经济与社会发展的有生力量。由于县域经济在产业规模、社会资本和人力资源乃至经济环境上都有着各自的特点，它与大中城市相比，其经济规模、经济社会发展程度以及生产要素禀赋都存在较大差异，各县域必须从当地的实际出发，因地制宜，积极发展包括国有企业、集体工业、商业、粮食生产及加工、供销、乡镇企业等中小型企业；开放市场，健全和完善流通体制，将县域经济的发展纳入区域经济一体化进程当中。

与此同时，发展县域经济必须重视小城镇建设，通过小城镇建设，加快农村富余劳动力的转移、提高农业劳动生产率和综合经济效益。在当前和今后较长一段时间内，要把引导小城镇健康发展，作为山区农村改革与发展的一项重要任务。党的十五届三中全会曾经指出："发展小城镇，是带动农村经济和社会发展的一个大战略。"推进小城镇建设和发展，无疑是实现农村经济跨越式发展的一大战略举措，是加快城市化进程的必然选择；没有小城镇的发展，就没有山区县域经济的持续快速发展；没有小城镇的发展，就没有城市化，也不可能实现城乡一体化。

省内沿海地区经济发达、生产力水平高，发展速度快，人民生活水平高，一个重要原因就在于沿海城镇化水平高，城镇经济比重大，第二产业、第三产业发达。

第三，顺应时势，打开山门喜迎八方宾客。

2. 从增强发展后劲的需要出发，提高沿海地区和企业参与协作的热情

山海协作，沿海地区及企业是一重要因素，如果没有沿海地区及企业的积极参与，协作将无法进行下去。因此，沿海地区及企业的态度如何，将直接关系到山海协作战略实施的成败。现在的问题是，山海协作，山区很迫切，积极性很高，沿海地区及企业是否也有热情。

影响沿海地区及企业积极性的因素，关键在于山海协作能否实现双赢，沿海地区在协作中能否获得实际利益，协作中除了获得社会效益，能否获得实际的经济效益，有无获利空间。

为什么福建省有那么多企业家不远千里到西部地区投资，甚至到国外投资，而不去近在咫尺的闽东、闽西、闽北投资，这里有一个投资回报问题。现在，对于民间投资，往哪里投，政府只能进行引导，不能用行政命令强制，最终决定权在于市场。在这种情况下，政府某些经济政策措施的出台，要能够得到民间社会大众和投资者的支持参与，就要让他们能够获得看得见摸得着的实际利益。

如今，要使山海协作从单纯的政府行为，转变成既是政府所倡导的行为，也是受市场所吸引的行为，就必须充分考虑如何促使协作各方，包括民间投资者都能够从中受益，从而调动沿海、内地两个积极因素，使各级政府及民间力量都能够积极行动起来，政策措施与经济手段都能够综合应用起来，并激发起沿海地区、企业的协作热情。

3. 从提高综合经济实力出发，探索山海协作的方法途径，增强协作针对性和实效性

地区经济的发展是一个有机整体，要求全省一盘棋。有这样一篇文章——《竞争力：中国24城市排名研究》，列入研究的城市，福建有两个，即福州、厦门。文章指出：从综合竞争力来看，厦门在24个城市中居第5位，福州居第15位；厦门竞争力高在环境力、制度力、开放力；福州竞争力弱在凝集力、结构力、区位力。总起来看，在24个城市中，福州、厦门的综合经济实力都不强，也不具绝对优势。那么，福建综合经济实力靠什么提升，仅仅靠两个沿海大城市明显难担此重任，关键的问题还在于整体上缩小内陆山区与沿海地区的发展差距，实现省内地区经济均衡协调发展，实现整体水平的提高，而山海协作无疑是实现这一目标的最根本措施之一。

第一，深化地区经济联合与协作，促进沿海与山区优势互补。

经济联合与协作是我国经济体制改革的重要内容，对整个国家和各经济区域的产业结构调整及生产力布局、商品生产及流通发展等方面，都起着重大的推动作用。随着改革的深入，横向经济联合与协作将显示出更加强大的生命力。根据福建经济发展的实际，实施经济联合与协作，应当不拘一格，可以跨县市、跨行业，甚至跨省、跨国联合，实行外引内联，通过联合，将局部优势转变为整体优势，共同克服劣势，内外结合，增强综合经济实力。

在联合过程中，要有意识地将联合的内容纳入地区经济的发展规划，强化区域分工，优势互补，突出特色。

地区间的横向经济联合，要按中长期规划确立发展目标，充分发挥各自的优势，以调整结构、提高效益、协调区域关系为重点；在资源开发利用和市场开拓基础上，按照"扬长避短，互惠互利，共同发展"的原则开展联合与协作；坚持企业与企业联合为基本形式，提倡以大中型企业为骨干，以优质名牌产品为龙头，形成紧密型或半紧密型、松散型或半松散型的联合组织形式，有条件的地区，可以组建跨地区跨行业企业集团。通过"多领域、多层次和多形式"的联合协作，使沿海地区充分发挥高梯度区的优势，内陆山区发挥资源丰富及劳动力富余优势，打破所有制、地区、部门界线，在各方联合中促进经济发展、谋求经济效益。特别应当强调的是，沿海地区大中型企业与内地乡镇企业联合，不仅可以获得能源和原材料，建立自己的技术市场和销售市场，增强发展后劲，更重要的是可以扶持和带动内陆地区的初级产业、原材料产业、农副产品加工业的发展，盘活国有资产，带动当地国有或集体企业摆脱困境。在这过程中，有条件的内陆地区企业，也可以主动同沿海地区中小企业、乡镇企业进行联合，建立信息窗口和自己的加工工业基地，同时享受沿海地区优势，借助沿海优势为山区服务，发展壮大自己。

第二，继续推进对口支援工作，促进沿海与内地经济共同进步。

　　山海协作的最初形式主要就表现在对口支援方面。通过发达沿海地区对内陆落后地区的支援，进而带动山区地区经济发展和社会进步。今后，这项工作应当继续坚持下去，并逐步扩大对口支援的领域，争取在工业、农业、商贸、科技、人才、文化教育、劳务等各个方面都有所作为，并形成相对稳定的格局；要鼓励沿海地区到山区地区投资办厂，联合开发有地方特色、有较高技术含量、有市场需求的产品。通过对口支援，扩大生产，增加山区商品输出、劳务输出，进而带动山区经济发展，提高人民生活水平。山区地区也应当奋发图强，增强自我发展能力和参与市场竞争能力，形成沿海与山区地区互补互济，共同发展，逐步缩小两地间的发展差距。

　　随着形势的发展，对口支援要有新的内容，要变片面输血为输血与造血并举，通过对山区输血增强其造血功能。过去我们对山区的扶持主要是以政府为主体，随着市场经济的发展和经济合作的不断发展，对口支援扶持方式也应当转变为"政府全力推动，企业积极参与"的新机制，促使长期以来推行的扶持山区经济发展、实现山区农村奔小康工作迈上新台阶。

　　在这方面，广东与福建有着相同的发展经历，所面临的任务也有许多相同的地方。2000 年 11 月 21～24 日，广东省政府在清远举办首届珠江三角洲及沿海与山区经济技术合作洽谈会，实行政府搭台，企业唱戏，开展沿海与山区对口经济技术合作，合作洽谈的主要内容包括珠江三角洲地区与山区开展经济技术贸易合作的经验交流；两个地域之间寻求经济技术合作的信息发布；具体合作项目的洽谈以及签约等。洽谈会有别于以往的山区工作会议和扶贫会议，洽谈会上，企业是主体，企业之间的合作、合资、产权转让、收购兼并等，完全由企业按市场规则进行，各级政府不下行政命令，没有行政计划，不搞拉郎配；合作项目也按自愿原则，由市场需求来决定，所涉及的基建、化工、家电、机械、旅游、轻纺、医药、建材、商贸、农副产品加工以及其他工业项目，是沿海地区的优势产业，这其中也有许多属于山区经济发展过程中所迫切需要解决的技术领域。在这次洽谈会上，全省各代表团共签约项目 621 个，涉及金额达 242.47 亿元，另有 66 个劳务输出项目。应该说这种合作，沿海山区各得其所，这种做法无疑是值得借鉴的。

当然，这方面我们也有很成功的经验，比如 2001 年福建省举办的农业博览会，展示农业技术成果，为各地区农业合作牵线搭桥就是一种很好的形式。这次尝试虽然还主要停留在成果展示阶段，合作的项目不多。不过，毕竟有了一个良好的开端，只要政府有决心，企业有热诚，就一定能够为企业、为沿海与山区合作提供有益的帮助。

第三，积极研究山海协作的政策、规章、措施，在落实上下功夫。

客观地讲，福建省委省政府在山海协作、解决山区发展、促进地区经济协调、增强综合经济实力等方面，出台了一系列政策措施，办了许多实事，也取得了明显成效。现在的问题是，必须对长期以来实施的各项政策、措施进行认真的分析总结，对于行之有效的政策措施应当继续执行；好的经验做法应当加以推广，不够完善的加以完善，落后于形势、难以落实或者是无法兑现的政策措施，该废止的就废止，该改进的就改进；某些合作项目执行有困难的应该协助解决。努力提高政策的指导作用以及措施的针对性、有效性。目的只有一个，就是促进山区的发展。

（二）"三条战略通道"的构想

构筑"三条战略通道"简而言之就是：拓展山海协作通道、对内连接通道和对外开放通道。形象地说就是拓展福建发展空间、增强发展后劲、提高综合竞争力，促进福建奋起直追加快发展的一条新路子。

2001年11月30日，福建省第七次党代会报告正式提出"三条战略通道"构想。报告指出：新世纪初，要着力构建福建发展的战略通道。拓宽山海协作通道，加大对山区开发力度，加快向海洋发展步伐，山海联动，促进福建省区域经济协调发展。拓宽对内连接通道，北承长江三角洲，南接珠江三角洲，发挥地处东南沿海中间地段的作用，西连京九线，东出台湾海峡，增进省际经贸互补，积极参与西部大开发，进一步拓展福建省发展空间。拓宽对外开放通道，密切闽台港澳四地合作，联手加强与世界各国特别是发达国家经济往来和技术交流，合作发展，共赢共荣，增强福建省综合竞争力。通过构建三条通道，完善基础设施，改善创业环境，调整发展布局，扩大经济腹地，吸引和活跃人流、物流、资金流和信息流，促进生产要素优化组合，努力建设海峡西岸繁荣带，使福建经济发展和社会进步迈上新台阶。

对于"三条战略通道"的影响问题，时任福建省社科院副院长林其屏研究员在《"三条战略通道"：福建发展思路的重大创新》一文中做过三点概括。第一，"三条战略通道"的构建，有利于山海联动，促进生产力可持续发展。我省沿海地区作为开放改革的龙头、窗口和前沿阵地，在管理、技术、人才、市场等方面的吸收和创新上取得了巨大成就，可以站在更高的起点上，带动山区的发展，不断放大自身的"扩散效应"，以使沿海和山区的核心优势形成互补关系，以凸显沿海和山区各自的核心优势，加快结构调整的步伐。第二，"三条战略通道"的构建，有利于拓展国内市场，促进生产力可持续发展。拓宽对内连接的通道，实行对内开放，有利于福建省产品在国内拓宽市场，从而促进生产力的可持续发展。第三，"三大战略通道"构建，有利于扩大对外开放，促进生产力可持续发展。在进入 21 世纪之际，为在 WTO 条件下使经济生活能够更快地融入国际经济社会，加入到经济全球化进程中去，通过与国外的合作占领国内市场，通过技术与市场的联动以及跨国产学研联动可以将国内外有关资源、各种经济成分融合到福建省高新技术产业的发展中，并得到不断增殖，在此基础上使高新技术产业发展起来，并不断扩大产品出口比例，从而达到占领国际市场的目标。①

作为战略通道建设的继续，近几年福建通道建设步伐加快。据 2009 年 7 月 29 日福建省委八届六次全会通过的贯彻落实国务院加快建设海西意见的实施意见，其中，一是以港口建设为平台，加快建设海西三大港口群。围绕发展大港口、大通道、大物流，积极整合港湾资源，加快建设海峡西岸北部、中部、南部三大港口群。北部以福州港为主体，加强福州港和宁德港等的整合，覆盖三都澳、罗源湾、福清湾、兴化湾北岸等主要港湾，推动建设以集装箱和大宗散杂货运输相协调的国际航运枢纽港；中部以湄洲湾港为主体，覆盖湄洲湾、兴化湾南岸、泉州湾等主要港湾，发展成为大宗散货和集装箱运输相协调的主枢纽港；南部以厦门港为主体，覆盖厦门湾、东山湾，加快形成以集装箱运输为主、散杂货为辅的国际航运枢纽港。二是加快实施公路铁路网络建设。构筑以"三纵八横"为主骨架的高速公路网。加快建成和完善京台线、福银线、厦成线、泉南线、长深线、宁上线等国家高速公路福建段，加快沈海线福建段扩建及新建复线，积极推进兴化湾经尤溪至重庆省际的高速公路通道

---

① 林其屏：《"三条战略通道"：福建发展思路的重大创新》，《福建日报》2002 年 8 月 16 日。

建设。建设大运力快捷铁路运输通道。加快实施纳入国家中长期铁路网调整规划的海西铁路发展项目，推进形成"三纵六横九环"海峡铁路网。尽快建成连接两个三角洲的温福、福厦、厦深铁路和连接中西部地区的向莆铁路；抓紧建设京福、昆厦高速铁路；推进杭州至广州（经南平、三明、龙岩）、浦城至梅州、衢州至宁德、泉州至长汀等铁路项目；规划建设海峡西岸城际轨道交通系统，推动省内铁路网功能整合和扩能提速，使海峡西岸铁路成为国家路网的重要通道和交通枢纽。①

目前，福建全省公路通车总里程突破 10.5 万公里，其中海西高速公路网里程 5020 公里，路网密度居全国前列，人均密度、综合密度超沿海省份平均值，达到发达国家水平；普通公路二级以上里程突破 1 万公里，实现所有县城二级以上公路连接；农村公路实现全省建制村 100% 通硬化公路。铁路营业里程 3196.5 公里。全省沿海港口生产性泊位 492 个，其中万吨级以上 168 个，深水泊位占比 34.1%，实际通过能力近 7 亿吨，具备停靠世界集装箱船、油轮和散货船最大主力船型条件。②

内部提升，对外拓展，使福建区域发展迈上新的台阶。在"一带一路"建设中，中央确定福建作为"21 世纪海上丝绸之路"核心区，福建发展迎来重大历史机遇。

（三）海峡西岸经济区建设

海峡西岸经济区建设，是福建区域发展战略的延续和提升，它既是原有战略的继续，又是原有战略的升华，2004 年 1 月，在福建省人大十届二次会议上首次被完整公开地提出。为推进海峡西岸经

---

① 《2020 年福建 GDP4 万亿　明确未来十年发展目标》，《福建日报》2009 年 8 月 4 日。
② 福建省交通厅：《福建交通概况》，http://www.fjjt.gov.cn/jtgk/，最后访问日期：2017 年 10 月 31 日。

济区建设，2004 年 8 月中共福建省委七届七次全会批准实施《海峡西岸经济区建设纲要（试行）》，2005 年 1 月福建省人大十届三次会议做出《关于促进海峡西岸经济区建设的决定》，福建省第八次党代会对加快推进海峡西岸经济区建设做出全面部署，进一步明确了海峡西岸经济区建设的内涵、意义和总体部署。[①]

2005 年 10 月，在党的十六届五中全会上，支持海峡西岸经济发展写入《中共中央关于制定国民经济和社会发展第十一个五年规划的建议》；2006 年 3 月，全国人大十届四次会议，支持海峡西岸经济发展分别写入政府工作报告和"十一五"规划纲要；2006 年 10 月，党的十六届六中全会关于构建社会主义和谐社会的决定中，再次重申支持海峡西岸经济发展；2007 年 10 月，"支持海峡西岸经济发展"写入党的十七大报告。2009 年 5 月 6 日，国务院颁布《关于支持福建省加快建设海峡西岸经济区的若干意见》（国发〔2009〕24 号），意见提出：充分认识支持福建省加快建设海峡西岸经济区的战略意义，明确总体要求和发展目标；发挥独特的对台优势，努力构筑两岸交流合作的前沿平台；加快现代化基础设施建设，强化发展保障；增强自主创新能力，推进产业结构升级；统筹区域内协调发展，促进互动融合；全面深化改革开放，增强经济社会发展动力活力；加快社会事业发展，促进社会和谐；加快生态文明建设，实现经济社会可持续发展；加强组织领导，落实保障措施，9 方面的工作内容。国务院意见的发布实施，标志着海峡西岸经济区正式从区域性战略上升为国家级战略。

根据国务院《关于支持福建省加快建设海峡西岸经济区的若干意见》（国发〔2009〕24 号），海峡西岸经济区建设，要推动跨省区域合作。加强海峡西岸经济区与长三角、珠三角的经济联系与合作，

---

① 《"海西，福建最大的品牌"5 年大事记》，《海峡都市报》2009 年 1 月 11 日。

促进优势互补、良性互动、协调发展，进一步完善沿海地区经济布局。发挥闽浙赣、闽粤赣等跨省区域协作组织的作用，加强福建与浙江的温州、丽水、衢州，广东的汕头、梅州、潮州、揭阳，江西的上饶、鹰潭、抚州、赣州等地区的合作，建立更加紧密的区域合作机制。加强重大项目建设的协调，推进跨省铁路、高速公路、港口等重大基础设施项目统筹规划布局和协同建设，畅通海峡西岸经济区港口与腹地的通道。加强电子、机械、旅游、物流等产业的对接，推动产业集群发展和合理布局，形成产业对接走廊。加强市场开发，建设区域共同市场，促进人流、物流、资金流、信息流的无障碍流动。统筹协调区域内对台交流合作的功能分工，提升海峡西岸经济区与台湾地区的对接能力。

案例研究　深化区域经济协作创新，促进海峡西岸经济区建设

经济全球化和区域经济一体化是当今世界发展的基本趋势。经济全球化要求冲破地域空间的限制，增强世界经济的整体性，提高区域之间的依存度。与此同时，经济全球化也加剧了地域之间的竞争程度，日益激烈的竞争促使一些地域相近、发展水平相当或者具有相同利益的区域联合起来进行跨区域合作发展。因此，作为经济全球化的一个重要组成部分，区域经济一体化也随之发展起来。区域一体化促进了区域利益协调机制的形成，强化了区域间的协调与合作发展。我国地域辽阔，区域发展不平衡的问题十分明显，特别是改革开放之后，推行不平衡发展战略，让一部分地区先富起来，区域发展的差距进一步扩大，并日益成为中国社会发展中不可忽视的问题。因此，在全面建设小康社会的进程中，加强区域经济的协作合作，不仅顺应了世界经济发展的基本大势，更是促进区域经济协调发展、增强

综合国力、创建和谐社会的必然要求。

1. 区域协作创新是"海西"建设的重要基石

"海西"区域经济协作创新活动包括两个基准点。一是省内的经济协作，即通过加强沿海与内陆山区的协作，充分挖掘、整合省内资源，促进协调发展，增强"海西"核心区的经济实力。二是与毗邻省份的协作，遵循优势互补、互惠互利、共同发展的原则，推动城市之间、地区之间的规划联动、产业联动、市场联动、交通联动和政策法规联动，通过整合区域资源，调整区域产业结构，共同打造经济发展的良好机遇。

第一，深化省内协作，增强核心区实力，扩大辐射能力。福建地处东南沿海，从发展水平来看，沿海地带经济水平高，内陆山区相对滞后。因此，在加快福建经济发展、建设"海西"的进程中，促进沿海与山区之间的相互协作，提高自身聚集生产要素能力，大力发展具有比较优势的山区特色经济，调整优化产业结构，不仅有利于促进山区经济发展，而且对于沿海地区经济的优化升级，促进全省经济的均衡协调发展，增强"海西"核心区域的经济实力具有重要意义。

改革开放以后，福建山区经济同全省一样取得了长足发展，但与沿海发达地区相比在发展质量和水平方面都存在着明显的差距，而且差距有越拉越大之势。山区国内生产总值、财政收入的人均水平明显低于沿海地带。山海之间差距的拉大既受历史、地理条件的约束，也受人文因素的制约，还有政策环境的影响。沿海地区拥有国家开发区，形成了多层次的开放区域，且享有比山区更多的优惠政策，便于吸引海内外资金、引进国内外先进的技术和现代化的经济管理经验，为大规模发展外向型经济提供了先决条件。与此同时，山区与沿海地区的经济基础条件、市场经济观念和竞争意识，相比也要薄弱得多，沿海各项地方性投资政策也较山区灵活、宽松，从而给经济发展创造了比较好的内外部环境条件。

加强沿海与山区的协作，促进共同发展，是欠发达地区加快发展的重要平台，是培育新的经济增长点的有效途径，当然也是"海西"建设的一个基石。福建在 1986～1988 年，省委省政府曾先后下发了 7 个文件，制定了包括增加省级财政资金扶贫投入、银行贷款给予倾斜支持、物资分配给予照顾等三个方面 67 条山区发展政策措施。为贯彻实施国家"八七"扶贫攻坚计划，1994 年省政府制定了《关于实施"国家八七扶贫攻坚计划"的意见》，提出包括信贷、财税、经济开发、文教卫生等方面的 42 条优惠政策措施为山区发展解困。1998 年后，省委、省政府出台了《关于进一步加快山区发展的决定》、《关于贯彻落实〈中共中央、国务院关于进一步加强扶贫开发的决定〉的意见》、《关于进一步加快山区发展，推进山海协作的若干意见》、《关于加快县域经济发展的若干意见》，从加强基础设施建设、调整经济结构、简政放权、扩大开放、推广小额信贷发展种植业、加大财政金融税收扶持、强化沿海山区协作帮扶等方面出台了一系列扶持山区发展的政策措施。多年来，在推进沿海与山区的协作工作中，山区加强与沿海发达地区的互补合作，接受沿海发达地区的经济辐射，有力地推动了山区经济的发展，沿海地区则通过协作不断开拓山区广阔市场腹地，为经济发展扩大了市场空间，从而大大增强了福建区域经济的实力，也为海峡西岸经济区建设奠定了雄厚的物质基础。

第二，突破行政区划界限，实现跨省份跨区域协作。我国的经济活动是以行政区划为单元进行组织的。行政区划是国家为了分级管理而对国土进行划分的行政行为。行政区划形成的区域称为行政区域，简称政区。国家对政区设官置守，成为国家行使政权的单元。行政区划往往划分为若干等级，国家实行分级管理。各级有各级的行政中心，即治所。经过长期的发展，行政中心往往也就成为某一政区经济、文化、交通运输的中心，进而成为大小不等的区域性中心城镇。政区一旦确立，便进入了一个相对的稳定状态。但是，由于经济社会总是不断发展变化的，特别是伴随着经济全球化进程的日益加快，经济活动要求突破空间和时间的局限，这就要求政区设置不断满足经济社会发展的新要求，满足国家统治与管理的新需要。打破政区界限，实现跨区域经济协作和生产要素自由流动，便成为一种客观的必然。

海峡西岸经济区建设，客观上是一个跨省跨区域的经济活动，"海西"建设需要打破现行行政区划地域界限，进行资源优化组合。为此，必须打破地域界限，在更广阔的地域空间实现生产力的合理布局，比如，建设跨区域大型基础设施和公用设施，走区域经济法律政策趋同的道路，即主动加强区域沟通协作，优势互补，共建交通，构建统一市场，规划产业布局，建设整体开发的行政体制，弱化行政区划概念，拓展经济腹地，借此加强区域资源整合力度和协同发展能力，解决各自为政、低层次重复建设、恶性竞争问题，建立市场的内在联系，发挥市场配置资源功能，优化地域分工，合理配置资源，才有利于"海西"建设。

一般来说，区域协作总是在发达地区与落后地区或是发达地区对接发达地区实现的。经济发达地区有资金、市场、渠道、地缘、技术、经验等优势；而欠发达地区则有自然资源、廉价劳动力资源、发展潜力及后劲、后发性效应等优势。为了解决经济区域发展问题，从80年代开始，福建及相邻各省便开始建立经济协作关系。1986年成立闽浙赣皖九方经济协作区，由福建、浙江、江西、安徽四省毗邻的九市（南平市、金华市、丽水市、衢州市、上饶市、景德镇市、抚州市、鹰潭市、黄山市）组成开放式、全方位跨区域经济联合组织。九方经济区本着"开拓、创新、务实"的精神和"互惠、互利、互助、互补"的原则，开展区域经济联合，促进九方经济协作区的经济社会的持续快速稳定发展。结合各成员市发展的实际需要，推动和促进九市区域间各方、各行业、各层次、多渠道的经济、技术、信息的交流、联合与协作，并进行指导和协调，逐步形成了"长期、稳定、协调、紧密、开放"的区域协作合作关系，促进有特色的区域经济健康发展。90 年代，闽粤赣三省也建立了一系列协作关系，开展了"闽粤赣边区经济技术协作"活动，每年都有一批经济技术合作意向在这一活动中达成协议。江西业已成为闽粤沿海地区的粮食、农副产品、水果、畜禽等产品的主要供应地，而福建、广东则成为江西各地资金、技术的重要来源渠道之一，经济技术发展的巨大互补性，奠定了三方联合协作共谋发展的坚实基础，也为海峡西岸经济区协作发展开辟了宽广舞台。随着汕头、厦门两大经济特区向内辐射先进技术、管理经验，向内陆投资、转移劳动密集型产业、传递信息、进行联合生产经营、参与改造内地老企业、帮助开发出口货源等各项工作的开展，以及赣江流域、汀江流域、东江流域开发的全面展开，逐渐汇集成闽粤赣三边区域经济协作发展的繁荣局面。

经过多年努力，福建省在全力构建海峡西岸经济区的过程中，业与周边省份形成了 3 个省际经济协作区。这 3 个省际经济协作区包括：南平、金华、衢州、丽水、黄山、上饶、鹰潭、抚州、景德镇组成的闽浙赣皖九方经济协作区；厦门、三明、泉州、漳州、龙岩、鹰潭、赣州、抚州、潮州、梅州、揭阳、汕头、汕尾组成的闽粤赣十三地市经济协作区和九江、三明、上饶、宁德、安庆、抚州、南昌、莆田、黄山、景德镇、温州、福州、鹰潭、南平组成的闽浙赣皖十四地市经济协作区。

建立海峡西岸经济区，开展跨省份跨区域协作，有利于密切福建与其周边省份的经济联系，加快福建及其毗邻地区的经济发展步伐，符合国家"鼓励东部地区率先发展的区域发展总体战略"安排。

2. 建立跨区域经济协作机制，促进"海西"经济区建设

海峡西岸经济区建设作为一项重大的区域发展战略抉择，它的建立应当有利于各关联省份各地区之间优势互补，沿海与内陆腹心区域相互促进，城乡互动。区域协作能走多远，成效大小如何，取决于利益协调机制的建立以及利益各方的目标实现程度。因此，有三大因素影响海峡西岸经济区建设进程。一是主体经济实力的增强程度。福建作为海峡西岸经济区建设的主体，无疑是最大的受益者，正是这一预期目标效益，成为福建全力推进"海西"建设的驱动力，直接影响海峡西岸经济区建设的进程。二是利益互动机制的建立及有效运作。区域协作中，协作各方利益能否兼顾，能否从协作中获得最大的实惠，将极大地影响协作各方的积极性和协作热情。国家"十一五"规划纲要就指出："健全合作机制，鼓励和支持各地区开展多种形式的区域经济协作和技术、人才合作，形成以东带西、东中西共同发展的格局。"三是海峡两岸经贸联系的密切程度以及经贸活动的互补性强弱。"十一五"规划纲要明确："支持海峡西岸和其他台商投资相对集中地区的经济发展，带动区域经济发展"，这对"海西"建设无疑具有重要影响。

第一，区域经济协作要发挥政府和市场两大推动力。开展跨区域经济协作，是政府大力支持和推动区域发展政策的重要

组成部分，因此，政府的支持和推动是区域协作创新发展的主导力量，政府适当采取倾斜的制度供给、体制创新、政策创新、发展战略创新的具体措施，对加强区域协作，促进发展是不可缺少的主导力量。但是，要使区域协作从单纯的政府行为，转变成既是政府所倡导的行为，也是受市场所吸引的行为，区域协作才具有持久的生命力。这就必须充分考虑如何促使协作各方，包括民间投资方都能够从中受益，从而调动相邻各省份的积极因素，使各级政府及民间力量都能够积极行动起来，政策措施与经济手段都能够综合应用起来，并激发起协作各方的协作热情。这就需要借助市场的作用力，尊重市场资源配置的基础性作用、尊重市场的导向作用，从而有效解决区域协调、平等的发展问题。

第二，区域经济协作要克服行政区与经济区的矛盾。在现行行政体制下，行政区之间经济活动彼此割裂。随着经济发展，尤其是经济发展面临来自各方的竞争压力，现存各种经济社会问题的解决，寄希望在更广阔的地域空间范围内寻求合作解决问题的办法与途径。于是，打破地域封锁，超越现行行政区划管辖权力范围的束缚，从更有利于生产要素资源合理流动与配置，更多地从考虑影响区域经济发展和社会进步要求的客观因素出发，进行行政区划调整、促进区域一体化和实现城市网络化，突破城市的行政分割，加速区域整合、重视区域整体协调，寻求区域竞争中的优势互补，积极开展跨地区经济区域协作显得十分重要。

第三，深化区域经济协作促进省际的优势互补。不同省份之间，各自具有各自的优势与不足，实施经济协作，可以将局部优势转变为整体优势，共同克服劣势，内外结合，增强综合经济实力。在联合协作过程中，要有意识地将联合的内容纳入地区经济的发展规划，强化区域分工，优势互补，突出特色。在资源开发利用和市场开拓基础上，按照"扬长避短，互惠互利，共同发展"的原则开展合作与协作；坚持以企业与企业协作为基本形式，提倡以大中型企业为骨干，以优质名牌产品为龙头，形成紧密型或半紧密型、松散型或半松散型的联合协作组织形式，组建跨地区跨行业企业集团。通过"多领域、多层次和多形式"的联合协作，打破所有制、地区、部门界线，在各方联合中促进经济发展、谋求互利互惠。特别应当强调的是，沿海地区大中型企业与内地乡镇企业联合，不仅可以获得能源和原材料，建立自己的技术市场和销售市场，增强发展后劲，更重要的是可以扶持和带动内陆地区的初级产业、原材料产业、农副产品加工业的发展，盘活国有资产，带动当地国有或集体企业摆脱困境。在这过程中，有条件的内陆地区企业，也可以主动同沿海地区中小企业、乡镇企业进行联合，建立信息窗口和自己的加工基地，同时享受沿海地区优势，借助沿海优势为山区服务，发展壮大自己。

第四，研究制定并落实区域协作的政策规章及措施。客观地讲，在海峡西岸经济区建设进程中，福建与相邻各省份之间业已开展了一系列协作活动，彼此之间出台了一系列政策，采取了一系列措施，办了许多实事，也取得了明显成效。现在的问题是，必须对已经制定并实施的各项政策措施进行认真的总结分析，对于行之有效的政策措施应当继续执行；好的经验做法应当加以推广，不够完善的应加以完善，落后于形势、难以落实或者无法兑现的政策措施加以甄别；某些合作项目执行有困难的应该协助解决，努力提高政策的指导作用以及措施的针对性、有效性。区域经济协作，政策支持不可少，尤其是对内地山区发展的政策支持应当坚持，还必须制定跨省份的政策措施，制定必要的特殊优惠政策和鼓励措施。区域经济协作金融扶持很重要，政府应该出台有利于区域经济协作的地区选择性金融援助政策，激励中小企业到受助地区创业发展，对中小企业的财富创造活动进行支持；建立地区发展基金，弥补落后地区企业发展中的资金不足问题。要加快地方立法，出台地方性法规，为区域经济协作提供法律保障。

第五，建立全方位的跨区域经济协作机制。开展跨区域经济协作，涉及方方面面，需要通过建立相关的机制加以协调和规范。为此，必须建立跨省份跨地区跨部门的交通规划协调机制，统筹规划建设跨省市的重大基础设施和运输服务管理体系，协调跨省市公路、港口、内河航道的建设标准，制定相应的政策、制度、法规。调整完善各省市公路水路交通规划，在统一规划布局下推进港口资源整合，推广跨省市高速公路联网收费。发挥各种运输方式优势，促进公路、水路、铁路、民航、管道等多种运输方式协调发展。建立统一的运输大市场，突破地区、行业界限，制定相应的政策、制度、法规，鼓励跨省市投资、建设、经营。在统一标准下搭建信息平台，实现跨地区、跨部门的互联互通和信息共享；鼓励跨地区、跨行业的企业兼并、重组、联盟，组建、扶持和培育若干实力强大、运作规范、有能力跨地区甚至跨国发展的企业集团。建立跨省跨区域多主体的投融资机制，确保稳定的资金来源，用于社会公益性交通基础设施建设；充分发挥市场在资源配置中的基础性作用，建立和完善跨省市、多主体的投融资机制；打破行政区划界限和地区封锁，积极推行投资主体的多元化和建设经营的市场化；鼓励、支持和引导民营资本、异地资本进入交通基础设施建设领域；加强对投融资风险及防范措施的研究。

　　国务院《关于支持福建省加快建设海峡西岸经济区的若干意见》的颁布实施，表明以福建为主体的海峡西岸经济区建设得到党中央和中央政府的高度重要，也表明在新的历史发展阶段，福建经济发展的区位优势正日益凸显，尤其是把海峡西岸经济区建设成为科学发展的先行区、两岸人民交流合作的先行区，展现出海峡西岸经济区建设的显著优势和光明前景。

四　闽、赣、黔生态文明试验区建设

　　生态问题是一个很早就得到人们普遍关注的话题，生态与环境紧密联系。生态与环境组成一个词最早可追溯到 1982 年五届人大第五次会议。会议在讨论中华人民共和国第四部宪法（草案）和当年的政府工作报告（讨论稿）时，均使用了当时比较流行的保护生态平衡的提法。时任全国人大常委会委员、中国科学院地理研究所所长黄秉维院士在讨论过程中指出平衡是动态的，自然界总是不断打破旧的平衡，建立新的平衡，所以用保护生态平衡不妥，应以保护生态环境替代保护生态平衡。会议接受了这一提法，最后形成了宪法第二十六条：国家保护和改善生活环境和生态环境，防治污染和其他公害。政府工作报告也采用了相似的表述。由于在宪法和政府工作报告中使用了这一提法，"生态环境"一词一直沿用至今。[①]

　　1983 年，时任中国社会科学院顾问的于光远提出"把青海省建设为生态省"的建议。1997 年底至 1998 年初，九三学社颜家安、颜敏撰文又提出建设海南生态省，这一建议得到海南省委、省政府的重视。

---

　　① 侯甬坚：《"生态环境"用语产生的特殊时代背景》，《中国历史地理论丛》2007 年第 1 期，第 116～123 页。

1992 年 6 月 3～14 日，在巴西里约热内卢召开联合国环境与发展大会，此后，可持续发展成为全球共识，为了贯彻落实这一共识，一些国家和地区把生态示范区建设作为实施可持续发展战略的抓手。我国于 1994 年制定了《中国 21 世纪议程》；1995 年，国家环境保护总局开始在全国开展生态示范区创建活动，编制了《全国生态示范区建设规划纲要（1996－2050 年）》，根据《全国生态保护"十一五"规划》中的"'十五'工作回顾"，到"十五"期末，全国共批准 528 个生态示范区建设试点，其中 233 个被命名为"国家级生态示范区"，海南、吉林、黑龙江、福建、浙江、山东、安徽、江苏、河北 9 个省份开展了生态省建设，广西、四川生态省建设规划纲要通过专家论证，辽宁、天津等省（市）正在组织编制生态省建设规划纲要。全国有 150 余个市（县、区）开展了生态市（县、区）创建工作。1999 年初，海南省二届人大二次会议做出了《关于建设生态省的决定》，并得到国家环境保护总局的批准。至今已有海南、吉林、黑龙江、福建、浙江、江苏、山东、安徽、河北、广西、四川、辽宁、天津、山西 14 个省区市开展了生态省建设。

从生态示范区建设到生态省建设，再到生态文明试验区建设，是区域可持续发展的创新，也是国家区域发展治理理念的新发展。2016 年 6 月 27 日，中央全面深化改革领导小组第二十五次会议审议通过《关于设立统一规范的国家生态文明试验区的意见》和《国家生态文明试验区（福建）实施方案》，2017 年 6 月 26 日，中央全面深化改革领导小组第三十六次会议审议通过了《国家生态文明试验区（江西）实施方案》、《国家生态文明试验区（贵州）实施方案》，至此，福建、江西、贵州作为我国首批 3 个生态文明试验区实施方案全部获批，标志着试验区建设进入全面铺开和加速推进阶段。

福建省从生态示范区、生态省到生态文明试验区建设过程中，开展了一系列活动，取得了显著成效。2004 年 11 月 30 日，中共福建省委、福建省人民政府印发《福建生态省建设总体规划纲要》，根据纲要精神，确立生态省建设总体目标：立足于现有生态环境和经济条件，着力构建协调发展的生态效益型经济体系、永续利用的资源保障体系、自然和谐的城镇人居环境体系、良性循环的农村生态环境体系、稳定可靠的生态安全保障体系、先进高效的科教支持和管理决策体系，经过 20 年的努力奋斗，使福建成为生态效益型经济发达、城乡人居环境优美舒适、自然资源永续利用、生态环境全面优化、人与自然和谐发展的可持续发展省份。

根据《福建生态省建设总体规划纲要》，生态省建设依照三阶段的目标安排，具体如下。

第一阶段（2005 年之前）：全面启动生态省建设，着力培育生态效益型产业，突出解决重大生态环境问题，扎实推进生态工程建设，有效遏制环境污染加剧趋势。"餐桌污染"得到有效治理，主要食品安全状况明显好转，基本消除主要江河流域和交通干线两侧"青山挂白"。加强对城市医院医疗废弃物、电子废弃产品污染的整治和农村环境卫生的治理，实现城乡人居环境质量明显改善。抓好生态示范区和示范工程建设，以点带面扎实推进生态省建设。该阶段目标的要求是：生态效益型产业成为经济新增长点，生态建设稳步推进，局部地区环境污染的趋势得到有效控制，人居环境得到明显改善，生态安全保障体系初步建立，生态文化建设初显成效。

第二阶段（2006～2010 年）：生态省建设全面推进，建成一批重大生态工程，并逐步产生综合效益，生态效益型经济形成规模，产业结构比较合理，经济发展质量明显提高，生态安全保障体系基本形成，经济发展进入较高层次的发展阶段。该阶段目标的要求是：生态效益型经济形成规模，环境质量保持全国先进水平，人居环境初步达到优美舒适的要求，生态安全保障体系基本建成，生态文化建设成效明显。

第三阶段（2011～2020年）：生态省建设主要目标任务基本实现，六大支撑体系建设趋于完善，全省经济结构明显优化，经济社会与人口、资源环境协调发展，可持续发展能力达到目前中等发达国家水平，进入生态良性循环阶段，朝着基本实现现代化的目标迈进。该阶段目标的要求是：基本建成生态效益型经济体系，生态环境质量继续位居全国前茅，基本建成优美舒适的人居环境，生态文化发展繁荣。

为了使生态省建设落到实处，纲要提出了以下保障措施。①研究制定并落实相应政策法规，研究出台一批生态环境方面的政策法规，清理修订有关政策法规，加大资源环境执法力度，抓好各项政策措施的落实。②协调部门和地区行动。牢固树立正确的政绩观，提高生态省建设资金的使用效益，清理调整生态环境方面的收费项目，明确部门和地区的责任。③鼓励社会力量参与。鼓励民间资本投入生态环境项目建设，通过土地等优惠政策扶持生态产业发展，推进经营性生态项目产业化进程，支持生态项目融资。④完善管理体制和补偿机制。进一步理顺生态与环境保护建设的管理体制，建立生态环境补偿机制，健全资源有偿使用制度。⑤大力培育生态文化。强化全社会生态环境意识，加强生态建设的基础教育，建立社会公众参与的有效机制，着力弘扬生态文化。⑥拓展对外交流与合作。全方位开展国际交流与合作，积极开展省际交流与合作，加强闽港澳台交流与合作。

根据《国家生态文明试验区（江西）实施方案》，生态文明试验区建设依照两个阶段安排，即2018年为第一阶段，2020年为第二阶段。生态文明试验区建设，以实现山水林田湖草综合治理样板区、中部地区绿色崛起先行区、生态环境保护管理制度创新区和生态扶贫共享发展示范区为战略定位。《国家生态文明试验区（贵州）实施方案》，生态文明试验区建设也是以2018年为第一阶段，2020年为第二阶段进行安排，以实现长江珠江上游绿色屏障建设示范区、西部地区绿色发展示范区、生态脱贫攻坚示范区、生态文明法治建设示范区、生态文明国际交流合作示范区为战略定位。

建设生态文明关系人民福祉，关乎民族未来，是实现中华民族伟大复兴中国梦的重要内容。2013 年 9 月 7 日，习近平在哈萨克斯坦纳扎尔巴耶夫大学发表演讲时指出："我们既要绿水青山，也要金山银山。宁要绿水青山，不要金山银山，而且绿水青山就是金山银山。"① 这一指示精神，为我国区域可持续发展指明了方向。

---

① 《习近平总书记系列重要讲话读本》之八《绿水青山就是金山银山——关于大力推进生态文明建设》，《人民日报》2014 年 7 月 11 日，第 12 版。

第六章　闽浙皖赣粤跨区域合作政策的推进

区域经济发展不仅受自然环境因素的影响与制约，更直接的是受政府政策的影响与制约。区域经济发展水平的高低，有什么样的产业结构，往往受政府产业政策的影响，产业政策成为政府为实现某种经济和社会发展目标对产业活动进行干预的手段。区域经济发展的实践表明，那些占主导地位的部门和具有创新能力的产业往往对区域经济的发展具有带动力和推动作用。而那样的部门和产业通常集聚在中心城市、交通枢纽、资源富集区、沿江沿海沿路地带。于是，经济发展过程中就形成了某些典型发展区域，法国经济学家弗朗索瓦·佩鲁称这类区域为经济"增长极"，相反地也就有非典型的一般性区域。政府通过政策手段，促进生产要素的区域流动及产业聚集，目的在于最大限度地实现区域经济的协调发展。

一　区域产业政策与经济转型

（一）区域产业政策

1. 产业政策界说

产业政策，是政府为实现一定的经济和社会目标对产业活动进行干预而制定的各种政策总和，也可以说是政府干预区域经济发展的一种手段。产业活动包括产业类型、产业结构、产业关联、产业布局、产业组织、产业技术、产业发展等各方面的状况和变化。1994 年 4 月 12 日，国务院发布《90 年代国家产业政策纲要》指出："产业政策包括产业结构政策、产业组织政策、产业技术政策和产业布局政策，以及其他对产业发展有重大影响的政策和法规。"这里所谓"其他对产业发展有重大影响的政策和法规"正体现了动态、开放的要求。例如，可以根据情况将产业国际竞争力政策（产业进出口政策）和产业环境政策（产业可持续发展政策）等包括在内。实际上，各类产业政策中存在着彼此交叉渗透的关系，难以截然分开。同时，产业政策在各国的侧重点各不相同，并根据各自经济的实际情况而不断进行调整。产业政策的实质，是针对产业活动中资源配置的"市场失灵"情况，政府对经济活动的一种自觉干预，以实现特定的政策目标，包括实现经济振兴与赶超、结构调整与转换，以及保持经济领先地位与维持经济增长势头等。显然，这种政策是对社会整体利益的维护。若从产业政策的目标来看，产业政策对社会整体利益的维护，在国际层面表现为增强和维持本国经济整体在国际竞争中的有利地位，其实质体现了国家之间的经济竞争。产业政策的基本内容通常包括这样一些方面：政策对象、政策目标、政策措施和经济政策手段（财政税收、投融资）、政策实施的机制、步骤和方式。

2. 产业政策的由来

产业政策尽管是 20 世纪 70 年代以后才在世界各国广泛使用的概念，但可以说它是伴随着国家对经济活动干预的发生而萌芽的。现代意义的产业政策的基本内容，在不同国家不同发展时期以及不同学者的笔下有着不同的侧重点。17 世纪英国重商主义者托马斯·孟等人认为，国家为了增加财富，必须通过国家干预来促进本国的生产和出口，对外贸易是增加国家财富和现金的通常手段。他们关于产业政策的主要思路是：实行高额关税，限制外国商品的输入；保护航运业，航海贸易必须使用英国船舶；扶助出口工业；禁止优秀技工擅自离开国境，确保技术垄断；鼓励人口增殖等。1841 年，李斯特依据当时德国经济落后的实际状况，在《政治经济学的国民体系》中提出了利用产业政策，改变德国落后状况，用关税制度保护国内制造业的正当性与必要性的主张。日本在明治维新期间，提出了"置产兴业，富国强兵"的口号，他们制定的置产兴业政策的目标是：将农林、水产等各种产业改造成近代化的经济部门。

二战之后，遭受严重破坏的西欧各国和日本面临着如何加快重建和复兴的艰巨任务；一批新独立的发展中国家，迫切希望尽快缩短同现代化国家间的差距；社会主义国家，努力想通过高速的经济增长，向世界显示它强大的生命力。世界上几乎所有国家都在寻找如何通过国家政策的帮助，促使本国经济更快发展的途径。法国从1947 年开始，实行指导性计划，帮助重建法国经济，为了促进计划的实现，采取了一系列的政策措施，到 50 年代后也开始形成产业政策的概念。西欧六国在 1957 年建立欧洲共同体时，签署了《罗马条约》，其中包括产业政策的一些内容，如国家援助居支配地位的企业、促进资本和劳动力的自由流动以及建立共同市场等。欧洲共同市场建立后，曾多次发布有关产业政策的文件。印度于 1948 年公布了第一个产业政策，主要内容有划分国营和私营企业的活动范围，强调发展小工业和家庭手工业，实现外国企业印度化等。韩国在1950 年 3 月颁布了稳定经济的"十五项原则"，其中的产业政策是重点发展日用消费品的生产。苏联、东欧、中国等社会主义国家在战后很快恢复或制定了各种经济发展计划，实行优先发展重工业的政策，促进本国产业结构的转变和尽快建立独立完整的现代工业体系。1970 年，日本通产省代表在经济合作与发展组织（OECD）大会上，正式提出了"产业政策"一词。日本官方提出这个与战后

"日本奇迹"密切相关的概念之后，有关产业政策的理论研究和实践探索在更加广泛和更深层次上得以展开，现代产业政策在第二次世界大战之后新的经济社会背景下，在经济发展的实践中逐步形成。

3. 产业政策类型与体系

产业政策涉及产业活动的各个方面，存在各种不同的类型。产业政策是由各种有关产业政策构成的一个体系。按照政策内容的不同、产业政策的主要类型和体系的基本构成，产业政策应当包括：产业结构政策，分为主导产业选择政策、弱小产业扶持政策、衰退产业调整政策；产业组织政策，分为反垄断和反不正当竞争政策、直接规制政策、中小企业政策；产业发展政策，分为产业技术政策、产业布局政策、产业外贸政策、产业金融政策、产业可持续发展政策。1994 年 3 月 25 日，国务院第十六次常务会议审议通过的，1994 年 4 月 12 日，国务院发布的《90 年代国家产业政策纲要》（国发〔1994〕33 号），纲要指出："产业政策包括产业结构政策、产业组织政策、产业技术政策和产业布局政策以及其他对产业发展有重大影响的政策和法规。"具体如图 6 - 1 所示。

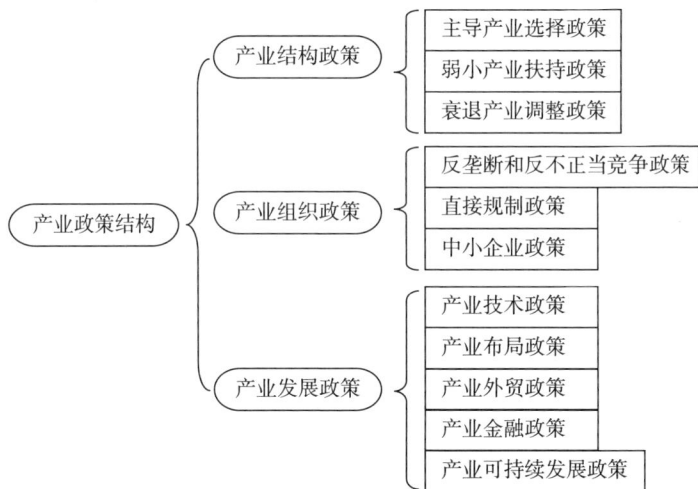

图 6 - 1　对产业发展有重大影响的政策和法规

产业政策是一个动态性的不断调整优化发展着的杠杆体系，在不同发展阶段，面临不同的发展形势，产业政策为企业指明不同的发展方向。2015 年 11 月 10 日，中央财经领导小组第十一次会议，研究经济结构性改革和城市工作，会上，习近平首次提出供给侧改革思路。[①] 2016 年 1 月 27 日，中央财经领导小组第十二次会议，研究供给侧结构性改革方案。[②] 2017 年 10 月 18 日，习近平在十九大报告中指出，要"深化供给侧结构性改革"。建设现代化经济体系，必须把发展经济的着力点放在实体经济上，把提高供给体系质量作为主攻方向，显著增强我国经济质量优势。由此可见，产业政策始终成为国家实现经济结构优化，提高经济质量，创造就业机会，增加出口贸易，更快更好地发展经济的手段。

（二）区域经济转型

1. 培育壮大新兴产业

新兴产业是在科学发展和技术进步基础之上，应用新的科研成果和新技术的部门和产业。在不同的发展阶段，新兴产业有不同的内涵。

在人类历史进程中，产业发展与人类认识自然、利用自然，发展物质生产力紧密相随，产业发展经历从无到有、从小到大、从低层次到更高层次的发展过程。在这过程中，凡是在原有产业基础上新产生的产业形态，或是原来未曾有过后来出现的业态，都可以看作是新兴产业。18 世纪中叶，从英国开始的以蒸汽机作为动力发展起来的第一次技术革命，引发了以机器代替手工劳动的巨大的革命性变革，使得近代意义的工厂代替了传统的手工工场，一批新兴产

---

① 《习近平主持召开中央财经领导小组第十一次会议》，新化网，2015 年 11 月 10 日。

② 《习近平主持召开中央财经领导小组第十二次会议研究供给侧结构性改革方案等》，新华网，2016 年 1 月 27 日。

业因应而生，从针织纺纱、织布等日用消费品生产，到采掘、冶炼、机械制造、造船、铁路机车等生产，从生产消费资料的生产到生产生产资料的生产，如雨后春笋般涌现，工业生产进入工业 1.0 时代。英国得益于大批新兴产业的发展，一跃成为世界上最先进的资本主义国家，法、美、德、日等国紧随其后，在 19 世纪中叶前后完成了第一次产业革命，进而奠定了这些国家最先进入发达国家行列的基础。正如恩格斯指出："当革命的风暴横扫整个法国的时候，英国正在进行一场比较平静，但是并不因此就显得缺乏力量的变革。蒸汽和新的工具机把工场手工业变成了现代的大工业，从而使资产阶级社会的整个基础发生了革命。工场手工业时代的迟缓的发展进程转变成了生产中的真正的狂飙时期。"①

19 世纪中叶，世界兴起了第二次科技革命。第二次科技革命的科学原理得益于英国科学家法拉第发现电磁感应现象，提出了发电机的理论基础。在完善电学原理的同时，科学家们开始了发电机的研制。1866 年，德国发明家西门子提出了发电机的工作原理，并由西门子公司完成了人类第一台直流发电机。19 世纪 70 年代，发动机投入使用，电灯、电报、电话、电车、电钻、电焊机等新产品大量涌现。在这一新技术应用和新兴产业涌现的过程中，德国、英国、美国争相并进，最终美国成为第二次科技革命的引领者。第二次科技革命及其与之相关的生产方式的变革，汽车、石油、钢铁等重化工业得到快速发展，世界工业生产进入工业 2.0 时代。

20 世纪中叶，以原子能、电子计算机、空间技术为标志，人类迈出了第三次科技革命的步伐。电子计算机的应用，促进了生产的自动化。第三次科技革命及与之相关的生产方式的变革，推动了信息技术、新能源技术、新材料技术、生物技术、空间技术和海洋技

---

① 《马克思恩格斯选集》第三卷，人民出版社，2012，第 648 页。

术等诸多领域的重大突破和产业化，电子信息、医药、新材料、航空航天、新能源、遗传工程、海洋技术、新型装备制造等行业快速发展，世界工业生产进入工业 3.0 时代。在第三次科技革命发展过程，美国始终占据科技和产业发展制高点，成为世界第一大经济体。

近些年来，国际上掀起了新一轮科技革命和产业变革的热潮，希望通过技术进步和调整产业政策重获制造业的竞争优势。在英国，2008 年，政府推出"高价值制造"战略，鼓励英国企业在本土生产更多世界级的高附加值产品；2013 年 10 月，政府推出《英国工业2050 战略》。在美国，2009 年 12 月，政府发布《美国创新战略：促进可持续增长和提供优良工作机会》的"重振美国制造业框架"，实施"再工业化"；2010 年 8 月，政府发布《2010 制造业促进法案》；2011 年 2 月，发布《美国创新战略：保护我们的经济增长和繁荣》；2011 年 6 月，发布《"高端制造合作伙伴"计划》（AMP）；2012 年 2 月，发布《先进制造业国家战略计划》。新任美国总统特朗普试图将制造业留在国内。在德国，2013 年 4 月，在汉诺威工业博览会上首次发布《实施"工业 4.0"战略建议书》，工业 4.0 成为热门词语，也标志着一个新的产业变革时代的来临。在法国，2013年 9 月，政府为了重振法国工业实力，出台了"新工业法国"计划。在日本，2013 年 6 月，正式实施"日本再兴战略"。在韩国，2009年 1 月，政府制定《新增长动力规划及发展战略》，确定 17 项新兴产业为新增长动力。在印度，2011 年 11 月，政府发布"国家制造业政策"。在巴西，早在 2003 年 11 月，政府就宣布《工业、技术和外贸政策》；2008 年 5 月，公布《生产性发展政策》；2011 年 8 月，又发布了"工业强国计划"（2011～2014）。面对以智能制造为核心的工业 4.0 时代的来临，各国积极行动，竞相争取战略主导权。

在我国，自 2002 年 11 月提出"两化融合"，到 2015 年国务院公布《中国制造2025》，中国制造业的水平已经有了质的飞跃，中国正在全力推进由制造业大国向制造业强国的转变。《中国制造2025》从国家战略层面提出：提高国家制造业创新能力、推进信息化与工业化深度融合、强化工业基础能力、加强质量品牌建设、全面推行绿色制造、大力推动重点领域突破发展、深入推进制造业结构调整、积极发展服务型制造和生产性服务业、提高制造业国际化发展水平。力图通过"两化融合"实现智能制造，催生更多新兴产业的发展。

我国"十三五"规划将新一代信息技术、新能源汽车、生物技术、绿色低碳、高端装备与材料、数字创意等领域的产业作为新兴产业。并要求大力推进先进半导体、机器人、增材制造、智能系统、新一代航空装备、空间技术综合服务系统、智能交通、精准医疗、高效储能与分布式能源系统、智能材料、高效节能环保、虚拟现实与互动影视等新兴前沿领域创新和产业化，形成一批新增长点。

2. 改造升级传统产业

根据2012年12月17日国家统计局《关于印发〈三次产业划分规定〉的通知》（国统字〔2012〕108号），三次产业的范围：第一产业是指农、林、牧、渔业（不含农、林、牧、渔服务业）；第二产业是指采矿业（不含开采辅助活动），制造业（不含金属制品、机械和设备修理业），电力、热力、燃气及水生产和供应业，建筑业；第三产业即服务业，是指除第一产业、第二产业以外的其他行业，包括批发和零售业，交通运输、仓储和邮政业，住宿和餐饮业，信息传输、软件和信息技术服务业，金融业，房地产业，租赁和商务服务业，科学研究和技术服务业，水利、环境和公共设施管理业，居民服务、修理和其他服务业，教育，卫生和社会工作，文化、体育和娱乐业，公共管理、社会保障和社会组织，国际组织，以及农、林、牧、渔业中的农、林、牧、渔服务业，采矿业中的开采辅助活动、制造业中的金属制品、机械和设备修理业。在三次产业中，制造业是传统产业的主要部分，属于劳动力密集型以及从事制造加工的行业。我国"十三五"规划对于传统产业的发展，提出"改造升级"战略。要求实施制造业重大技术改造升级工程，完善政策体系，支持企业瞄准国际同行业标杆全面提高产品技术、工艺装备、能效环保等水平，实现重点领域向中高端的群体性突破。开展改善消费品供给专项行动。鼓励企业并购，形成以大企业集团为核心，集中度高、分工细化、协作高效的产业组织形态。支持专业化中小企业发展。党的十九大报告从深化供给侧结构性改革目标出发提出"支持传统产业优化升级"。

传统制造业与新技术结合可以形成新产业新业态。比如，德国提出工业4.0计划，目的在于提升制造业的智能化水平，从某种意义上说就是一种传统制造业的再升级战略。我国提出的"两化融合"、"互联网＋"战略，也是基于制造业大国的具体实际进行的产业改造计划，是面对庞大的传统制造业的升级战略。

3. 培育先进制造业集群

产业集群，又称专业化特色产业区，是指在某一特定领域内互相联系的、在地理位置上集中的公司和机构的集合。实际上，产业集群是把产业发展与区域经济，通过分工专业化与交易便利性有效结合，从而形成一种有效的生产组织方式。综观国内外的经验，产业集群对国家和区域发展具有多方面的积极影响，已经得到社会的广泛认同。党的十九大报告就明确提出"培育若干世界级先进制造业集群"。一般而言，产业集群的形成从其动因来看，主要可以归结为市场路径、成本路径和政府路径。

第一，产业集群形成的市场路径。任何经济活动都存在交易费用，当市场交易成本很大时，交易更倾向于在企业内部进行，市场被分割成规模有限的条块。由空间距离所决定的不完全竞争性质和就地供应市场的要求决定了厂商的数量有限，而有限的市场抑制了专业化分工和产品细分，市场外部性难以体现，整个经济空间为众多分布于不同区域的厂商和分散的规模有限的市场所覆盖。当交易费用逐渐下降，企业交易活动更容易借助外部市场来实现，分立的小规模市场趋于融合，厂商和劳动力在更大规模的市场区域形成集聚。市场的扩大和厂商的集聚，促成加工各环节整个产业链的专业化分工体系的出现。专业化分工与交易费用下降进一步推动市场的扩张，市场外部性逐渐提升。进一步扩张的市场支持更多的厂商以更低的成本规模生产和开发细分产品，产业链不断分解、拉长，产品越做越精，专业化程度越来越高。市场外部性的显著提升，使得区域对更多的厂商形成吸引力，并最终促使较大规模的产业集群的形成。

第二，产业集群形成的成本路径。聚集企业成本的高低是直接决定产业集群形成的重要因素之一。企业"扎堆"能够使各自的成本不断下降，企业就有集中"群居"的激励。成本递减与市场扩张一样是产业集群形成的重要基础。首先，企业的集聚，带来交易费用的节约，直接降低了企业的运行成本。其次，竞争对手的存在，迫使企业不断降低成本，改进产品与服务，获得比较成本优势。最后，竞争对手的集聚将通过专业化分工获得外部规模经济，区域经济的外部性增强，企业成本下降。集聚企业的成本下降将激励更多的企业在本地出现，而更多企业的集聚将进一步增强区域经济的外部性，企业成本进一步降低，从而形成"企业集聚—专业化分工/区域经济外部性增强—企业成本降低—企业集聚"的循环累积效应，较大规模的产业集群形成。[①] 随着产业集群的产生，易于形成专业化

---

① 张荣刚：《文化产业集群竞争力的演进动力机制分析》，《中国流通经济》2011 年第 4 期，第 70～74 页。

生产、产业链延伸、生产要素集聚、基地与市场结合的特色鲜明的集群经济。专业化、基地化、区域化生产，有利于推动工业化、城镇化和城乡一体化进程。

第三，产业集群形成的政府路径。虽然产业集群一般都是自发形成的，而且产业集群被普遍认为是一种"自组织系统"，但地方政府在产业集群的形成中依然可以大有作为，能够发挥积极作用。总结产业集群经验路径，在形成产业集群的经济因素中最关键的包括交易费用的下降、专业化分工以及产业经济外部性的加强。因此，政府通过降低产业交易费用、引导专业化分工、提升产业经济外部性等非直接干预措施，培育产业集群形成的环境与利益机制，可以诱导产业集群的形成。比如认识到产业集群对于促进地方经济发展的重要作用，并根据地方产业发展的特点和优势，有意识地提出产业集群发展的规划；通过减少行政审批、降低各项收费，通过建立与完善企业服务体系降低交易费用。企业服务体系包括融资服务体系（如贷款担保公司、租赁公司、产业投资基金等）、人才服务体系（如人力资源公司、专业化的培训机构）、信息服务体系（包括产业研究机构、市场调查公司、广告公司等）、物流仓储服务体系、技术服务体系、建立企业孵化器等。对于特定产业集群进行强制性培育。比如通过知识与理念传递，营造培育产业集群氛围；通过对产业发展的公共性需求进行投入，提升产业经济外部性；通过原材料提供与市场拓展等的专业化经营，强化与引导专业化分工。政府对关键专业技术进行扶持、促进中间品市场的形成等对引导专业化分工也具有明显的作用。再就是进行产业集群项目建设。比如围绕当地重点产业集群，结合地区工业结构调整和产业优化工作实际，重点组织实施某些产业集群重点项目，开展产业集群项目招商工作，注重平台建设、为产业集群的形成创造条件。

二　区域经济合作与联动

（一）区域经济合作

1. 区域合作的基本态势

经济全球化和区域经济一体化是当今世界发展的两大趋势。经济全球化要求冲破地域甚至国界的障碍，增强世界经济的整体性，提高区域之间的依存度。与此同时，经济全球化也加剧了地域间的竞争，日益激烈的竞争促使一些地域相邻或相近、发展水平相当或具有相同利益的国家或地区联合起来进行区域合作。因此，作为经济全球化的一个组成部分，区域经济一体化也随之发展起来，并进一步促进了区域利益协调机制的形成，强化了区域间的合作。我国地域辽阔，区域发展不平衡的问题古来有之，改革开放后曾推行不平衡发展战略，地区差距的扩大，成为我国社会发展不可忽视的问题。区域合作是我国区域经济发展的选择，它不仅顺应了世界经济发展的趋势，更是协调区域发展，创建和谐社会的必由之路。

2. 区域合作的理论问题

（1）区域相互依赖理论。100多年前，马克思、恩格斯在《共产党宣言》中明确提出，随着资产阶级对世界市场的开拓，世界经济必然走向相互依赖。"美洲和环绕非洲的航路的发现，给新兴的资产阶级开辟了新的活动场所"，"市场总是在扩大，需求总是在增加"。①他接着说："拿来加工制造的，已经不是本地的原料，而是从地球上

---

① 《共产党宣言》，载《马克思恩格斯全集》第 4 卷，人民出版社，1972，第 467 页。

极其遥远的地区运来的原料；它们所出产的产品，已经不仅仅供本国内部消费，而且供世界各地消费了。旧的需要为更新的需要所代替，旧的需要是用国货就能满足的，而新的需要却要靠非常遥远的国家和气候悬殊的地带的产品才能满足了。"于是"过去那种地方的民族的闭关自守和自给自足状态已经消逝，现在代之而起的已经是各个民族各方面相互往来和各方面相互依赖了"。① 物质生产是如此，精神生产也是如此。这一原理的基本点如下。第一，世界经济走向相互依赖是资本主义发展的客观要求和必然结果；第二，这种相互依赖的范围将包括世界一切国家、一切民族以及各个方面，而不仅仅是某几个国家或某几个民族之间的相互依赖，也不只是在某一领域内的相互依赖，它包括了物质和精神的内容；第三，这种依赖是相互的、双向的，而不是单向、单方面的；第四，精神上的这种相互依赖，把世界上不同的民族联结成一个世界性的经济体，这种相互依赖有利于消除民族隔阂和民族利益的对立，有利于生产力的发展。相反，孤立封闭的状态则会使一个国家、一个民族逐渐落后。

西方经济学家对世界经济相互依赖理论有过大量研究，特别是在第二次世界大战后，西方经济学家就西方发达国家间、发达国家与发展中国家间以及发展中国家间的相互依赖关系从理论上进行了探讨，并建立了一些复杂的数学模型，设立了衡量相互依赖程度的指标以进行定量分析，进一步研究了相互依赖的机制。②

如今，这种依赖，随着全球化进程的加深，使得各国之间的联系更加密切，依赖程度更高。2013年3月23日，习近平在莫斯科国际关系学院演讲时指出："各国相互联系、相互依存的程度空前加

① 《共产党宣言》，载《马克思恩格斯全集》第4卷，人民出版社，1972，第470页。
② 李小建：《经济地理学》，高等教育出版社，2006，第239页。

深，人类生活在同一个地球村里，生活在历史和现实交汇的同一个时空里，越来越成为你中有我、我中有你的命运共同体。"[1]

（2）地域分工理论。各地生产的自然差异和交换的发展是社会分工的两个前提，社会分工又表现为部门分工和地域分工。社会劳动地域分工通常是通过地域间的部门分工及其所反映的地域间部门结构的差异显示出来的，一个国家或地区按某一优势的社会物质生产部门实行专业化生产，是社会分工的地域表现形式。地域分工是国民经济区域结构的主线，从个别区域看它是区域生产专门化，从相互联系的区域体系看则表现为整个社会的生产专门化体系。地域分工的必要前提是产品的区际交换和贸易，是产品生产地和消费地的分离。这一性质决定了地域分工的规模随着产品交换和贸易的扩大而不断扩张，从国内地区性的地域分工到全国统一市场下各区域间的分工，再从国内地域分工到国际地域分工，地域分工由低级形态向高级形态不断发展。正如亚当·斯密《国富论》"论分工受市场范围的限制"中指出的那样：分工起因于交换能力、分工的程度，因此总要受交换能力大小的限制，换言之，要受市场广狭的限制。一方面，随着社会再生产结构的发展，地域分工的性质和内容不断变化；另一方面，其分异的方向和格局随自然经济、社会条件的地域差异而变化。地域分工理论的主体是"比较优势原理"，亚当·斯密说，贫国的耕作，尽管不及富国，但贫国生产的小麦，在品质优良及售价低廉方面，却能在相当程度上与富国竞争。[2] 经济利益是决定地域分工的动力。地域分工理论，从亚当·斯密的绝对优势学说（绝对成本学说）开始，经过大卫·李嘉图的比较成本论，到伊·菲·赫克歇尔和贝蒂·俄林的要素禀赋论，以及琼斯·莫洛内等的区域比较利益

---

① 《十八大以来重要文献选编》上，中央文献出版社，2014，第259页。
② 亚当·斯密：《国富论》，陕西师范大学出版社，2010，第19、25~26页。

论，得到不断深化。

案例研究　区域经济合作的思想理论

1. 相互依赖原理[①]

美国经济学者理查德·库帕 1968 年出版了他的《相互依赖经济学：大西洋社会的经济政策》一书，较早提出了有关"相互依赖"的观点。库珀认为，"相互依存"是指一国经济发展与国际经济发展之间的敏感反应关系。1977 年，美国学者罗伯特·基欧汉在《权力与相互依赖》一书中，对"相互依赖"有了新的认知，他在书中这样写道："一般而言，依赖指的是为外力所支配或受其巨大影响的一种状态。简而言之，相互依赖即彼此相互依赖。世界政治中的相互依赖，指的是以国家之间或不同国家的行为体之间相互影响为特征的情形。""这些影响往往来自国际交往——跨越国界的货币、商品、人员和信息流动。自第二次世界大战以后，国际交往急剧增加，'最近几十年的基本发展趋势表明，各种形式的跨国联系每 10 年翻一番'。人类交往对相互依赖的影响取决于与之相关的制约或成本。相比期望不断获得毛皮、首饰和香水等奢侈品进口的国家而言，一个完全依赖石油进口的国家更加依赖石油的持续供应。当交往产生需要有关各方付出代价的相互影响时，相互依赖便出现了。"可见，依赖源于经贸联系，全球化的今天依赖不可避免。

2. 亚当·斯密的绝对成本学说[②]

分工能够提高效益，也意味着在生产相同量的劳动产品时能够少支付劳动成本，这是人所共知的问题。亚当·斯密较早

---

① 〔美〕罗伯特·基欧汉、约瑟夫·奈：《权利与相互依赖》，北京大学出版社，2002，第 9 ～ 10 页。

② 〔英〕亚当·斯密：《国富论》，陕西师范大学出版社，2010 年 12 月版，第 16 ～ 20 页。

地从理论上给予了阐释。亚当·斯密在《国富论》开篇指出：
"劳动生产力最大的增进，以及运用劳动时所表现的更大熟练、
技巧和判断力，似乎都是分工的结果。"他以扣针制造业的例子
说明分工是如何提高劳动生产效益的。由此推而广之，认为其
他各种工艺及制造业，虽有许多不能做这样细密的分工，其操
作也不能变得这样简单，但分工的效果总是一样的。分工之所
以能够提高劳动生产力，同样的劳动力能够完成比过去多得多
的工作量，原因在于：①分工使劳动者专注于某种生产或某一
环节的工作，日久而精，能够提高熟练程度，进而改进工作方
法，甚至完成某种技术革新；②分工使劳动者专心同一项工作，
避免分工前转换工种时的时间浪费；③分工使劳动环节得到简
化，减少不必要的工作环节，使一个人能够做许多人的工作。
进而，亚当·斯密把分工原则也用于分析地域之间或国家之间
的分工问题。每个国家都存在着某种自然禀赋或者创造出的某
种专长，即占有生产条件上的某种绝对优势，拥有实际成本小
于其他国家的某种或某些商品。亚当·斯密举出富国与穷国农
业产出的成本差异——"与英格兰比较，论富裕，论进步，法
国可能要逊一筹，但法国产小麦省出产的小麦，其品质之优良
完全和英格兰小麦相同，而且在大多数年头两者的价格也大致
相同"，"贫国的耕作，尽管不及富国，但贫国生产的小麦，在
品质优良及售价低廉方面，却能在相当程度上与富国竞争"。法
国绸之所以比英国绸又好又便宜，就是因为织绸业，至少在今
日原丝进口税很高的条件下，更适合于法国气候，而不十分适
合于英国气候。但铁器和粗毛织物，品质上同样优良的英国货
比法国便宜。通过分工，进行专业化生产，无论是部门生产还
是国家（地区）间的产业，都能够获得最大的经济效益。

3. 李嘉图的比较成本学说[①]

李嘉图认为，两国产品的交换，取决于生产这两种产品的比较（或相对）成本，而不是由生产这两种产品耗费的绝对成本所决定。这是因为两国劳动生产率的差异，并不是在任何产品上都是等同的。因此，李嘉图主张每个国家都应把劳动用在最有利于本国的生产上，专业化生产那些它享有生产成本比较优势的商品。国际贸易之所以有利，在于它允许一国从他国以低于国内必要生产成本的价格获得某种商品。生产和出口对本国相对有利的商品以及进口相对成本较高的商品，即所谓的"优中选优，劣中选劣"。李嘉图的比较成本学说回答了斯密学说没有回答的问题。李嘉图比较成本理论的基础在于不同国家的技术结构之间存在差异。但李嘉图并没有指出这一差异的起源。

4. 区域比较利益论[②]

继俄林之后，琼斯·莫洛内等人提出了"区域比较利益论"，将H-O模型进一步引入工业区位的研究中。该理论认为，不同区域之间的资源配置效益存在差异，产生差异的原因基本上有两类：一是区域之间的外部经济差异，二是区域之间生产要素比较优势的差异。一个区域内已有资源的集聚会产生经济效益，同时，区域内的基础设施、公共事业也会给区域内各产业的生产经营活动带来经济效益，这就是所谓的区域外部经济。区域间的外部经济不同，会造成资源配置的区域比较优势差异。区域之间各种生产要素拥有状况及其相对价格的差异，

---

① 阿列桑德洛·荣卡格利亚：《西方经济思想史》，上海社会科学院出版社，2009，第171~172页。

② 谢作诗、崔万田：《关于比较利益论的再思考》，《经济评论》2002年第2期，第23~27页。

显示了区域生产要素的比较优势，从而也对应了不同资源配置的区域比较效益。区域比较优势理论既吸取了马歇尔外部经济原理，又继承了俄林生产要素禀赋论。从国际贸易理论出发的区位比较利益论认为，生产要素跨国家、跨区域的自由流动是受到严格限制的，这便造成区域生产要素优势的落差，由此形成产业集聚效应。

3. 我国区域合作政策

中华人民共和国成立以后，我国区域发展战略经历了三个阶段，即改革开放前实行平衡发展战略阶段和之后推行不平衡发展战略的阶段，以及正在推进的实施区域协调发展战略阶段。

改革开放后，在"效率优先、兼顾公平"的原则指导下，国家允许和鼓励一部分地区先发展起来，以带动其他地区共同富裕。宏观政策也倾向于沿海地区，区域发展倾斜政策的结果便是东部沿海地区的经济增长速度逐步超越内地，地区发展差距明显扩大。这是改革开放初始阶段的必然结果，符合经济发展的客观要求。改革开放促进了各地区经济的发展，但也扩大了地区间的经济差距。这既有自然地理条件、历史文化因素、经济基础和市场潜力差异等的客观原因，也有经济体制、政策选择和发展战略等方面的影响。在一定的条件下，区域经济差距对经济发展具有积极的促进作用。但是，我们也应该看到，差距的进一步扩大正在使一些社会矛盾日益显现出来，如发达地区的就业机会远远多于落后地区，区域经济差异的扩大导致了各种社会资源进一步向发达地区集中，致使发达地区发展权的膨胀和落后地区发展权的流失，引起落后地区和发达地区之间人们心理上的对立，以及人与自然之间矛盾的加剧。地区差距已经引起了广泛的关注，甚至被认为是影响社会和谐发展的因素之一，区域发展面临的挑战也日益严峻。

逐步消除地区差异，实现区域协调发展还面临着另一难题。改革开放以后，随着市场经济的发展，各省区市之间的竞争有效增强了区域内部经济的活力，然而，省区市之间竞争的加剧却带来了区域壁垒问题。区域保护的范围呈扩大化趋势，其保护手段更加复杂化，从而造成地区局部利益无限放大，恶性竞争、重复建设、产业结构趋同等现象普遍出现，成为区域协调发展的一大隐患。

基于区域发展的现状，国家对区域协调发展问题给予了极大的关注。国家"十一五"规划纲要开辟了"促进区域协调发展"专篇，提出"实施区域发展总体战略"，要求"坚持实施推进西部大开发，振兴东北地区等老工业基地，促进中部地区崛起，鼓励东部地区率先发展的区域发展总体战略，健全区域协调互动机制，形成合理的区域发展格局"。国家"十二五"规划纲要提出"优化格局，促进区域协调发展和城镇化健康发展"，要求"实施区域发展总体战略和主体功能区战略"，构筑区域经济优势互补、主体功能定位清晰、国土空间高效利用、人与自然和谐相处的区域发展格局，逐步实现不同区域基本公共服务均等化。坚持走中国特色城镇化道路，科学制定城镇化发展规划，促进城镇化健康发展。国家"十三五"规划纲要提出"推动区域协调发展"，要求以区域发展总体战略为基础，以"一带一路"建设、京津冀协同发展、长江经济带发展为引领，形成沿海沿江沿线经济带为主的纵向横向经济轴带，塑造要素有序自由流动、主体功能约束有效、基本公共服务均等、资源环境可承载的区域协调发展新格局。区域合作、协调发展成为区域发展主旋律。

实现区域协调发展，加强区域合作是基础。当今中国，谋求区域经济协调发展，合作共赢的浪潮不断高涨，区域间的经济合作已成常态。珠三角、长三角、环渤海、海峡西岸等地区一体化步伐加快，辐射带动能力越来越强，越来越多的省市通过跨区域合作实现加快发展目标。

（二）区域经济合作机制建构

对于区域经济合作的机制问题，国家"十一五"规划中就有过明确表述：健全市场机制，打破行政区划的局限，促进生产要素在区域间自由流动，引导产业转移；健全合作机制，鼓励和支持各地区开展多种形式的区域经济协作和技术、人才合作，形成以东带西、东中西共同发展的格局；健全互助机制，发达地区要采取对口支援、社会捐助等方式帮扶欠发达地区；健全扶持机制，按照公共服务均等化原则，加大国家对欠发达地区的支持力度。国家"十三五"规划就"健全区域协调发展机制"提出指导性意见：创新区域合作机制，加强区域间、全流域的协调协作；完善对口支援制度和措施，通过发展"飞地经济"、共建园区等合作平台，建立互利共赢、共同发展的互助机制；建立健全生态保护补偿、资源开发补偿等区际利益平衡机制。

目前，我国已经开展了一批跨区域合作活动，泛珠三角"9+2"区域合作、长三角区域合作、环渤海区域合作以及海峡西岸经济区合作，形成了卓有成效的合作机制。

第一，泛珠三角区域合作。根据《泛珠三角区域合作框架协议》（2004年6月3日）第五条"合作机制"的规定："（1）建立内地省长、自治区主席和港澳行政首长联席会议制度。每年举行一次会议，研究决定区域合作重大事宜，协调推进区域合作。（2）建立港澳相应人员参加的政府秘书长协调制度。协调推进合作事项的进展，组织有关单位联合编制推进合作发展的专题计划，并向年度行政首长联席会议提交区域合作进展情况报告和建议。（3）设立日常工作办公室，负责区域合作日常工作。9省（区）区域合作的日常工作办公室设在发展改革委（厅），香港、澳门特别行政区由特区政府确定相应部门负责。（4）建立部门衔接落实制度。各方责成有关主管部门加强相互间的协商与衔接落实，对具体合作项目及相关事宜提出工作措施，制订详细的合作协议、计划，落实本协议提出的合作事项。"

第二，长三角区域合作。经过多年运作，形成几条较为稳定成熟的合作机制。（1）建立江浙沪皖3省1市党政首脑会晤机制。会议每年一次，轮流承办。研究商议推进本区域合作的重要事项，是长三角区域合作的核心决策机制。2016年12月8日，沪苏浙皖首脑会晤，共同签订了《关于共同推进长三角地区协同创新网络建设合作框架协议》《关于共同推进小洋山区域开发等重大合作事项的框架协议》《关于共同推进宁杭生态经济发展带建设合作框架协议》《关于新安江流域上下游横向生态补偿协议》等多边和双边协议。（2）成立区域发展促进基金。2011年11月20日，江浙沪皖3省1市党政首脑会晤在合肥举行，会议通过了《长三角合作与发展共同促进基金管理办法（试行）》。基金由上海、江苏、浙江和安徽3省1市政府共同设立，为政策性公益基金。基金首期规模4000万元，3省1市出资额各为1000万元，由长三角合作与发展联席会议办公室负责管理，在上海设立统一账户。用于跨省市基础设施建设、生态建设、环境治理，以及产业升级等跨区域发展过程中任何一方难以单独解决的重大问题。（3）建立产业转移承接机制。合作共建园区，开启区域合作的"飞地"模式。在安徽建设长三角产业转移合作信息平台，由安徽牵头，江浙沪共同参与。江苏淮安"飞地经济"建设成为典型。（4）形成区域融合动力，加快一体化发展步伐。包括"交通一体化"、"市场一体化"、"产业一体化"，减少合作区内部的不必要竞争，建立经济发展服务资源共享。

第三，环渤海地区区域合作。2015年9月15日，国务院批复《环渤海地区合作发展纲要》（国函〔2015〕146号），提出了四层次的合作机制。（1）建立由北京市牵头的环渤海地区合作发展协调机制，协商制定合作发展框架和重大战略，共同解决区域合作中的突出问题。（2）完善省（区、市）间的双边合作机制，编制实施双边合作规划，推进落实已签订的合作协议。（3）加强行业主管部门合作，推进建立重点领域合作机制。（4）支持组建区域性行业协会和商会，引导社会组织在合作发展中发挥作用。通过合作达成6方面的重点任务：一是形成现代化基础设施的网络体系，二是加强生态环境保护联防联治，三是推进产业对接合作，四是构建开放型经济新格局，五是完善统一市场体系，六是统筹城乡区域协调发展。

案例研究　欧盟区域经济合作机制管窥[①]

第一，欧盟经济一体化的起点与基础。

1951年，欧洲煤钢共同体的建立，标志着欧洲经济一体化正式启动。

1957年3月25日，法国、西德、意大利、荷兰、比利时和卢森堡6国政府首脑和外长在罗马签署《欧洲经济共同体条约》和《欧洲原子能共同体条约》。后来人们把这两个条约统称为《罗马条约》，同年7月19日到12月4日，6国议会先后批准了《罗马条约》，条约于1958年1月1日生效，该条约的生效标志着欧洲经济共同体正式成立。

《罗马条约》涉及的内容极其广泛，其中心内容是：建立关税同盟和农业共同市场，要求逐步协调经济和社会政策，实现商品、人员、劳务和资本的自由流通，关于工业品关税同盟，条约规定在12年过渡时期内分三个阶段，成员国采用循序渐

---

① 张荐存：《欧洲一体化与欧盟的经济社会政策》，商务印书馆，2001，第35~37、44~46、91页。荣宏庆、丛春荣：《欧盟税收一体化的协调内容及其借鉴》，《当代经济研究》2006年第7期，第41~43页。王雅梅：《论欧盟区域政策与成员国区域政策的协调》，《德国研究》2008年第3期，第54~60页。

进、逐步深入的方法，在 1959 年 1 月 1 日～1968 年 7 月 1 日期间取消了相互间工业品的贸易关税；从 1961 年 1 月 1 日～1968 年 7 月 1 日间拉平了成员国对共同体以外国家的关税。1968 年，欧共体建立起统一的共同对外关税，标志着关税同盟建立的完成。

第二，共同农业政策。

1962 年在法、德等农业大国主持下，经过相互协商、平衡，通过了"建立一个农产品统一市场折中协议"。经历了 20 世纪 60 年代农产品短缺、70 年代自给自足和财政危机、80 年代农产品生产过剩以及 1984 年、1992 年、1998 年的调整和改革和 2002 年最新农业政策改革，欧盟共同农业政策已成为一个完整的农业政策体系，包含组织立法体制、结构政策和财政体制等 4 个方面的内容，以及统一市场、区域优惠、共同财政和共同责任 4 大原则。2002 年 6 月最新农业政策改革传统的"农民生产越多，得到补贴越多"的政策，通过所得分离政策即打破补贴和生产的关系，允许农民把产量和需求结合起来，避免过度生产。新农业政策对欧洲的农民、消费者和纳税人带来了好处，也减少了把欧盟过剩的农产品倾销到世界其他市场的可能性。

第三，共同财政税收政策。

改革成员国不同增值税、消费税等税收制度，改革各成员国的财政补贴政策，有一整套财政政策协调的法律程序和制度框架。并逐步确立了成员国税收一体化的基本原则：①禁止以税收方式对本国产品提供保护原则；②协调成员国税收立法原则；③消除重复征税原则；④成员国从属原则；⑤成员国一致同意原则。此外，建立超国家主义的共同财政预算制度，财政收入来源于：成员国全部进口关税，农产品进口差价税和糖税，成员国增值税提成等。通常，欧盟每年的共同财政预算约900亿欧元。

第四，欧盟组织机构。

①欧洲理事会。欧盟最高决策机构，体现政府间合作的机构处于决策核心。由成员国普选产生，任期5年。②欧盟理事会。立法、决策、执行机构。按成员国代表组成，下设常任代表理事会、政治委员会、联络小组、工作小组、总秘书处、高级代表、政策计划和早期警告单位。③欧洲议会。有知情权、监督权、被协商权、辩论权。④欧洲委员会。日常运行常务执行机构，起草法律。此外，还有审计署、地区委员会、欧洲投诉委员会等机构。⑤欧洲法院，确保欧共体的法律有一致的解释以及有效的贯彻实施。欧盟的区域政策工具主要是通过设置专项基金和优惠贷款。设立结构基金重点扶持落后地区经济发展，此外还有欧洲地区发展基金、欧洲投资银行、欧洲煤钢联合体的社会基金、欧洲农业指导与保障基金的指导部分、聚合基金和渔业指导基金等政策工具来平衡欧盟内部经济和社会发展不平衡问题。

第五，货币经济一体化。

1991年12月《马斯特里赫特条约》规划了欧洲经济与货币联盟的建设，分三个阶段完成。①全面开放一切金融业务、消除资本流动阻碍，实现欧盟内部资本自由流动。②在商品、资本、人员、劳务等自由流动的条件下，1994年成立欧洲货币局。③正式实现经济与货币联盟，设立欧洲中央银行，建立单一货币体系，制订统一货币政策。1999年1月欧元正式启动，2002年1月欧元作为法定货币在欧元区正式流通。欧元加强了统一市场建设，消除欧元使用国汇率风险，促进欧盟内部的公平竞争。2000年里斯本会议决定了建立统一的"市场监管委员会"代替欧盟内部和多家金融监管机构；2003 年欧盟开放电信和电力市场，实行统一的规则和法规，计划 2005 年建成同一的金融和资本市场。

三 闽浙皖赣和闽粤赣合作路径

（一）建设跨区域绿色产业经济带

1. 生态农业的发展

生态农业是按生态经济学原理、应用系统工程的方法建立和发展起来的农业体系。粮食生产与多种经营结合、种养加结合、农林牧副渔业结合，农业与二、三产业结合，农业资源利用与保护同步，形成循环农业经济模式。四省毗邻地区发展生态农业有其得天独厚的优势。可以以县乡区域为范围，建立龙头企业，以市场为导向，农业为基础，加工销售为主导，开拓市场，引导生产，深化加工和搞好服务。针对四省毗邻地区的基本情况，重点发展加工和流通，以乡镇企业为突破口，大力兴办以产品加工和市场流通为重点的龙头企业，培育种养加、农林牧副渔结合的生态农业主导产业。比如，我国南方重点林区南平市，利用得天独厚的生态资源，在不砍树的情况下，充分利用森林资源和林地空间资源，建立以林为主，林下种植、林下养殖、相关产品采集加工和森林景观利用等相结合的复合经营林下经济产业模式，取得较好成效。据不完全统计，2013 年以后，全市共投入林下发展扶持资金 6486 万元，共建立林下经济示范基地（片）223 个，基地经营面积 27.77 万亩，涉及林农 3.04 万人。2017 年，省级财政下拨林下经济专项扶持资金 1630 万元，用于发展林下经济项目扶持。该市林下经济发展中实施"龙头带动战略"，通过培育林业产业化龙头企业、国有林场和专业大户，采取以点代面逐步推开的方法，建立林下经济示范基地。延平区闽丰蜜蜂研究所林下经济生态养殖基地采取"公司＋基地＋农户"产业经营模式，带动蜜蜂养殖户 150 户，产品获得"福建省著名商标"称号；邵武市在各乡镇推广林下种植金线莲，2013 年获首届"中国金线莲产业原生态十佳示范园区"殊荣；光泽县李坊乡管蜜村利用黄花梨树培育铁皮石斛，示范面积 100 多亩；建瓯市鑫福瑞农业发展有限公司利用 7000 亩林地，养殖生态土鸡 7 万只，年产值达 2000 万元；顺昌县在阔叶林、杉木林、毛竹林下套种竹荪，种植面积 1.2 万亩，产量近 90 万公斤；建阳红旗森林人家依托当地优美生态，发展生态旅游。[①]

2. 绿色食品工业

绿色食品是根据我国绿色食品中心制定的生产、加工标准而进行生产、加工，并经专门机构认可、许可使用绿色食品标志的无污染的安全、优质、营养食品。闽浙粤赣毗邻地区由于远离中心城市，工业污染少，自然环境条件多样，有发展绿色食品的先天条件。如上饶的大鄣山茶叶、绿葛园葛粉、余干芡实、弋阳大米果、广丰白银鹅等驰名绿色食品。丽水 20 世纪 90 年代就已经创建了国家生态示范区，境内林地广阔，空气清新，水质良好，资源相对丰富，有"浙南林海"、"天然珍稀动植物园"和"浙江绿谷"的美誉。早在 2003 年全市就已有 13 种农产品获得绿色食品标志使用权，16 种农产品获国家有机食品标志使用权，21 种农产品获浙江省绿色农产品标志使用权。2002 年 12 月，丽水举行首届"中国·丽水绿色食品节"，央视等 20 多家电视台竞相报道，声势浩大。建瓯市是国家林业局命名的"中国锥栗之乡"之一，锥栗种植面积稳定在 40 多万

---

① 徐陆锋：《林下"掘金"，"绿富"双赢——我市通过发展林下经济促进扶贫解困》，《闽北日报》2017 年 1 月 4 日，第 1 版。

亩，主产地分布在水源、川石、东游、龙村、房道等乡镇。品种以白露仔、处署红、黄榛、油榛为主，产值达数亿元。南平锥栗 2001 年被评为中国国际农业博览会名牌产品，被全国果品协会授予"中华名果"称号，还有"万木林"牌苦竹笋、"北苑"牌闽北水仙等分别多次在外展销中获奖。上饶婺源大鄣山茶 1996 年获得全国第一个茶叶 AA 级"绿色食品"标志，其有机茶占有 80% 的欧盟市场。四省毗邻地区建立区域合作，有着共同的基础，更应加强合作，共同开拓市场。如南平的武夷岩茶，丽水的遂昌龙谷丽人、景宁惠明、松阳银猴等名优茶，上饶的大鄣山茶叶，各有各的特点，又同为绿色有机茶。三明建立了顺昌县、泰宁县和大田县绿色食品原料标准化生产基地，生产绿色食品等。潮州市集约发展现代生态农业，将重点生产绿色食品等，建设茶叶、中药材、果蔬 3 个现代生态农业产业带和绿色畜禽产业示范基地，提升农业科技水平，调整农业产业结构。

3. 生态林品加工

林产品深加工有利于提高林产品的附加值。通过发展一批龙头型企业，培育一批龙头产品，扶持一批名牌名厂，大小并举，联动发展，使毗邻地区的林业产业链在良性循环的轨道上不断延伸。如木材加工业是丽水市具有一定比较优势的行业，成为丽水最大的工业行业之一。现已形成了人造板、木制玩具、太阳伞、木门、木制日用工艺品等为主导的 300 多种产品，中纤板产量占全国的五分之一。其中丽水云和县木制玩具生产已有 30 多年历史，1994 年被评为"中国木制玩具之乡"。全县 400 多家企业生产的 6 大类近万个品种的木制玩具 90% 销往欧、美、东南亚 30 多个国家和地区，出口量分别占全国、全省同类产品的 50%、70% 以上。林业多种经营包括林业内部如根、皮、花、果、液、废弃物的开发利用，也包括与林区有关的农牧渔等经济活动，还包括整个林区二、三产业的协调发展。林区是个绿色宝库，除木材生产可以不断深化外，还有许多林区特有的珍稀植物可供人类开发利用。南平、丽水、上饶三地可以因地制宜地选择适于开发的项目，如林区养殖、森林蔬菜、果茶、特种动植物、药材和食用菌等；还可以利用森林景观和森林气候，发展森林疗养、度假、旅游等。如南平竹类资源丰富，种类繁多，全市分布有15个属110多种，占全省竹类总数的72%，所辖的建瓯市、顺昌县被国家授予"中国竹子之乡"称号。全市笋竹加工企业已发展到830家，其中笋加工企业163家、竹材加工企业667家。除清水笋、笋干、竹筷、竹席、竹编、竹工艺品等传统产品外，竹胶板、竹地板、竹快餐盒、竹高档家具、竹炭、即食笋等新产品不断涌现，竹类产业发展欣欣向荣。丽水利用丰富的种质和山地资源、优越气候和充足劳动力，大力发展地方特色的种苗花卉产业，生产规模迅速扩大。其中龙泉林科所珍稀苗木基地等4个基地被评为"全国特色种苗基地"，遂昌花卉场被评为第一批"全国质量信得过种苗基地"。

（二）开展跨区域物流产业合作

1. 毗邻区跨区域物流合作基础

（1）独特的区位联结优势。闽浙皖赣和闽粤赣地区位于福建、浙江、安徽、江西、广东五省交界处，一边连接沿海，一边连着内地，具有承东启西、贯通南北的区位优势。这种地理区位特征，保证了闽浙皖赣和闽粤赣毗邻地区物流业发展的可能性，也凸显了这一地区发展物流业的商业价值。

（2）日趋完善的交通条件。毗邻地区的宁德、南平、三明、龙岩、漳州、温州、丽水、衢州、黄山、上饶、鹰潭、抚州、赣州、揭阳、梅州、河源等地均为各自所属省份的交通枢纽，近年来交通基础设施日趋完善，联结毗邻省份的跨界交通也日益畅通，建立起高铁、动车、普通客车和货运列车相连通的铁路网，高速公路、国道、省道以及当地的市县乡道路相联通的跨境公路网，以及毗邻区百十里内的空港。在整个交通网络中，毗邻区之间建成的铁路线有：温州至宁德－福州动车线路，上饶到衢州铁路线，南平至上饶、黄山高铁线路，三明至鹰潭普通客车及货运列车线路，三明至抚州动车线路，龙岩至赣州动车、普通客车及货运线路，龙岩至梅州铁路线，厦门－漳州至揭阳动车线路以及赣州到潮州铁路。毗邻区百十里内有温州、丽水、上饶、黄山、三明、连城冠豸山、武夷山、赣州、潮州9个机场。在交通通达基础上，陆地港建设也得到加强，厦门港务局先后在建立三明、吉安、赣州等陆地港，福州港务局与江西高安市合作投资建设陆地港，盐田国际也在赣州建立内陆港，为推进海铁公路联运奠定基础。

（3）跨境商贸往来历史悠久。自古以来，闽浙皖赣和闽赣粤毗邻地区的商贸往来就非常频繁，对毗邻地区的经济发展发挥过重要作用。在明朝晚期，福建通往江浙有两条陆上通道，其一，从崇安（现南平地区武夷山市）分水关通往江西，然后从赣东北的玉山进入浙江的常山，再顺着钱塘江上游通往杭州。其二，从浦城的仙霞岭通往浙江的江山市，从而接通钱塘江上游的河流。其中，第一条通道的走向是："衢州、常山（以上属浙江）、上饶、玉山、铅山（以上属江西）、崇安、建阳、瓯宁、建安、南干、古田、侯官、怀安、福州（以上属福建）。"[①] 而入闽的第二条商道是从衢州府的江山市经仙霞岭到建宁府浦城县，由于仙霞岭山道极为险峻且路程极长，屡有意外事件发生，运输不够安全。其三，从汀州通往赣南商贸线路。其四，赣南与粤东北潮汕的市场联系。其五，潮汕揭阳与漳州一代的经贸联系。历史上四省毗邻地区商贸联系线路正是今日现代交通建设的基础。至于浙江、安徽和江西之间的交通就更为便利。

---

① 徐晓望：《明晚福建与江浙的区域贸易》，《福建师范大学学报》（哲学社会科学版）2004年第1期，第27～35页。

2. 跨区域物流业发展举措

（1）弱化行政区概念，强化区域合作意识。行政区划概念在一定程度上妨碍了区域经济的整体发展。特别是闽浙皖赣和闽粤赣毗邻地区地理位置特殊，分属于福建、浙江、安徽、江西和广东五省行政区域，要实现该地区大物流业的发展就更需要弱化行政区限制，开放市场，做到生产要素自由流动，资源共享和利益互相协调。因此，推动毗邻地区物流业的发展应从优化资源配置和扶持专业化物流的角度出发，制定相应的法规制度，消除限制毗邻地区物流发展的区域保护主义行政条块分割和行业垄断，加强对不正当行政干预和不规范经营行为的制约，实施相应的经济政策，把物流业务逐渐从工业、农业、流通企业特别是中小企业中分离出来，形成一个统一的物流市场，推动合作区域物流业的整体发展。根据2013年9月30日，国家发改委等《关于印发全国物流园区发展规划的通知》（发改经贸〔2013〕1949号），厦门为一级物流园区布局城市，温州、金华（义乌）、福州、泉州、赣州、上饶等为二级物流园区布局城市，以此为中心建立各地区跨区域物流中心。

（2）创新物流发展环境。优化物流发展的政策环境，研究并制定规范的物流业地方性法律法规和政府规章制度。改进物流相关领域的管理方式，清理、修改和完善不适应物流业发展的各类规定和政策。放宽物流业准入条件，规范物流企业行业标准，促进各种所有制物流企业公平竞争。对物流业用地给予相应优惠，把物流业重要基础设施列入政府投资计划和重点项目建设任务，为物流业融资和引用人才提供方便。加大物流业招商引资力度，鼓励民营企业投资现代物流业，充分调动企业的积极性和主动性，充分发挥市场配置资源的基础性作用。政府积极转变职能，创新管理，改善服务，做好协调，从而形成创造环境以政府为主导、经济物流合作以企业为主体、要素流动以市场为基础的良性循环局面。

（3）建立跨区域物流业发展的协调机制。现代物流是一个行业涉及面广、服务领域宽和区域跨度大的综合性产业体系。推进现代物流的发展要从全局出发，需要统筹规划和合理布局。因此，建立毗邻地区关于现代物流发展的统一协调机制是十分必要的。第一，建立合作地区各相关部门共同参与的联合机构，负责研究并制定毗邻地区区域物流发展的全局性政策与措施。第二，借鉴国际物流发展的先进经验与模式，建立现代物流联席会议制度和物流行业协会；以政府引导为前提，由行业协会制定行业管理规范，在实现行业自律的同时维护行业合法权益；行业协会应积极开展物流业发展规划、行业咨询、调研、培训等工作；并协助政府有关部门进行行业监管和服务，为政府提供促进物流行业发展的政策建议。第三，正确处理好与国际先进水平接轨和与经济协作区实际情况结合这两者的关系，处理好长远发展与近期需要之间的关系，处理好毗邻区物流平衡发展的关系，处理好新建物流设施与整合利用现有物流基础之间的关系，防止盲目建设、重复建设，避免资源的浪费。第四，实现优势互补，促进多种运输方式的高效协作与发展。应充分发挥水、陆、空各种运输方式的比较优势，优化组合多种运输方式，提供全程最佳服务，在降低运输成本的同时保证货物的安全快速流通。

（4）发展现代物流技术构筑物流信息网络。现代物流与传统物流最大的区别之一，就是计算机网络和信息技术的运用，它将原本分离的商流、物流、信息流和采购、运输、仓储、代理、配送等环节紧密联系起来，从而形成一个完整的供应链。因此，毗邻地区要逐步完成覆盖整个经济协作区的现代化物流信息平台，广泛采用信息网络技术将制造商、供应商以及货主、用户连接起来，达到资源共享、信息共用，以此来加速实现毗邻地区的物流现代化。第一，建立物流公共信息平台和 CA 认证中心。物流公共信息平台为物流各方提供信息发布、信息交换和即时反应等服务，能提高物流信息的搜集、处理和服务能力，缩短物流信息交换与作业的时间。CA认证中心的主要作用是运用密码制度认证客户的身份，其主要内容包括是否符合现代物流企业资格标准、是否有条件连接信息平台、是否享有网上通关、网上交易等的条件。第二，加速信息网络技术应用。信息网络技术是构成现代物流体系、提高现代物流服务效率的重要组成部分。因此，应该鼓励毗邻地区物流企业积极利用电子数据交换（EDI）、互联网等技术，通过网络平台和信息技术将不同地区的企业经营网点连接起来，实现电子物流管理。第三，外引内联开发物流信息系统。一方面是引进经济协作区外的先进物流信息系统并加以消化吸收，然后再根据毗邻地区区域物流的流程设计系统软件；另一方面则是组织经济协作区内技术力量的联合开发，形成有该区域特色的物流信息系统。政府要通过引导和推动，采用市场运作的方式开发、建设信息系统，纠正完全由企业自行开发的做法。

（5）加强物流教育科研，满足物流人才需求。为满足市场对物流人才多层次、多样化的需求，保证形成物流产业所需的合理人才结构，首先要加强物流专业学历教育和科研。鼓励支持有条件的高等院校及科研机构增设物流专业和课程，加强物流方面的研究和创新活动，为涉及现代物流产业的研究项目提供相应的科研经费，提高毗邻地区物流理论和技术的整体水平，鼓励企业加强与高等院校和研究机构的合作。其次要全面开展物流职业培训，引导组织民办教育机构共同参与，促进多层次、多样化的物流教育体系的形成。物流教育不应该仅仅包括学历教育，对物流人才的培训也不能仅仅是专职人才的培养，而应该是一种对具备产销物综合管理知识、战略管理能力的复合型高级人才和为适应物流各层次需要的中低级人才的培养。

（三）推进跨区域旅游资源合作开发

1. 跨区域旅游合作已成趋势

区域旅游合作是指区域范围内不同地区之间的旅游经济主体，依据一定的章程、协议或合同，将旅游资源在地区之间重新配置、组合，以获取最大的经济效益、社会效益和生态效益的旅游经济活动。

区域旅游合作的产生是由国内外区域经济合作发展、区域旅游资源开发发展以及区域旅游整体形象建设的发展趋势所决定的。①区域旅游合作是国内外区域经济合作发展趋势下的必然选择。区域经济合作是世界性的趋势，世界各国从本国的经济利益出发，利用区域地缘优势，实现区域内各国经济的优势互补与共同繁荣。在这种形势下，一个国家不论其社会制度如何，经济发展阶段如何，都不可能孤立于潮流之外而取得经济的健康发展。因此，区域旅游合作是顺应国内外区域经济合作发展趋势的必然选择。②区域旅游合作是区域旅游经济持续、健康、快速发展的必然要求。在经济全球化和区域经济一体化的背景下，区域经济在我国国民经济发展中的地位与日俱增。旅游业以其广泛的产业关联效应在区域经济的发展中发挥了重要的作用。因此越来越多的地方政府把旅游业确定为本地区的主导产业。但许多问题也随之产生，如各地区的地方保护主义倾向严重，区域性旅游资源难以进行统一规划与开发，景点的重复建设；公路等基础设施的互惠性开发与使用阻力重重；资金、信息等要素的跨地区流动受阻等。上述问题如果没有及时有效地采取措施加以遏止，必将会引发恶性竞争并影响到区域市场的整体秩序。因此，加强区域旅游合作是保证区域旅游经济持续、健康、快速发展的必然要求。③区域旅游合作是区域整体旅游形象建设的新要求。近年来，随着我国人民生活水平的提高，民众的旅游需求不断扩张，而同时，可供人们选择的旅游景点也越来越多。在这种情况下旅游者对旅游目的地的选择越来越趋向于根据当地的整体形象信息而非分散的产品信息，这就使树立、改造、传播旅游地的整体形象渐渐成为一种趋势。而目前各地旅游形象的建设还比较分散、独立，协同合作的积极性较低，更多的是表现出各自为战，甚至互相为敌，互相争夺客源的倾向。这种不良倾向势必会影响各地区、各企业的自身利益。因此，加强区域旅游合作也是区域整体旅游形象建设提出的新要求。

2. 推进跨区域无障碍旅游合作

建立毗邻地区无障碍旅游经济合作圈，搭建合作框架是关键。毗邻地区区域旅游的空间布局可以依托武夷山、三清山、龙虎山、闽西赣南红色旅游等重点旅游资源，建立各具特色的旅游区，建设一批较大规模的旅游项目，推出一些有地域特色的旅游专线，点、线、面有机结合，闽浙皖赣毗邻区通过"六山·两湖·一镇"（黄山、九华山、庐山、武夷山、三清山、龙虎山，千岛湖、鄱阳湖，景德镇）旅游经济圈区域合作，带动毗邻地区区域旅游经济的全面发展。

闽浙皖赣粤毗邻地区旅游资源，以武夷山自然景观和以赣南闽西红色旅游为主旅游中心区。武夷山于 1982 年 11 月被国务院评为第一批国家重点风景名胜区，1999 年 12 月被联合国教科文组织列入《世界遗产名录》，成为世界自然、文化双遗产。风景区方圆 70 平方公里，是一个以丹霞地貌为特征、自然山水为主景、历史文化积淀为内涵的观光旅游、休闲度假旅游和商贸旅游于一体的景区，拥有"三三"九曲水、"六六"三十六峰，以及七十二洞、九十九岩等主要景观。因其独特的丹霞地貌在南北朝时期，就被称为"碧水丹山"素有"奇秀甲东南"之美誉。围绕武夷山主旅游中心区，分布有四大特色旅游区。

（1）三清山道教名山旅游区。三清山有"江南第一仙峰"之美称，位于江西省玉山县城北 50 公里与德兴市交界处，景区面积 220 平方公里，中心景区 72 平方公里，因主峰玉京、玉华、玉虚"三峰峻拔，如道教三尊列坐其颠"得名。三清山自然景观优美、神奇，人文景观富有特色，有"五奇、三绝、十大胜景"，景物景观三百多处。三清山是道教名山，相传东晋时期道学家、药理学家葛洪就曾在三清山上结炉炼丹，并遗有炼丹炉和丹水井，现山上遗有大量宋代时期修建的宫观，被考古学家称为"露天道教博物馆"。因此，有人认为它即有庐山之秀丽，也堪与黄山媲美。三清山人文景观亦有特色。1988 年经国务院审批，三清山被列为国家重点风景名胜区，和庐山、井冈山、龙虎山并称为"江西四大名山"。

（2）婺源乡村生态旅游区。婺源素有"书乡"、"茶乡"之称，被今人誉为"中国最美的乡村"和"最后的香格里拉"。婺源自古文风鼎盛，人才荟萃，名人题墨、诗句遍布山乡。婺源景物以"四古"为最。古文化，一代理学宗师朱熹，爱国将士汪锭，音韵学家汪永，科学家齐槐在这里诞生。傩舞、徽剧、茶道、抬阁、地戏等民间艺术绚丽多彩。古建筑，有古色古香的祠堂、官邸、民居、廊桥、亭阁等遍布乡村，为我国明清古建筑保存最多、最完整的县之一。古树群，有汉代苦槠、唐代银杏、宋代紫薇已逾千年，依然苍翠葱浓。虹关古樟是"江南第一樟"，江南杉王为朱熹手植，文公山古杉群，最为世人称道。古洞群，灵岩洞群位于国家森林公园内，由 36 个石灰岩洞组成。洞内泉潭澄清皎白，水石相映成趣，石笋、石花、石柱、石幔，琳琅满目，千姿百态。

（3）鄱阳、余干、万年三县环鄱阳湖旅游区。滨湖三县景观独特，文化浓重。鄱阳县天然形成的湖光山色旅游资源十分丰富，鄱阳湖长山岛留下朱元璋大战陈友谅的遗迹，内珠湖瓢里山被时任饶州知府的范仲淹称为"小南海"。鄱阳县城依山傍水，塔庙相映，湖在城中，东湖十景堪称奇绝，名胜古迹遍布地区。鄱阳曾是饶州州府所在地，历史名人范仲淹久居鄱阳，东晋军事家陶侃、宋代文学家洪迈、南宋词人江癔均出至鄱阳。余干是个美丽而神奇的地方，这里历史悠久，山川秀丽，人杰地灵，曾有"闽越百货集散"之繁荣，江西名郡"鱼米之乡"之美誉。有省级重点文物保护单位康山明忠臣庙、赵汝愚墓、小石山北宋石刻等。游览地有鄱阳湖候鸟保护区、东山岭、琵琶洲风景区等。

（4）景宁畲族旅游区。景宁畲族自治县被称为"浙江的西双版纳"，该旅游区以畲族文化底蕴为支撑点，具有得天独厚的民族风情旅游资源。游客在景区可以领略到畲族原汁原味的婚俗表演，以及织彩带、打草鞋表演、畲族歌舞表演、篝火晚会、惠明茶道表演、畲乡漂流以及"云中桃源"大际风景区观光等一系列具有畲族特色的传统项目。此外，景宁畲族旅游区的双后岗畲寨、大均观音阁漂流、草鱼塘森林公园、惠明寺景区、大际风景名胜区和飞云江探源生态旅游区各有特色，让游客流连忘返。

（5）闽西赣南红色旅游区。闽西有丰富的旅游资源，新罗区有邓子恢纪念馆、闽西革命历史博物馆；上杭县有古田会议旧址、古田会议纪念馆、毛泽东故居临江楼、毛泽东才溪乡调查纪念馆、汀属八县社会运动人员养成所遗址、龙岩毛泽东旧居、中共闽西一大会址蛟洋文昌阁、蛟洋红军医院、才溪乡调查会址和毛泽东亲笔题字的光荣亭；长汀县有福音医院旧址、福建省总工会旧址、福建省苏维埃政府旧址（长汀县博物馆）、中共福建临时省委反第四次"围剿"会议旧址、长汀县革命委员会旧址、红四军司令部、政治部旧址；连城县有新泉革命旧址、新泉革命纪念馆；武平县有刘亚楼纪念馆等。赣州市瑞金是中央苏区首府，是中华苏维埃共和国临时中央政府诞生地，是举世闻名的红军二万五千里长征的出发地。瑞金市范围内留下了180多处革命遗址，主要分布在叶坪村、沙洲坝、云石山等地。瑞金与长汀构成中央革命根据地的中心，成为红色旅游资源开发的中心片区。

（6）闽赣粤毗邻区客家民俗文化旅游区。闽粤赣边旅游资源丰富，不仅有自然景观旅游资源、红色旅游资源，而且还有独具特色的客家文化旅游资源，区域旅游合作可以通过综合建立旅游业、旅游行政管理协调、旅游市场开发等方面的合作，将自然景观资源、红色旅游资源、客家文化民俗旅游资源整合，成为旅游资源富集区，促进区域旅游业以及其他产业的发展。

3. 开展无障碍旅游经济合作举措

（1）摆脱体制约束，加强区域合作。区域旅游合作，需要在各省旅游局的领导下成立区域性的旅游合作组织，制定协同的旅游业发展战略和统一的区域规划，确定合作的优先领域、顺序和行动计划。同时建立小区域内城市间的联合机构，并根据各城市的不同优势，建立合理的分工体系，达到统一规划、统一管理和统一实施的目的。此外，必须制定严格的规章制度，有了可供遵循的制度，才能对各方有约束的效力，也才能保障各方的利益。

（2）优势互补，形成"规模效应"。旅游资源的地域差异导致了不同旅游地区的差异，而正是这种区域内的差异驱动了旅游者的流动。在区域内距离相对较近的条件下，各地旅游资源的异质性是一种优势，为区域内各地互补性的旅游品种的开发和区域整体旅游资源开发提供了基本的合作平台。在联合开发的过程中，要遵循"求同存异"的原则，突出各地特色，发挥各地优势，避免重复开发；对相似的资源应通过联合营销、互助合作、总体宣传来形成规模效应。

（3）加强旅游企业之间的协作。在区域旅游合作过程中，要积极加强旅游企业的合作。政府职能部门之间的合作，为旅游协作提供了良好环境，但旅游协作最终应当落到旅游企业合作的层面，旅游企业协作应该成为旅游协作的方向。联合组建旅游管理企业，实行跨地区旅游规范管理，实现旅游企业产权与经营权的分离。鼓励旅行社、旅游饭店通过签约的形式实现跨地区联合经营，统一卖价，平等互利，共同争取市场份额。加大整合实力较弱的各地中小型旅行社的力度，按照股份制和连锁经营的方式组建大型旅游服务公司，形成具有一定规模和数量，具备较强竞争力的旅游服务集团。

（4）联合培训与使用旅游人才。合作区旅游培训和旅游人才应该互相交流，实现旅游人才资源共享。成立旅游培训机构，统一培训标准，不断提高培训水平。大力发展高等旅游教育，特别要注意培养面向新世纪旅游业发展的高级人才，如熟悉旅游项目策划人才、旅游市场营销人才等。同时，合作区范围内还要努力营造旅游人才流动和使用的良好环境。

（5）联合筹集并集中使用资金。充分利用构建毗邻地区无障碍旅游经济合作圈的协作优势，扩大资金筹措面，集中统筹使用资金，保证旅游协作项目以及旅游发展的基础设施建设完善。制订统一的旅游集资政策并在政策上给予优惠条件，采用招商引资、社会集资、投资入股、租赁承包、合资经营、私人经营等方式筹集资金。联合成立旅游开发公司，统筹使用资金，将资金集中使用在一批有特色、见效快、影响大的旅游基本建设项目上，形成滚动开发的良性循环格局。

（6）加强规划，搞好旅游资源的保护与监管。合理的规划，是以保护为前提的。要确保旅游资源的可持续利用，就必须做到先规划，后开发，把规划工作摆到重要的战略位置上来。与此同时，要做好旅游资源的保护还要加强宣传教育，提高游客保护环境和旅游资源的自觉性，控制重点旅游区的游客容量，做到旅游产业与生态环境的协调发展；分阶段进行多层次开发，对那些稀有的不可再生的旅游资源，要以保护为主，有限度地、科学地利用。各级政府在制定辖区建设发展规划时要把总体规划与旅游规划结合起来，统筹安排，保证科学合理的旅游建设布局。

四　区域合作中政府主导与社会参与

促进跨地区经济合作、实现区域经济协调发展是国家的一项重要方针。闽浙皖赣区域合作起步较早，已有比较好的合作基础。1986年，闽浙皖赣成立4省9方经济协作区，由浙江衢州、金华、丽水，江西抚州、上饶、鹰潭、景德镇，福建南平，安徽黄山9市组成。协作区成立后，各成员秉持开放合作理念，依靠机制推动、项目带动、企业互动、产业联动，在工业、农业、交通、旅游等方面进行了广泛的交流与协作，实现了互利互惠、共融共赢的目标。闽浙皖赣区域合作区9市辖71个县（市、区），土地面积12.35万平方公里，略大于浙江省，2005年底总人口为2722万人。1991年10月，9方经济区成立"4省9市公安协作区"。2002年，9方经济区决定建立协作网；2003年，9方经济区把"加快区域工业化进程"确定为区域合作主题，以加快9方经济区的工业经济发展；2004年，为推进区域内的旅游协作，4省9市之间签署了《九市旅游无障碍合作宣言》协议，联手打造华东地区长三角旅游经济合作圈外的第二个旅游经济合作圈——闽浙皖赣边际旅游合作圈；2006年开展"闽浙皖赣九地市专利行政执法协作"，以进一步深化闽浙皖赣9市的科技合作，开展区域间的知识产权协作，此举标志着闽浙皖赣9市知识产权保护专利行政执法结成联盟。为促进合作，合作区建立了闽浙皖赣9方经济区党政联席会议，成为区域内最高决策和协调组织。联席会议每年召开一次并确定一个主题，9市轮流做东。[①]

---

① 金雄伟：《区域合作如何向纵深发展——闽浙赣皖九方经济协作区九方市长论坛综述》，《人民论坛》2012年第4期，第70页。

1996 年 5 月，在时任中共福建省委副书记、福州市委记习近平的倡导下，[①] 由闽浙皖赣 4 省共同发起成立闽浙皖赣福州经济协作区，闽浙皖赣协作由 9 方协作扩展到 14 方协作，协作区范围包括福州、莆田、三明、南平、宁德、温州、南昌、九江、景德镇、鹰潭、上饶、抚州、安庆、黄山共 14 个市，协作区总面积由 12.35 万平方公里扩大到 19.25 万平方公里。

闽赣粤毗邻地区的区域合作也很早起步，并一直得到中央的重视。1994 年，闽西南、粤东、赣东南经济合作区（简称"闽粤赣 13 市合作区"）成立，闽粤赣 3 省 13 市建立了合作机制。区域范围包括福建省的厦门市、泉州市、漳州市、龙岩市、三明市，广东省的汕头市、潮州市、揭阳市、汕尾市、梅州市和江西省的赣州市、鹰潭市、抚州市 13 市。合作区建立以后，在基础设施联通、信息服务、产业合作方面得到推进，厦漳泉已初步实现了教育、卫生、文体、旅游等领域资源的协作共享，社会保障、就业服务、城市管理、生态保护等领域服务的协同管理；潮州、汕头、揭阳、梅州、汕尾开展旅游资源合作开发，5 市联手打造粤东区域旅游圈，粤东 5 市还与厦门签署旅游区域合作协议。2005 年 12 月 20 日闽粤赣 13 市党政领导第十次联席会议通过《推进闽粤赣十三市区域经济合作行动纲领》。该行动纲领指出，厦门、汕头、赣州、潮州、泉州、抚州、揭阳、漳州、鹰潭、梅州、三明、汕尾、龙岩这闽粤赣十三市是我国七大经济合作区域之一——东南沿海经济区——的重要组成部分，具有与长三角、珠三角同等重要的政治和经济地位，是联系海峡两岸及港澳地区的重要经济纽带，也是我国东南沿海密切联系的经济合作体。闽粤赣区域合作以来，闽粤赣 13 市，按照"自主平等、真诚守信、互惠互利、讲究实效"的协作原则，共同推动区域经济合作朝着紧密型实

---

① 许才芳：《闽浙赣皖 14 市将共建区域无障碍旅游市场》，《东南快报》2013 年 5 月 20 日。

质性方向发展，在基础设施建设、产业合作、招商引资、旅游与环保、农业、科教文卫等方面深入开展了双边、多边和多层次、多形式的区域合作，取得了丰硕成果。

在闽浙皖赣区域合作、闽赣粤区域合作发展的基础上，2004 年福建省提出海峡西岸经济区概念，并于 2006 年写入国家"十一五"规划纲要，2009 年 5 月 6 日，国务院颁布《关于支持福建省加快建设海峡西岸经济区的若干意见》（国发〔2009〕24 号），海峡西岸经济区上升为国家战略。海峡西岸经济区合作正是闽浙皖赣区域合作、闽赣粤区域合作的深化与拓展。根据国务院《关于支持福建省加快建设海峡西岸经济区的若干意见》，海峡西岸经济区规划明确，立足于各地发展基础和资源环境承载能力，将海峡西岸经济区划分为东部沿海临港产业发展区，中部、西部集中发展区以及生态保护和生态产业发展区等三大功能区。按照"分工明确、布局合理、功能互补、错位发展"的原则，确定了"一带、五轴、九区"的网状空间开发格局。"一带"即"加快建设沿海发展带"；"五轴"即福州－宁德－南平－鹰潭－上饶发展轴、厦门－漳州－龙岩－赣州发展轴、泉州－莆田－三明－抚州发展轴、温州－丽水－衢州－上饶发展轴和汕头－潮州－揭阳－梅州－龙岩－赣州发展轴；"九区"即厦门湾发展区、闽江口发展区、湄洲湾发展区、泉州湾发展区、环三都澳发展区、温州沿海发展区、粤东沿海发展区、闽粤赣互动发展区、闽浙赣互动发展区。海峡西岸经济区包括 4 省 20 市，再加上台湾台北市、台中市、高雄市，该区域可以共同形成由 23 市组成的"海峡城市群"。

在区域合作发展过程中，社会力量发挥了积极作用，社会参与成为推动经济社会发展不可或缺的力量。改革开放以后，我国社会组织稳步发展，整体素质不断提高。目前，全国各级各类社会组织已经发展到 70 多万个，遍布全国城乡，涉及社会民生各个领域，初步形成了门类齐全、层次不同、覆盖广泛的社会组织体系，在推动经济合作发展、社会文明进步、环境保护与可持续发展以及对外交流交往中做出了积极贡献。

社会组织作为与政府、企业并列的第三部门，近年来在激发社会活力、促进社会公平、倡导互助友爱、舒缓就业压力、反映公众诉求、推进公益事业、化解社会矛盾、解决贸易纠纷、促进科教兴国等方面发挥了良好的作用。实践证明，社会组织已经成为党和政府联系群众的桥梁和纽带，成为推进现代化建设的一支重要力量。

在区域经济合作不断深化，合作范围及领域越来越宽广的形势下，必须全力推动合作区内人流、物流、资金流的无障碍流动，除了要充分完善毗邻地区政府的官方合作机制外，还必须大力推进毗邻地区社会组织的力量参与合作，整合合作区政府资源和社会组织资源共同参与，推动政府合作机制和社会组织合作机制的联系互动，从而在共同营造营商环境、共同保护环境、实现区域经济可持续发展等各方面发挥积极影响。

闽浙皖赣粤毗邻各省之间，在彼此省内建立了广泛的商会组织，开展了一系列团结互助、交流引导、拓展咨询、整合资源、履行社会责任、提供服务等活动，密切了毗邻区企业的合作。闽赣粤是客家集聚区，福建、江西、广东等省都先后成立了客家商会。2011 年11 月 19 日，广东客家商会成立，这是一家由广州、深圳、韶关、河源、梅州、惠州、东莞、清远这南粤八市和湖南、江西、福建、台湾等地客家企业家自发组成的联合性、非营利性社会组织。2015 年6 月 28 日，福建客家商会成立。2014 年 12 月 11 日，赣州市客家商会成立。通过这些商会搭建服务平台，为会员企业牵线搭桥寻找商机，为企业所在地推介和拓展企业项目，沟通与当地职能部门的联系，针对企业存在的问题，为企业发展解决后顾之忧，为合作区域经济繁荣和社会发展做贡献。

发挥合作地区社会组织的作用，必须在建立政府层面上的全面沟通机制基础上推进。正如前文所述，虽然毗邻地区地缘相近，经济发展水平相近，社会文化也具有同质性，但由于受区域保护与市场分割的影响，地方政府在合作中难免遇到各种阻力与困难。因此，毗邻地区要形成经济一体化的新格局，必须建立具有相当权威性的由地方政府牵头的一体化协调机构或协调组织，推动区域合作的良性发展。

在建立政府层面全面沟通机制的前提下，在调动所有政府资源的同时，进一步调动各种社会力量，如各大商会、行业组织、大学和各商业研究部门的力量进行全面配合，建立并完善区域社会力量合作机制，弥补政府资源不足及沟通渠道不畅的缺陷。在现阶段甚至今后很长一段时间内，社会组织资源及力量在推动毗邻地区区域合作方面具有重要作用。现阶段毗邻地区合作的一些合作项目尚未成熟到可由政府方面直接提出来，仍需要借助社会组织的力量进行推动；有的合作项目政府已经开展前期工作，但仍需要社会力量进一步参与、探讨和推动。还有一些是属于社会讨论较多，但尚未达成普遍共识的问题，现阶段在政府层面难以回答且不便直接进行商谈，这些问题更需要由社会组织先行探讨，形成共识，然后加以实施。

在推动政府合作机制和社会组织合作机制的互动发展的问题上，社会力量和政府力量是相辅相成的。利用社会力量可以推动毗邻地区政府的合作。在各种社会力量中，发育较早较好的就是各类行业性组织，作为市场体系的重要环节，行业协会在为政府分担微观经济管理职能和为企业提供信息和技术服务的同时，还通过行业规范的制订，在价格、质量和诚信等方面促进行业自律。社会组织开始承担越来越多的政府释放出来的职能，进一步促进了政府职能的转变，弥补了政府功能的不足，改变了政府职能过于宽泛的状态。社会组织对政府职能转变具有积极的作用，因此，毗邻区社会组织的协作，更能进一步推进毗邻地区的区域合作。毗邻地区社会资本合作的例子就是一个很好的证明，以南平为例：2004年，来自浙江义乌的王斌相框集团斥资1.2亿元落户邵武。5年前，浙江丽水木业龙头丽人集团在闽北建阳、建瓯、浦城一口气投资四家大型人造板加工厂丽阳、丽瓯、丽浦，引起了闽北人的强力关注。这几年，全市有100多家水电站利用来自浙江的投资。随着越来越多的江浙商人出现在闽北，以浙江企业投资为代表的长三角资金渐渐渗透到了闽北经济的各个领域。

同时，政府力量又可推动开发并进一步推进社会组织的合作发展。闽浙皖赣粤毗邻地区的区域合作，关键在于如何做到共赢，特别是私人企业的资金流向，主要受利益的驱动，因此，政府是否能够提供良好的投资环境是企业增加投资与加强地区合作的根本。而要改善投资环境，主要在于能够根据业界的需要，帮助企业解决困难和为企业的发展提供良好的硬件设备。再以闽北南平地区为例，当地政府为到南平投资的企业营造一个"绿色"投资软环境，政府效能办提供一种"保姆式"服务，即不管大事小事都能像保姆一样为企业服务到位，通过这些事情，为企业在南平市的发展铺平道路。此外，南平市效能办和其他地市的效能办略微有点不同，南平市的效能办也称为"优化发展环境办公室"，从南平市提出"突出工业，突破工业"以后，南平市效能办还把工作重心放在监督各个职能部门是否把"服务企业"作为重要的工作来抓，具有监督规范的作用。

总体而言，政府机构与社会组织的合作，不论现在还是将来，都是社会经济发展不可缺少和替代的环节，在闽浙皖赣粤毗邻地区的区域合作中，社会组织一方面需要积极拓展服务领域，另一方面需要探讨新的运作模式，完善合作地区的社会组织运行机制，在与政府合作机制的互动中进一步推动当地经济的发展，同时彰显社会组织的社会价值。

后　记

　　人类区域开发的历史源远流长。温暖的气候带、广袤的平原、河流湖泊以及沿海低地一带，成为最早被开发的区域，也是最早有人类生存活动的地带。随着人口增加、科技水平的提高，人类认识自然和利用自然能力的增强，区域开发的范围得以拓展，区域开发得到深化，人们对于区域概念也有了一个朴素的认识。

　　人类面对的自然环境条件复杂多样，不同国家和不同区域的国情、区情不同，发展的起点和期望也不尽相同，在不同区域范围内进行的经济活动存在着种种差异性，区域经济发展不平衡成为一个世界性的难题。人类对于区域经济发展问题的真正意义上的理论思考，产生自近代——针对不同区域经济的发展变化、空间组织及其相互关系的思考，孕育了一个新的学科。人们开始思考自然、社会、政治、历史因素是如何影响区域开发及其经济发展的，不同区域发展有什么样的路径可供选择。面对区域经济发展中出现的问题，以及对于解决这些问题的思考——从学术研究到政府政策的制定，出现了区域经济发展实践探索与理论研究之间互动的局面。

　　中国历史悠久，生活在这一广袤国土上的人们，很早便在不同区域进行生产耕耘，开始了对区域发展问题的思量。人们根据自然环境、自然物产、经济生活的需求，对国土进行区域划分，从陆地到海洋，从中原内陆到遥远的边疆，确立起中国人的早期区域发展观。

中华人民共和国成立后，中国经济发展开启了历史以来的繁荣阶段，特别是改革开放以后的近 40 年间，创造了人类经济发展史上的巨大奇迹。从一部分地区先富起来，到实施区域协调发展战略的转变，区域经济发展契合了全面建设小康社会和基本实现社会主义现代化发展步伐的需要。通过把加大力度支持革命老区、民族地区、边疆地区、贫困地区加快发展，推进西部大开发形成新格局，振兴东北等老工业基地，推动中部地区崛起，创新引领、率先实现东部地区优化发展，建立更加有效的区域协调发展新机制，作为区域经济发展的政策着力点，我国开启了区域经济发展新的时代。

本书写作过程中，参阅了大量的前人著述，吸收了有关学者的诸多研究成果，除注明者外，其他研究者的研究成果也给本书写作以巨大的启示，在此一并致谢。

本书付梓，得到福州大学高水平大学建设经费的资助。

吴兴南

2018 年 6 月 8 日星期二

于福州大学怡山校区庭芳院

图书在版编目（CIP）数据

区域经济发展的创新路径：对福建省发展的路径探
讨／吴乔一康，吴兴南著. -- 北京：社会科学文献出
版社，2018.10
　　（福州大学群学论丛）
　　ISBN 978 - 7 - 5201 - 3590 - 0

　Ⅰ.①区… 　Ⅱ.①吴… ②吴… 　Ⅲ.①区域经济发展
- 研究 - 福建 　Ⅳ.①F127.57

中国版本图书馆 CIP 数据核字（2018）第 227146 号

福州大学群学论丛

区域经济发展的创新路径

——对福建省发展的路径探讨

著　　者／吴乔一康　吴兴南

出 版 人／谢寿光
项目统筹／谢蕊芬
责任编辑／隋嘉滨

出　　版／社会科学文献出版社·社会学出版中心（010）59367159
　　　　　地址：北京市北三环中路甲 29 号院华龙大厦　邮编：100029
　　　　　网址：www. ssap. com. cn
发　　行／市场营销中心（010）59367081　59367018
印　　装／三河市尚艺印装有限公司

规　　格／开 本：787mm × 1092mm　1/16
　　　　　印 张：17.5　字 数：228 千字
版　　次／2018 年 10 月第 1 版　2018 年 10 月第 1 次印刷
书　　号／ISBN 978 - 7 - 5201 - 3590 - 0
定　　价／89.00 元